JURISPRUDENCE IN SOCIETY

社會中的法理

（第11卷）

西南政法大学法社会学与法人类学研究中心　主办

张永和　主编

总　序

法理学试图要解决的终极问题是“法律是什么”。不过，这始终应该是当下问题，因为脱离了当下的讨论，我们就不能触摸到这个问题的本质。唯此，法理学才可能找到自己真正的问题。所以说，任何一个传世的经典法理学问题都是大师们对那个时代法律的思考。

“法律是什么”同样是每个时代都需要的考问，每一个时代都有每个时代自己的法律问题。所以，如果仅简单地问“法律是什么”，这可能还是一个大而化之的问题。因为，如果“法律是什么”的问题在不同社会、不同时代被提出，答案可能不一样。所以，当我们提出“法律是什么”时，我们是否确定，我们究竟是在问古希腊、中国先秦还是今天的中国。

当然，问题还不仅仅如此，对于这一发问，其实还包含具体的“法律是什么”和“为什么法律是这样”的价值分析。这可能是两个不同范畴的考问，但显然，我们的问题属于前一个问题，即法律具体是什么？或者说，法律究竟是什么。

因此，如何发问，也不简单。只有将其放在法律人的全部活动中，放在法律赖以生存的社会中，我们才会发现这是不能简单回答的问题，因为这不是一个简单的理论性问题，而是一个非常复杂的实践性问题。

法律作为一种文化积淀，存在于社会中，根植于共同体的观念认知、推理方式与价值取向中。传统的法学研究方法在我们把握繁杂的社会现象与个体行为多样性以及二者之间内在的机理关系方面已显得苍白，无法使我们透过法律窥视社会的真实和文化的民族特质，也无法厘清和说明我们的生活世界到底经历着怎样的改换与变迁的路径。

所以，必须下大力气对社会现实作深度研究，必须知道法律是如何对社会以及人们的生活产生影响，我们才可能找到问题的答案。我们相信，大量的数据和田野调查一定会告诉我们“法律是什么”。同时，只要你亲历实证调研，并审美那些鲜活的素材，或许你会有属于自己的问题和思想，尽管这些经验看上去并不那么优雅。不过，我们并不应排斥大家们深邃的思想并从中得到理性启迪。

《大学》中有“格物致知”之说，朱熹认为：“所谓致知在格物者，言欲致吾之知，在即物而穷其理也。”用今天的话来讲就是，要获得知识，必须考察事物，以求认识事物的理。近年来，法理学界的研究似乎在悄悄变化，正在朝研究社会现实问题的方向转变。许多学者通过法社会学和法人类学的数据统计和田野调查对这个问题进行交叉研究，对中国现阶段的法制状况进行有意识的盘点，并生产出了许多成果，其中不乏上品，这是相当可喜的。但是，由于受问题意识、叙述方式以及篇幅的影响，能够刊载这些成果的刊物不多。为使这些成果得以问世，经与法律出版社商量，决定出版《社会中的法理》。通过这种形式，试图让大家看到今天中国的“法律是什么”。

本出版物接受法社会学与法人类学的译介、现实问题的研究以及法社会学与法人类学的研究报告，字数可在5万字以内。

这是一项长期的事业，我们真诚地期望得到海内外有志于该研究的学者同仁的支持，不断地对“法律是什么”追问和盘点，为我们的法治事业尽绵薄之力。

来稿请惠寄：shzdfl@163.com。

張永和*

* 西南政法大学人权研究院执行院长、法社会学与法人类学研究中心主任，教授、博士研究生导师。

目　录

Contents

◎ 专题研究

◎ 理论探讨

◎ 实证研究

◎专 题 研 究

清代社会控制下的政治参与
——以巴县保甲法为例

◇张　晗*

引　言

在福柯看来，对于任何一种权力的考察，都应当是在微观层面，应当着眼于权力运作的末梢，在一种权力与另一种权力交界的地方；只有在这里，我们才能真正了解权力是如何实现的。[1] 由此而论，我们似乎可以推断，“权力的真谛”在基层社会中展现得更彻底。在基层社会中，代表正式权力的国家抑或政府与代表非正式权力的个人、社会彼此之间相互纠葛，但基层社会的有效治理，却是以国家、社会和个人三者的高度彰显为前提。当国家权力下沉到最底层时，尽管它代表“中央权力”，可这也不意味着它一定是强势的。因为在这里，社会与个人基于中国传统“熟人社会”的特性以及国家政权建设的自然成本，使正式权力与非正式权力的交互运作成为可能。在这个意义上，清代保甲法，[2] 似乎为我们提供了一个可行的研究进路。因为它一方面被视为国家政权建设最末端的存在，另一方面也是中国古代

---

* 西南政法大学2018级法学理论专业博士研究生。

〔1〕 See Micheal Foucault, *Power/ knowledge: Selected Interviews and Other Writings*, 1972 - 1977, ed. By Colin Gordon. New York, Pantheon Books, 1980. 转引自苏力：《送法下乡——中国基层司法制度研究》（修订版），北京大学出版社2011年版，第27页。

〔2〕 清代基层社会管理制度纷繁复杂，从其纷繁复杂的名称就可以管窥一二，有乡约制度、保甲制度、里甲制度、地保制度、约保制度、乡保制度等诸多名称。我们可以肯定的是，清代保甲法不同于宋代重点着眼于警卫、练兵功能的狭义的保甲法，是一种广义的保甲法，但其核心仍是“弭盗安良”，所以为了统一名称，也为了从一种更具备核心功能的角度描述，本文统一用“保甲法”、“保甲制度”或“保甲”。“盖清代之地方制度，自县以下，委诸民治，官书所载，殊不甚详，或里或乡，或保或社，或区或村，一地迭用数种名称者有之，数种名称而各地互异者亦有之，论起组织系统之如何，行政方式如何，要皆莫能详解，初惟就惯上之方便，随意采用，固未尝依合理之规制，具整齐划一之方式也。”参见萧一山：《清代通史》（第1卷），中华书局1986年版，第628页。

地方自治的顶端,它连接了"国"与"家"。因此,可以说,这是权力运作的最底层,是权力所能达致的"最后一公里"。事实上,在保甲法这个狭小的制度空间内,必然体现了国家对社会控制程度的或大或小。不过,我们并不能据此得出:实践中的"对抗"与"合作"就代表了"国家"与"社会"之间的关系。即使在当代中国,基层社会治理如何进一步协调在社会控制下的政治参与,构建简约高效的基层管理体制,从而促进国家治理能力和国家治理体系现代化,依然是个难题。巴县档案的完整性,使我们能够有长时段的全面样本来分析。因此,笔者将以清代巴县保甲法的实践为线索,来充分阐释清代国家基层社会治理所隐含的内在逻辑,以总结清代社会控制下的政治参与状况,从而探寻那些过去存在,直到今天仍然困扰我们的一些问题。

自20世纪90年代以来,"国家与社会"的二元分析框架被作为中国问题的研究范式,给学界带来了许多启发。尤其是很多学者认为,这一框架有助于更准确地从整体上说明中国历史和现实的变化,并能够更有机地把这二者联系起来。[1] 但这种舶来品,似乎始终充斥着"西方经验"与"本土经验"的焦灼与矛盾。所谓"政治国家"与"市民社会"是否适用于中国传统社会,始终值得怀疑,且二元的分析框架总给人以过于简单的印象。实际上,尽管中国拥有广阔的疆域,但从总体来看,我们仍然不难总结出几个共同的性质,但完全总结出一个模型,似乎又不切实际。许多学者试图塑造三元或者多元的模型来适应中国历史。如黄宗智在《华北小农经济与社会变迁》中对"皇权—绅权"的二元模式进行了批评,村庄有其内向性,这是国家和乡绅不可以忽略的,并由此提出了"国家、乡绅与村庄"三元结构。[2] 无论怎样的模式,实际上总是将"国家—社会"的二元结构进行实体化,而多元模式的结构似乎也只是在中国"本土资源"的前提下进一步探索更多实体角色。

邹谠将"国家与社会关系"及政治制度视为两个问题,"国家—社会"的关系在原则上是一回事,在实际上是另一回事。[3] 原则上,我们可以认为,"国家—社会"的关系是国家对社会领域和个人生活的控制,受到法律上、

〔1〕 参见邓京力:《"国家与社会"分析框架在中国史领域的应用》,载《史学月刊》2004年第12期。

〔2〕 参见[美]黄宗智:《华北的小农经济与社会变迁》,法律出版社2014年版,第189页。

〔3〕 参见[美]邹谠:《二十世纪中国政治:从宏观历史与微观行动角度看》,牛津大学出版社2012年版,第257~268页。

思想上、道德上或宗教上的限制；而实际上，这则表示事实上国家对社会控制程度的大小。[1] 这似乎为我们分析中国社会提供了一个不错的思路，既兼顾了理想，又看到了现实，即所谓"实际"是在"原则"范围内的不断变迁。在这种思维模式下，国家也许不仅是阶级的附庸，其本身还有自己的独立目标，这就是"国家的自主性"。这种"自主性"还包含两种力量：一种可以称为中央集权化的程度（相对于其他与之抗衡的力量）；另一种为"基础性权力"（infrastructural power）——政府深入社会的程度。[2] 通过这种框架来进行分析，我们可以将"基层社会治理"的场域细化为两种力量，并将其与抽象的"国家—社会"关系相剥离，从而实现逻辑上"西方学说"与"本土经验"的合嵌。事实上，自鸦片战争以来，我们的民族经历了"全面的危机"，从政治、经济到意识形态，都被全面否定和质疑，因而我们几乎全盘接纳了西方关于"现代化"理论的所有观点，将我们的过去送进了"博物馆"，作为一种"珍藏品"来欣赏，但我们真的可以与过去完全割裂吗？巴县档案所提供的长时段分析材料，为我们审视清代政府在处理"国家—社会"整体关系中，原则与实际的相互联系，提供了有益的帮助。笔者相信，通过这样一种审视，巴县政治参与的模型能够为我国加强地方治理能力提供有益经验。

一、清代巴县基层社会的多重面相

以"国家—社会"二元关系为范式的过往研究，常常将两者视为一种实体组织，无论是费孝通笔下的"皇权与绅权"，[3]还是黄宗智笔下的"国家、乡绅与村庄"，[4]抑或许多学者认为十分重要的"宗族"，实际上都可以被视为清代基层社会所真实存在的各个主体。实际上，笔者并不赞同将这些主体实体化，以此来界定"国家—社会"关系的研究方法，因为这种固化的

---

[1] 参见[美]邹谠：《二十世纪中国政治：从宏观历史与微观行动角度看》，牛津大学出版社 2012 年版，第 257 ~ 268 页。

[2] Michael Mann, "The Autonomous Power of the State: Its Origins, Mechanisms and Results", *Archives Européennes De Sociologie*, Vol. 25, 1984, pp. 185 – 213.

[3] 费孝通在论及历史上国家与社会的关系时，曾意识到县以上与县以下管理方式上的区别，因此提出"传统中国政治双轨制"的思路，"一方面是自上而下的皇权，另一方面是自下而上的绅权和族权，二者平行运作，互相作用，形成了'皇帝无为而天下治'的乡村治理模式"。参见费孝通：《再论双轨政治》，载费孝通：《乡土重建》，上海世纪出版集团 2007 年版。

[4] [美]黄宗智：《华北的小农经济与社会变迁》，法律出版社 2014 年版，第 189 页。

"理想类型"很容易与实际状况产生偏差。但不可否认的是,这些主体必然是"基层社会治理"的重要角色,而理解好这些角色,有助于我们发现事实上"国家对社会控制力或大或小"的现实环境影响因素。

在前人的研究中,更多的将乡村社会的政治特征归结为:皇权政治、乡绅政治和宗族政治。[1] 对皇权政治来说,中国传统社会实质上一直处于中央专制集权的大王朝统治下,皇权利用科举制度和儒家思想以及"郡县制"和"行省制"等地方行政制度,牢牢地把统治权控制在自己的手中,而地方精英、乡村组织抑或宗族势力实际上只是国家政权的附庸。而他们倘若想要提高自己的社会地位,面临的途径实际上将只有一个——通过科举制度成为官员,但成为官员的这些人又将依据"异地任职"的原则被派往其他地方。在这样一个"层级分流"[2]过程中,皇权通过科举制度,将地方主要势力拉拢在自己身边,使中央集权程度得以加强,而所谓的"地方势力"也可以被认为是虚无缥缈的存在。在这种思路的支配下,将造就极具中国特色的官僚制度,而它也将对"基层社会治理"产生重要影响。

对于乡绅社会和宗族社会来说,中国不同于欧洲诸国,中国"积乡而成",[3]行政机构自中央直至县一级,县以下不设立,故中国的国家力量积蓄于州县,而县以下的乡,则不存在正式的行政机构,因而有中国"乡人治乡"[4]的说法。但中国不同于欧洲"政治国家"与"市民社会"的对立,传统中国"化家为国",[5]因而"传统意义上的国家与家庭的关系与当代国家与单位的关系,几乎是可以等量齐观的"。[6] 所以,家庭而非个人,是中国传统社会的最小单位。"国"与"家"是中国政治单位中的两个极端,最大为

---

[1] 参见于建嵘:《清末乡村:皇权、族权和绅权的联结》,载《探索与争鸣》2003年第3期。

[2] 周雪光:《从"官吏分途"到"层级分流":帝国逻辑下的中国官僚人事制度》,载《社会》2016年第1期。

[3] "欧洲国家,积市而成,中国国家,积乡而成,故中国有乡自治而无市自治。乡盖古代邻、里、乡、党、比、闾、族、州之总名,专称乡者,则指一国中最高之自治单位。"参见萧一山:《清代通史》(第1卷),中华书局1986年版,第628页。

[4] 参见渠桂萍:《二十世纪前期中国基层政权代理人的"差役化"——兼与清代华北乡村社会比较》,载《中国社会科学》2013年第1期;于建嵘:《清末乡村:皇权、族权和绅权的联结》,载《探索与争鸣》2003年第3期。

[5] 参见《史记·外戚世家》:"蛇化为龙,不变其文;家化为国,不变其姓。"钱穆:《中国历代政治得失》,生活·读书·新知三联书店2005年版,第5页。

[6] 宋道雷:《阶级地域化:基层社会的重构及其对国家治理的挑战》,载《南京社会科学》2017年第2期。

“国”，最小为“家”，家族就是邦国最基本的形态。所以不少学者相信，家族组织是中国传统社会的基石，规范和制约中国历史的发展道路。[1] 然而，清代基层社会的家族组织，实际上已不同于传统中国具有严格等级制度的宗法制度。嫡子、庶子之分，大宗、小宗之别，已不再重要，所谓“大宗能率小宗，小宗能率群弟”[2]的局面实际上已经被打破。因为家族组织作为一个结构性的社会组织，必然是与同一时代的政治、经济及文化环境相适应的。郑振满就认为：自宋代以来，宗法制度逐步突破了旧有宗法制度，宗祧不再由嫡子继承，而是所有子孙都可以享有的权利，走向一种“庶民化”的道路，出现了由“合同式宗族”向“依附性宗族”转变的趋势。[3] 在这种理论下，我们实际上可以把“家族”的范围扩大化，把它视为一种依据地缘关系组建的紧密利益共同体，而不仅是依据血缘关系。依据这样一种扩大化的“家族”概念，我们可以将“乡绅社会”与“宗族社会”进一步连接，将他们视为一体。这是因为很多“乡绅”在经济上的“租佃”关系下，事实上支配着农民。而“自耕农”则因本身“自给自足”所带来的封闭性和保守性，被单独开列，视为一个独立的政治势力。从这种程度上讲，笔者不否认对乡村社会的具体政治势力的认知，笔者事实上更认同黄宗智的思路。但巴县因其特殊的地理、文化环境，又有不同于华北诸县的特殊之处。

（一）巴县地貌及社会治理问题

俗话说“一方水土养一方人”，独特的社会地理条件造就了独特的经济状况和风俗民情，也会相应地造就独特的社会治理问题。因而，要想理解巴县社会治理的问题，就必须先了解这方“水土”，这样，才能理解因何会造就了这些问题。

1. 巴县地貌

重庆位于四川之东南，北邻陕西，南接云贵，东达湖北，嘉陵江与长江交汇之处，是数省之交通要道，西南地区的门户所在，历来被视为军事、贸易之重镇。而巴县为重庆府之附郭，其治域辽阔，如图 1 所示。据《乾隆巴县

---

〔1〕 参见郑振满：《明清福建家族组织与社会变迁》，中国人民大学出版社 2009 年版，第 208 页。

〔2〕 参见《白虎通德论 · 宗族》。

〔3〕 参见郑振满：《明清福建家族组织与社会变迁》，中国人民大学出版社 2009 年版，第 208 页。

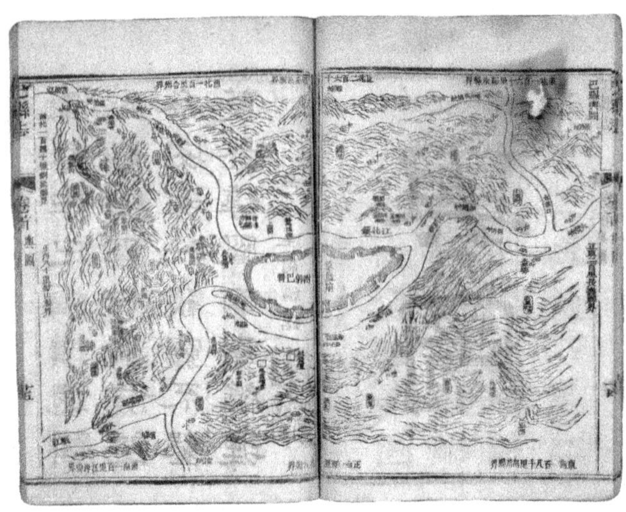

图 1　巴县地貌

志》记载:巴县“东西广二百八十里,南北袤二百四十里”。[1] 据《重庆府志》记载,道光年间,“东至沙溪交长寿县界二百里,西至走马岗交璧山界八十里,南至犁牛铺交綦江县界一百五里,北过江北厅界通江而五里,陆路至风垭一百七十里交合州界”。[2] 据《同治重修县志》重新考证,“迨分江北厅后,东至长寿县界二百里,西至璧山县界八十里,均与《通志》、原《志》同。惟西北至合州界一百七十里,较《通志》多二十五里;南至綦江县界一百五十里,较《通志》多十里,较原志亦多五里。至江北厅,以江为界,江面宽不过一里,《府志》谓至厅界五里,亦失其实,就水面中分之,止半里尔。此现在臣县之四至也”。[3] 综合来看,巴县所管辖之域约 67,000 平方里。

巴县之内多山川河流,古木、奇卉、灵药、珍蔬应有尽有,[4] 且工矿业发达,又有极其优越的水文条件,“内水,则嘉陵、白水,会羌、涪、宕、渠,来自秦;外水,则岷沫衣带会,金沙来自滇,赤水来自黔。俱虹盘渝城下,遥牵吴、楚、闽、越、两粤之舟”。[5] 因而向楚称其“据大江上游,三江总会,水路冲

---

〔1〕 王尔鉴:《乾隆巴县志》卷一。
〔2〕 参见《中国地方志集成・道光重修重庆府志》,巴蜀书社 1992 年版,第 14 页。
〔3〕 熊家彦:《同治巴县志》卷一。
〔4〕 王尔鉴:《乾隆巴县志》卷一。
〔5〕 王尔鉴:《乾隆巴县志》卷二。

衢,土地之美,无物不宜资生,日用之须,虑无不应有尽有者”。[1] 巴县贸易发达,商行繁多,在康熙时期,全四川地区仅有70个场镇,但是到了乾隆时期就猛增到1310个,嘉庆朝更是上升到2333个。[2] 这些“场镇”发挥了居民买卖活动集散地的功能,似乎构成了施坚雅口中的“市集共同体”,[3]但不可忽视的是,这也是官方进行社会控制的重要地方。[4] 与此同时,众多的山川与河流,实际上也限制了其进一步开垦土地的可能性,乾隆年间清查巴县田地,共有上中下田地26,112顷78亩4分9厘7毫;[5]到了道光二年(1822年),随着行政区域的变迁,耕地减少为上中下田地16,409顷64亩2分1厘;[6]而到了民国24年(1935年),略有减少,据统计有166.5万亩耕地。[7] 可以说,实际上在乾隆年间,可开垦的耕地基本都已被开发。且据记载,道光二年(1822年),全县下田有43.6万亩,占总面积的47%;有下等土43.6万亩,占总面积的61%,故《乾隆巴县志》曾有此说法:“然刀耕火种之余,或继以焚烈草木,燔禽兽,困蛰虫,死骨熇,脂竭不再。岁而雨淋土泻,徒撑石骨,何利之有?”[8]可见,尽管巴县商贸发达,但其耕地面积和自然环境终将限制小农经济的进一步发展。

2.社会治理问题

就地理因素而言,巴县地处西南地区,在古代中国政治地理中较偏远,且与山区少数民族相连,因此,地方势力可谓错综复杂。到了清初,经过张献忠之乱,重庆乃至整个四川地区几乎无人居住,据统计:整个四川地区,顺治十八年(1661年)有16,069人,康熙二十四年(1685年)有18,509人。[9]康熙年间,随着清政府不断鼓励民众入川垦荒,并许诺其产权、工具、籽种、银粮等优惠政策,历史上出现了第二次“湖广填四川”的移民运动,据《民国巴县志》记载:“自晚明献乱,而土著为之一空,外来者什九皆湖广人。”[10]

---

[1] 巴县县志办公室:《巴县志选注》,重庆出版社1989年版,第813页。

[2] 参见王纲:《清代四川史》,成都科技大学出版社1991年版,第565~567页。

[3] [美]施坚雅:《中国农村的市场和社会结构》,史建云、徐秀丽译,中国社会科学出版社1998年版,第71~91页。

[4] 参见龚义龙:《清代巴蜀场镇社会功能研究》,载《长江师范学院学报》2017年第1期。

[5] 王尔鉴:《乾隆巴县志》卷三。

[6] 参见《中国地方志集成·道光重修重庆府志》,巴蜀书社1992年版。

[7] 参见四川省巴县志编纂委员会编:《巴县志》,重庆出版社1994年版,第103页。

[8] 王尔鉴:《乾隆巴县志》卷一。

[9] 梁方仲编著:《中国历代户口、田地、田赋统计》,中华书局2008年版,第352页。

[10] 参见《中国地方志集成·民国修巴县志》,巴蜀书社1992年版。

这在为巴县提供人力,休养生息,恢复精力的同时,也进一步地加强了清代巴县地区基层社会治理问题的复杂性,其中最突出的就是"啯噜"与"健讼"的问题。

(1)"啯噜"之患

所谓"啯噜"为四川土语,指清代中前期活跃在以四川为中心的西南地区,"以外来移民中'不法'分子为主体的、没有明确整治目的,专门从事抢劫、偷窃活动的一种游民结社"。[1] 而在四川地区中,又以重庆为最。[2] 要知道,巴县多山川河流,因而除场铺外,实际上并无多少村落,住户多傍麓依山,无邻无佑,兼之房屋少有墙垣,故极易被盗窃。[3] 且便利的交通条件,又使大量的人口频繁流动于重庆各地,这为"啯噜"提供了新的来源。[4] 而这些外来移民,尽管正值壮年,但因为没有田业、家庭,所以多从事帮贡、小贩、纤夫等临时职业。[5] 这些特性使他们一旦聚集起来,就容易闹事。小则酗赌打架,大则抢劫伤人,甚至敢拒捕伤差,奸淫妇女,给地方社会治理带来了极大的隐患。[6] 巴县档案中就有记载:

> 照得大佛寺一带地方,访有外来流匪,昼则□□□乞丐,或在附近乞食,或藏匿岩洞;则偷骂小船,赴客船掏摸,皆由地方稽查不力。[7]

因而,可以说地巴县衙门为了治理"啯噜"之患,多次申令加强保甲编联的建设,是有其现实需求所在的。

(2)"健讼"之风

"健讼"一词,最早出现在宋代的史料和司法文书中,在明清时期更频

---

〔1〕 吴善中:《从啯噜到哥老会》,载《扬州大学学报》(人文社会科学版)1997年第4期。

〔2〕 参见四川省档案馆、四川大学历史系主编:《清代乾嘉道巴县档案选编》(下册),四川大学出版社1996年版,第347页。

〔3〕 同上书,第359页。

〔4〕 参见梁勇:《啯噜与地方社会的治理——以重庆为例》,载《社会科学研究》2013年第1期。

〔5〕 同上。

〔6〕 "第蜀有奸匪,名曰啯噜,猛如豺虎,鸷若鹰鹯,往往场镇中结党肆毒,小则酗赌打降,大或抢掠伤人,兼有拒捕伤差,估童淫妇,墟市不宁,愚氓畏惧。"参见王尔鉴:《乾隆巴县志》卷二。

〔7〕 四川省档案馆、四川大学历史系主编:《清代乾嘉道巴县档案选编》(下册),四川大学出版社1996年版,第359页。"□"为原档案缺失字,下同。

繁,在二十五史中,我们可以发现有14处记载,其中9处都是出现在《清史稿》之中。[1] 清代巴县地处水路冲衢,九省客商云集,商贸发达,田土买卖频繁。[2] 因而社会纠纷繁多,其民素有"好讼"之称,使官员往往疲于应对这些纠纷,是其职务中最为庞杂的部分,清代官员称其为"繁"。道光帝就曾对新上任的四川按察使张集馨说道:

> 四川刑名之繁,甲于海内……每年勾到时,四川一省就要占住一天。缓决黄册堆积满地。四川实系戾气所钟,洞胸贯肋之案,层见叠出。[3]

光绪年间的四川按察使钟庆熙,也在其上呈的《四川通饬章程》中记载"四川讼狱之繁,甲于天下"。[4] 为了解决这些繁多的社会纠纷,巴县衙门历来重视利用"教化"和"社会"的力量,来帮助其处理问题。"教化"是指"劝民息讼",清代巴县著名县令刘衡就发布过"劝民息讼告示",旨在用十分通俗的语言将诉讼的弊端告知百姓。[5] 而利用"社会"的力量是指,利用保甲或者乡绅来先行进行调解,以使纠纷平息。有时,知县甚至会将"社会"的处理作为准立审断的前提。[6]

总之,我们可以说:这两大原因是巴县地区"注重"实施保甲法的现实需要所在。但具体效果如何,笔者认为其属于具体实践层次的问题。在这里,笔者仅就巴县特殊的地理条件和经济环境进行简要的因果说明。对于保甲法在巴县的具体实施效果如何,笔者将在第三部分作出详细说明。

(二)无产率与小农经济

据《乾隆巴县志》记载:乾隆二十三年,全县在编共有人丁15,638

[1] 参见尤陈俊:《清代简约型司法体制下的"健讼"问题研究——从财政制约的角度切入》,载《法商研究》2012年第2期。

[2] 参见王亚民:《从乾隆朝巴县档案看知县对乡村的管理》,载《历史档案》2014年第2期。

[3] (清)张集馨撰:《道咸宦海见闻录》,中华书局1999年版,第88页。

[4] (清)钟庆熙:《四川通饬章程》,文海出版社1977年版,第9~10页。

[5] 参见里赞:《晚清州县诉讼中的审断问题——侧重四川南部县的实践》,法律出版社2010年版,第237~238页。

[6] 同上书,第232页。

人。[1] 到了嘉庆元年,人口增长到218,097人。[2] 到了宣统二年,人口更是增长到了980,474人,居四川一百四十四厅州县之首。[3] 在这150年中,人口增长了近63倍之多。但要知道,自从康熙皇帝宣布"盛世滋丁,永不加赋"以及雍正进行的"摊丁入亩"改革,使清代赋税制度"定额化"改革完成,地丁两银合而为一,清代的户籍编纂工作已变得不再重要。因为"定额化"的赋税制度,实际上已经将"地亩"而不是"人口"作为纳税的主要对象,所以"户口"从一个实际的人口单位,变为一个虚有的"纳税账户"。[4] 故实际数字肯定会有不实之处,并且只多不少,且巴县为商贸重镇,光绪十七年(1891年)更是被开辟为埠,因而外来商民众多,据严新宇和曹树基推断,晚清巴县城内流动人口几乎是本地人口的2倍。[5] 但这些都不妨碍我们作出"巴县人口之多,增长之快"的基本判断。

1. 过半的无产率

户籍制度,自秦汉以来便存在。它使国家总是能够有能力控制其疆域之内的人力和物力,很多学者就认为,户籍制度的失效是历代王朝社会动乱的一个重要原因。但到了清中期后,"人口"作为纳税对象的意义不再存在,然而它仍对赋税征收和警卫稽查职能的实现是有所帮助的。不过,全国性的人口统计,实际上已变得越来越不重要,这更多地被看作一项"地方"事务,因此,人口登记事实上由保甲制度来履行。清代巴县衙门档案中,就有丰富的户口登记簿,家庭户主、成员、职业等细致的内容都被包含在内。这使我们得以通过巴县的人口结构,来观察巴县小农经济内部复杂细微的关系。

乾隆三十四年十一月的一册户口登记簿对某甲之民进行了统计,共计有375户,38牌,牌首38人,余9家连载。[6] 在这里,已出版的两本巴县档案汇编对这个登记簿都有所涉及。在《清代乾嘉道巴县档案选编》(下册)一书中,编者将登记簿进行了系统整理,形成了表格:据其统计,有明确职业

---

〔1〕 王尔鉴:《乾隆巴县志》卷三。

〔2〕 参见《中国地方志集成·民国修巴县志》,巴蜀书社1992年版。

〔3〕 同上。

〔4〕 刘志伟:《从"纳粮当差"到"完纳钱粮":明清王朝国家转型之一大关键》,载《史学月刊》2014年第7期。

〔5〕 参见严新宇、曹树基:《乡保制与地方治理:以乾嘉道时期巴县为中心》,载《史林》2017年第4期。

〔6〕 参见《清代巴县档案汇编》(乾隆朝),档案出版社1991年版,第220页。

的有173户，而这其中以自耕田土为生的有100户，以租佃为生的有66户，以工商为生的有7户，且外来人口有68户；除此之外，还有僧6户。[1] 但是，对比《清代巴县档案汇编》（乾隆朝）一书，我们可以发现其中有如下记载：

乾隆三十四年十一月十三日户口簿[2]

十长苏国清年四十七岁妻江氏年四十三岁长子朝俊年十九岁男妇六口耕田生理

左邻辜贵益
右邻徐朝爵

一户李文节年二十七岁妻苏氏年二十二岁男妇三口佃田生理招主苏国清

左邻李思凤
右邻刘顺和

一户李思凤年二十六岁妻雷氏年二十五岁男妇二口佃田生理招主苏国清

左邻苏国治
右邻李文节

一户苏国治年四十五岁妻陈氏年四十五岁长子朝佐男妇四口耕田生理

左邻于道仪
右邻徐朝爵

一户徐朝山年三十五岁妻潘氏年三十二岁长男子兴男妇四口佃田生理招主苏国治

左邻余现贤
右邻徐纯武

一户于道仪年二十五岁妻徐氏年二十三岁男妇三口佃田生理招主苏国治

〔1〕参见四川档案馆、四川大学历史系主编：《清代乾嘉道巴县档案选编》（下册），四川大学出版社1996年版，第305～310页。
〔2〕同上。

左邻徐超柱

右邻苏国治

一户周祥益年四十八岁妻华氏年四十五岁长男世文次男世伦男妇六口耕田生理

左邻苏国治

右邻徐朝玉

一户徐朝玉年四十四岁妻何氏年四十岁男徐保男妇四口本县人氏耕田生理

左邻周祥益

右邻王现元

一户王现元年二十二岁妻周氏年二十岁男妇三口本县人氏佃田生理招主周祥益

左邻徐朝玉

右邻周祥益

十长于圣聪年五十四岁妻余氏年五十三岁男道倬年二十九岁妻刘氏年二十六岁男妇八口本县人氏耕田生理

左邻赵祥和

右邻于洪颀

一户于乘龙年三十五岁妻李氏年三十二岁长子道优年十三岁男妇五口放佃生理

左邻于显

右邻韦俱章

一户韦俱章年三十岁妻李氏年二十八岁弟俱臣妻胡氏长子福生男妇八口佃田生理

左邻于全志

右邻杨文彩

……

乡约张子袍

保正杨万清

郭昆山

而在《清代乾嘉道巴县档案选编》(下册)一书中,对于苏国清、李文节、李思凤、苏国治、徐朝山、于道仅、周祥益、王现之、于乘龙、韦俱章诸人均没有职业记载,仅对徐朝玉、于圣聪有记载,标明为"耕田"。[1] 可见其统计的具有明确职业的173户,并不完全属实,多有省略之处。

假如依据我国1950年土地改革法来划分这些成员的成分,我们将会发现巴县地区的人口以"贫农"为主,他们主要以租种土地为业,往往还可能受雇成为短工。[2] 因而,我们可以认为他们是"无产者"。实际上,我们无论依照哪一个计算,在巴县地区的农业人口中无产率都达到了一个极高的水平。倘若我们依照166户的农民进行计算,将会发现租佃率达到了39.8%,事实上这个指数可能会更高。比如,嘉庆十八年五月节里八甲户册的人口统计显示:在171户的人口当中,佃户就有55户,再加上佣工10户,无产率达到了38%。[3] 根据同年仁里九甲人口社会构成统计也显示:在133户人口中,佃户有28户,无产率为21%。[4] 到了嘉庆十九年,孝里七甲的人口社会构成统计表中共有204户,其中佃户147户,无产率高达72%;对于忠里十甲的调查,同样显示,在48户的人口中,佃户占到了27户,无产率为56%。[5] 次年,慈里六甲中,160户人有110户为佃户,无产率为68.8%;直里四、五甲石堰团的统计表中,90户的人口有38户以佃为业,无产率为42.2%。[6] 尽管巴县各地,可能会存在些许差异,但随着经济的发展,外来人口的迁入以及社会分化的进一步加剧,笔者认为,巴县小农经济的无产率达到50%的水平,丝毫不夸张。

2. 定额租与离散的村落共同体

农村的租佃形式,大致有两种:"分成租"与"定额租"。所谓"分成租",是指田主与佃客按照一定比例分成。根据黄宗智的研究,分成租往往具有高度的稳定性,且往往包含某种"道义"性质,因为"分成租"往往意味着田主和佃客要共同负担自然灾害的风险,且田主无法随时入田观察收成,极有

---

〔1〕 参见四川档案馆、四川大学历史系主编:《清代乾嘉道巴县档案选编》(下册),四川大学出版社1996年版,第305页。

〔2〕 [美]黄宗智:《华北的小农经济与社会变迁》,法律出版社2014年版,第57~58页。

〔3〕 参见四川档案馆、四川大学历史系主编:《清代乾嘉道巴县档案选编》(下册),四川大学出版社1996年版,第319页。

〔4〕 同上书,第319~310页。

〔5〕 同上书,第321页。

〔6〕 同上书,第325页、第327页。

可能要面对佃客的隐匿。[1] 不过,不同于华北地区"二八分"的情况,重庆地区更多的是以对半分为主,余下的至少也是"四六均分"。[2] 在巴县档案中,就有"每年租谷田中均分,外出谷种一挑"[3]以及"凭中议定,每年租谷四六均分"[4]的相关记载。但在重庆地区最多的还是"定额租"的形式,所谓"定额租",是指在签订租佃契约时,就约定了每年所交的固定数额,这种形式把自然灾害的风险转移给了佃户,因而对田主比较有利,故往往订立于事前互相不认识的地主和佃户之间。[5] "定额租"往往分为"实物地租"与"货币地租":"实物地租"往往要缴纳谷物多少石,这是巴县地区最普遍的形式,且常常注明"务要风扬干净,交租不得以稗渣抵塞";[6]而"货币租"则是要缴纳银钱,黄宗智认为这种形式将会受到价格波动和市场供求的影响,[7]这在巴县地区同样有所体现。[8]

但随着经济的发展,货币地租的比例虽然由十之一二上升为十之三四,不过,其始终没有在巴县地区的乡村中占据绝对优势,这是一个极特殊的现象。[9] 因而,我们可以判断:尽管巴县地区有着发达的工商业,但广大农村地区仍然处于"小农经济"的自然结构中。倘若依据黄宗智的研究,过高的无产率将会使村落共同体处于一种"离散"状态,也即这些农民对村落没有一种归属感存在,因而他们往往不关心村落公共事务。[10] 这样,必然会使一些"村痞""恶霸"趁机攫取乡村公共事务的管理权,"保长"一职的社会

---

〔1〕 参见[美]黄宗智:《华北的小农经济与社会变迁》,法律出版社2014年版,第175~176页。

〔2〕 参见李映发:《清代重庆地区农田租佃关系中的几个问题》,载《历史档案》1985年第1期。

〔3〕 四川档案馆、四川大学历史系主编:《清代乾嘉道巴县档案选编》,四川大学出版社1989年版,第73页。

〔4〕 同上书,第69页。

〔5〕 参见[美]黄宗智:《华北的小农经济与社会变迁》,法律出版社2014年版,第176~180页。

〔6〕 四川档案馆、四川大学历史系主编:《清代乾嘉道巴县档案选编》,四川大学出版社1989年版,第70页。

〔7〕 参见[美]黄宗智:《华北的小农经济与社会变迁》,法律出版社2014年版,第178页。

〔8〕 道光年间,李裕贵佃禹王宫会内田地、竹山,押佃纹银六十两,佃约十五年。关于地租,第一个五年,每年四十千文;第二个五年,每年五十千文;第三个五年,每年六十千文。参见档案:《清代巴县档案》(道光朝),编号:清006-003-09801,四川省档案馆藏。

〔9〕 参见李映发:《清代重庆地区农田租佃关系中的几个问题》,载《历史档案》1985年第1期。

〔10〕 参见[美]黄宗智:《华北的小农经济与社会变迁》,法律出版社2014年版,第231页。

地位较低,往往与此有直接关系。巴县地区频繁的租佃纠纷,也许正是此种情况的一种表现。

但"实物租"绝对优势的地位,又使巴县地区具备了某种不同的情况。如租佃关系的发生,似乎更多的还是在同一"牌"内。这样这些小地主和佃农之间,将会具备某种形式的联系,并不同于华北地区那些"不在村"地主。这样一种联系,使牌首、甲长、保正、乡约之流,替人垫付"税款"具有某种事实上的合理性。且在巴县发生的租佃纠纷之中,其纠纷等级极易上升,轻则毁坏财物,重则行凶伤人。[1] 因而,巴县地区的小农经济有其独有的特性:商品化发展和过半的无产率尽管的确阻碍了大型"内向凝聚"型村落的形成,但其内部独有的"实物租"形式,使其容易在一个更小范围形成一个共同体。笔者并不是想否认巴县地区小农经济的"离散"形态,显然这种"小共同体"也是"离散"的,只不过巴县独有的特点使矛盾纠纷更容易升级。故笔者认为,了解这种特殊的社会经济状况,将会有助于我们重新理解"保长"之职的社会地位。

(三)财政制约视角下的官僚制度

事实上,无论面对的行政任务怎样烦琐与复杂,清代政府始终都没有通过增设官员的方式来扩大或者增强其行政能力,以应对当时基层社会日益复杂和繁多的社会纠纷。[2] 正如瞿同祖所说:真正处理一县之内事务的,仅是"正印官"(县令)一人而已。[3] 在这样的情况下,他们只能通过增加"胥吏"抑或依靠"保甲"来进一步加强社会管理。夫马进就指出:如果不允许这些"胥吏"和"差役"从民众那里攫取贿赂、手续费,就只能由国家来筹措如此巨大的俸禄,而这实际上将只会剩下两种方法,一是重税,二是光明正大地大幅度增加手续费,但这对他们来说都无法解决问题。[4] 基于这层意义,我们可以说,财政制约的因素促使了清代基层政府的"简约"现状,这将对清代基层社会治理产生重要影响。

---

〔1〕 参见四川档案馆、四川大学历史系主编:《清代乾嘉道巴县档案选编》,四川大学出版社1989年版,第142~175页。

〔2〕 参见尤陈俊:《话语竞争与社会变迁:明清区域性诉讼社会中的讼师形象》,北京大学法学院2010年博士学位论文,第78页。

〔3〕 参见瞿同祖:《清代地方政府》,范忠信等译,法律出版社2011年版,第315页。

〔4〕 参见[日]夫马进:《明清时代的讼师与诉讼制度》,载[日]滋贺秀三等著,王亚新等编译:《明清时期的民事审判与民间契约》,法律出版社1998年版,第419页。

1. 定额化赋税与不完全财政制度

康熙五十一年颁布“盛世滋丁,永不加赋”的谕令,拉开了清代赋税改革的序幕,及至雍正年间“摊丁入亩”将地丁二税合二为一,实际上是利用地亩较稳定的特点来改革不断浮动的税制,从此之后呈现了“定额化”的特点。一方面,它将丁银征编过程中虚报浮夸形成的负担和贫富偏累杜绝了,正所谓“富室田连阡陌,竟少丁差,贫民地无立锥之地,反多徭役,以致丁倒累户,户倒累甲,甲倒累里”;[1] 但另一方面,我们必须充分意识到,“国家出入有经,用度有制”。[2] 既然是量入为出,那么国家的财政收入有定额,支出自然也是有定额的。因而,其财政收入实际处于一种“静止状态”,所以很难依靠其现有财力来扩大国家政权规模,最大的缺陷就是地方公费的缺乏、官吏俸禄的低微以及军费开支的不足,这就是“不完全财政制度”。曾小萍就认为:在雍正朝有1360个县,倘若根据清朝合理的行政单位与人口比进行推算,那么县一级的行政单位应当增加到8500个左右,而为了完成基本的行政任务,又要为每县提供至少3000两养廉银。[3] 事实上,根据王业键的研究:在中国大部分地区,税率实际并不高,仅为土地产值的2% ~4%。[4] 然而现实是,“到1848年年末,累积起来的田赋拖欠约相当于整个国库的储备数量”。[5] 这意味着我们对“实际上并不沉重”的田赋负担,都拖欠得如此严重。倘若我们真的要将行政单位扩大到这种程度,田赋的征收比例将会达到12.5% ~25%,这是一个高得根本无法忍受的税率。[6]

根据《同治巴县志》记载,巴县知县有俸银约45两,养廉银1000两。[7] 但要知道在嘉庆元年,人口数就有218,097;到了宣统二年,更是达到980,474人。如果认为施坚雅以公元180年平均每县50,000人为标准是合

---

〔1〕《宫中档雍正朝奏折》(第3辑),台北故宫博物院1977年版,第190页。

〔2〕程含章:《论理财书》,载《皇朝经世文编》卷二六。

〔3〕参见[美]曾小萍:《州县官的银两:18世纪中国的合理化财政改革》,董建中译,中国人民大学出版社2005年版,第285 ~286页。

〔4〕参见[美]王业键:《清代田赋刍论(1750 ~1911)》,高风等译,人民出版社2008年版,第105页。

〔5〕[美]费正清、刘广京编:《剑桥中国晚清史,1800 ~1911年》(上卷),中国社会科学院历史研究所编译室译,中国社会科学出版社1985年版,第123页。

〔6〕参见尤陈俊:《话语竞争与社会变迁:明清区域性诉讼社会中的讼师形象》,北京大学法学院2010年博士学位论文,第80 ~81页。

〔7〕参见(清)熊家彦:《同治巴县志》卷二。

理的,[1]那么根据“定额化”财政制度,巴县财政缺口在嘉庆元年就将达到91.3%,在宣统二年,更是达到了98.2%。即使认为3000两的财政收入就可以满足地方行政需求,巴县的缺额仍将达到65.1%。当然,这只是一个简单的估算,可能并不准确,但仍可以反映巴县地方行政支出之严重不足。以《同治巴县志》的记载为例,巴县实际上需要103名的衙役,因钱粮不敷,只能招募37名。如果按照这种比例计算,缺口仍将达到64.1%,这将对地方政府的办公大大不利。雍正皇帝意识到了这个问题,他企图利用“耗羡归公”的措施来克服这个问题,这在一定时期确实起到了作用。[2] 但很可惜“人亡政息”,乾隆皇帝将“火耗”一项纳入正税中,附加税变为了正税的一部分,自此似乎又开始了“黄宗羲问题”的循环。

实际上,还有一个很严重的问题尚未被考虑:饬行保甲制度的经费由谁负担?事实上,在各地保甲法的具体实施过程中,更多地是为地方政府自己所把握,并非中央层面的统一实行,且根据“不完全财政制度”的思想,中央政府显然是不可能承担这个费用的。比如,尽管《户部则例》中有“甲、保各长果能稽查详慎,首报得实,酌量奖赏”,可是事实上从未见到过真正奖赏的实例。而其中所涉及的纸笔、印刷费用等必需的公费,实际上往往由县令承担,刘衡就曾说过:“此次编联保甲,一切纸笔、印刷费用,具系本县捐办,不要尔等花费一文。”[3] 可以说,这就又进一步加剧了州县官的负担。不过,到了光绪年间我们就会发现“每张纸收工钱十六文”的字样,显然,最终又将此负担转移给了普通民众。此外,保甲长的路费以及必须交给“胥吏”的“敬钱”等,这些更大的费用实际上都必须由保甲长自己负担。从这样一种角度来看,保甲法实际上之于中央政府最有利,对地方政府和当地乡民来说,往往没有那么大的诱惑力。这也不难说明,为什么早期的学者往往认为保甲制度实际上根本没有起过作用,因为他们仅算了一个简单的“经济账”,并没有看到现实“差役”的需求,实际上很多也是“地方自治”的需求。当然,笔者认为,这种作用仅是最低程度的,并没有起到其理想的作用,顶多

[1] 参见[美]施坚雅主编:《中华帝国晚期的城市》,叶光庭等译,中华书局2000年版,第19~20页。

[2] 参见[美]曾小萍:《州县官的银两:18世纪中国的合理化财政改革》,董建中译,中国人民大学出版社2005年版,第283~288页。

[3] 刘衡:《巴县编联保甲式》,载徐栋著、张霞云校注:《保甲书》,安徽师范大学出版社2012年版,第82页。

是一种“政治参与”的过程。

2.“大衙门”的设置

现实中,国家政权的建设实际上也不可能全面铺开,集权化向上延伸,从地方政府直到中央政府。毕竟,组成国家机构主干的官员人数有限,往往只占总人口的0.5%。[1] 其只集中于城市,首先是一些人口密集的大型城市,如各省的首府或省会,其次是州府,最后是县府。这是一种行之有效又经济实惠的统治方式。因为一方面,发达的交通使政令通达,无须再进一步投入,便于降低国家政权的建设成本;另一方面,把握区域中心,一般意味着就可以控制这个区域主要的社会资源。我们不难想象:在偏远山区,国家政权的建设成本远远高于平原地区;在距离权力中心较远的地区,国家政权的建设成本远远高于距离权力中心较近的地区。

我们以巴县为例,来观察清代国家政权建设的情况。巴县是府治所在地,重庆之附郭,因而略有特殊之处。除巴县县衙门外,还有川东道署、重庆府府衙、同知署、经历署、通判署等上级衙门。[2] 但若换到重庆府的其他县,如江津县只有县衙门一个政府机关。再对比省治所在地——成都,其机构则更臃肿,除府台衙门外,还包含巡抚衙门、藩台衙门和臬台衙门,甚至还会有道台衙门。这些只是省级衙门,还不包括权力更大的总督衙门。如果算上漕运、河道、盐政等专属衙门以及提督、总兵等武职衙门,省一级衙门机关就更为庞大了。[3] 事实上,真正主事的州县官,只是一个中下级官员。上级官员并不管理具体事务,而他们之下的县丞、主簿等许多编制佐贰官,又无太大权力,因而也无法处理县域内众多的事务。

从中央到地方的设立方式,实际上是一种“大衙门”制度。越往上,机构越臃肿,官员越多,权力越大;越往下,机构越简单,官员越少,权力越小。知县衙门实际上就是清代政府最基层的政府机关,不过,清代政府的运行并不是以整个机关的有效运作为基础的。事实上,无论哪一级地方政府,都实行“长官独立负责制”。这意味着很多衙门都只有一个正式官员,而实际上处理许多事务的“胥吏”,只不过是官员私人的雇佣。这种“倒金字塔”行政体系的弊端,在县域治理中体现得尤为明显,因为国家权力很可能在某一县

---

〔1〕 参见金观涛、刘青峰:《兴盛与危机——论中国社会超稳定结构》,法律出版社2011年版,第33页。

〔2〕 参见(清)熊家彦:《同治巴县志》卷一。

〔3〕 参见林乾:《清代衙门图说》,中华书局2006年版,第2~10页。

域内,呈现一种只有"县令"一人代表国家权力的状态。因而,"总体上强大的国家可能在某一点上变得相对孱弱,而总体孱弱的某个体的力量可能在某一点变得相对强大"。[1]

二、准正式治理下"协商"的狭小空间

从宏观方面来看,正式权力和非正式权力可能存在三种社会治理的类型,也即正式治理、非正式治理和准正式治理。所谓正式治理,是指国家利用公共行政、司法程序等直接进行社会治理的方式;非正式治理则指主要依靠自我、对方以及社会力量和社会组织的治理方式;而准正式治理则仅指国家依靠基层组织执行社会治理的事务。[2] 准正式的社会治理有其存在的必然性,要知道无论是司法还是政府的正式治理,都会受到时间、资源的限制,故而多种原因可能导致正式治理的失败。正如苏力所说,我们不能习惯于这样一种假设:只要是国家就必定是强大的,只要是贫苦、可怜的农民就必定是弱者。[3] 政权系统中的官僚行政人员,没有能力就每一件具体的事务进行亲自操作,这就意味着国家在很多情况下不能直接对社会采取行动。在这种背景下,国家政权组织委托或者默许非国家性质的组织来实施法律、政令,对社会进行管理的情况就必然会发生。

准正式治理的运作方式主要有三种:第一,非国家性质的组织直接执行政府要求的规范和命令;第二,在政府指导下,由这些组织来完成政府的目标和命令;第三,目标责任制。[4] 在第一种方式中,政府的要求和命令主要集中在两个方面:下达明确的命令或者指定完整的规范,国家与基层社会组织之间是一种指导与被指导的关系;在第二种方式中,政府就某社会管理的某个具体方面对非国家组织进行指导而不是通过直接的命令,协商成分比第一种要高;在第三种方式中,政府就某个目标与非正式组织签订责任合

---

〔1〕 苏力:《送法下乡:中国基层司法制度研究》(修订版),北京大学出版社2011年版,第28页。

〔2〕 参见王启梁:《社会控制与秩序——农村法治秩序建构的探索》,云南大学民族学与社会学学院2005年博士学位论文,第70页。

〔3〕 参见苏力:《送法下乡:中国基层司法制度研究》(修订版),北京大学出版社2011年版,第29页。

〔4〕 参见王启梁:《社会控制与秩序——农村法治秩序建构的探索》,云南大学民族学与社会学学院2005年博士学位论文,第117~118页。

同,这种方式下非国家组织的自主性是最强的。[1]

显然,在清代,保甲法为准正式社会治理提供了制度化的基础,以完成政府的要求为目标。不过,他们将会受到国家更多的影响,因为进行社会治理往往是按照非正式治理——准正式治理——正式治理的顺序运作的。在有的地方,除当事人发起诉讼的情形外,这种程序甚至是被自治组织、政府作为有效的惯例来实践的,纠纷当事人往往不能“越级”要求处理纠纷,如宗族发达的地区。[2] 并且,一旦纠纷不断升级到更高级别的控制者手中,原来进行调解或处理的社会治理者就会退出纠纷解决。这样的话,在社会控制不断“升级”的纠纷中,各阶段是相对分离的。[3] 所以,正式治理与非正式治理并不会有某种协商关系,他们只能是一种单向度、无交流的影响。事实上,仅当政府与社会发生对抗且有非国家组织出面沟通,或者政府不直接干预这些组织来完成某项政府委托的目标时,才会真正发生准正式治理与正式治理的协商。所以,正如前文所说,在中国古代,“社会”的作用常受人重视。不过,实际上,准正式治理中的协商仅存在于极为狭小的空间中,要知道基层社会组织的两面性,并不意味着国家与社会之间所进行的交流。

(一)政治认知中意识形态的稳定

合法性是国家权力的法理基础,因而,合法性问题在很大程度上就是国家存在的依据。根据赵鼎新的研究,国家能够,也只能够从意识形态、绩效、程序这三个最本质的层面来建立其统治的合法性。[4] 所谓意识形态合法性,是指国家统治的正当性基于某种被大众广泛认可的意识形态;绩效合法性是指其正当性源于国家为大众提供公共物的能力;而程序合法性则建立在一套被有能力影响政治过程的群体所广泛接受的程序之上。当然,任何国家都不会把其合法性建立在单一类型上,而只可能来自三者的混合体。但在某一特定历史时期内,某一理性型的合法性可以成为国家统治基础的重要来源,这在很大程度上决定了国家民众的政治认知模式和政治行为模式。

---

〔1〕 参见王启梁:《社会控制与秩序——农村法治秩序建构的探索》,云南大学民族学与社会学学院2005年博士学位论文,第117~118页。

〔2〕 同上书,第121页。

〔3〕 同上。

〔4〕 参见赵鼎新:《国家合法性和国家社会关系》,载《学术月刊》2016年第8期。

中国古代的统治基础是以"忠君"为核心的儒家意识形态,以意识形态合法性为主导地位。正如孔飞力提到的根本性议程,其真正的难题就在于如何调和"忠君"思想与社会公共利益。不过,不同于绩效合法性和程序合法性,意识形态合法性着眼于"价值理性",并不是作一种单纯清晰的计算方式,重在塑造和激发民众的情感。在这种以高度道德评价为基础的政治信任下,民众有时为了个人利益将会作出某种伪装,但一旦这种道德高调与社会严重脱节,反体制意识就会占据高地,如"农民运动"在中国历史上就屡见不鲜。但中国社会特有的"宗法一体化结构"使其通过"儒家国家学说"的意识形态,将地主经济力量和官僚制、郡县制的政治结构耦合在一起,从而形成一种"超稳定结构",能够利用其自身机制来限制分封、限制人身依附以及抑制地方割据。[1]

1."编户齐民"之不齐

"编户齐民"一词习见于汉人的著作。[2] 所谓"编户",是指政府按户登录人口。[3] 理论上,凡编户之民皆为脱离分封制度下各级贵族特权的束缚或压迫的国君统治下的平等人民,[4]所以称为"齐民"。[5] 殷商或西周时代,人群依靠以血缘为主的族而凝聚;周初分封,也是要依靠血缘和氏族组织才能将政治统御力到达基层社会,不必"料民"。[6] 直到管仲在齐国

---

[1] 参见金观涛、刘青峰:《兴盛与危机——论中国社会超稳定结构》,法律出版社 2011 年版,第 31 ~ 45 页。

[2] 参见《史记·货殖列传》:"凡编户之民,富相什则卑下之,伯则畏惮之,千则役,万则仆,物之理也。"《汉书·货殖志》:"其为编户齐民,同列而以财力相君,虽为仆虏,犹亡愠色。"

[3] 参见《汉书·高帝纪下》:"编户者,言列次名籍者也。"

[4] 参见杜正胜:《编户齐民——传统中国政治社会结构之形成》,联经出版事业公司 2014 年版,第 1 页。

[5] 颜师古注引如淳曰:"齐,等也,无有贵贱,谓之齐民,若今言平民矣。"

[6] 仲山父依据传统礼法,民不必料而知其数,主要靠二端,一是百官之职,二是搜猎之事。参见《国语·周语上》:"宣王既丧南国之师,乃料民于太原。仲山父谏曰:'民不可料也!夫古者不料民而知其少多,司民协孤终,司商协民姓,司徒协旅,司寇协奸,牧协职,工协革,场协入,廪协出,是则少多、死生、出入、往来者皆可知也,于是乎又审之以事,王治农于籍,蒐于农隙,耨获亦于籍,狝于既烝,狩于毕时,是皆习民数者也,又何料焉?不谓其少而大料之,是示少而恶事也。临政示少,诸侯避之。治民恶事,无以赋令。且无故而料民,天之所恶也,害于政而妨于后嗣。'王卒料之,及幽王乃废灭。"

推行参国伍鄙,[1]从家到乡建立了一套相当严密的阶层系统,而与军队组织配合,称为“做内政而寄军令”。[2] 因此,闻钧天认为保甲制度起源于管子的“什伍之政”,但这种做法实质上也只关注一家一丁的“正夫”或“正徒”,并未达到“全家男女皆录、老幼靡遗”的程度。[3] 献公十年(公元前375年),“为户籍相伍”,首次将全部人口纳入统治者的直接管控。

其最大的影响如下:尽管浓厚的血缘性依然存在于基层社会,但在全国层面,政府对全国人力之调配和役使,能够有效地借助户籍制度和郡县乡里的地方行政系统来发挥作用,这标志着“以官属民,以族系民”的时代过去了。追溯“编户”以前的封建城邦时代,政治社会结构的本质在于有差别的阶级秩序,天下人的身份是不齐等的。而户籍创制以后,举凡著录之人的法律身份一律平等,故谓之“齐民”,这也使秦以前广泛存在的奴隶等级制度得以彻底消灭。可以说,“齐民化”促使大一统的中央政府成为可能,保证了“有人此有土,有土此有财”国家制度的完善。

不过,我们应当看到的是,所谓人民身份之“齐”仅就基本的政治社会结构而言,其中也存在身份阶级制度,但是开放的,人人可凭战功获爵,与封建制度不能相提并论。且法律、政治身份虽齐,但社会与经济力量却不齐,因而“编户齐民”的新社会从一开始就隐含了“不齐”的种子。[4] 所以这始终只是统治者进行人口控制的一个工具,尤其是自清代赋税制度改革以后,不再重视人口统计。可是,就作为基层行政官员的县令而言,对于人口资源的社会治理的需要使其必须以某种方式来进行管控,而保甲制度的十进制层级管理就提供了一种行之有效的方法。但兵法严苛往往“什伍连坐”,难以激发民众的活力,而“有人此有土,有土此有财”的国家制度被改变以后,社会和经济力量的不平等也进一步被扩大了。

---

[1] 参见《国语·齐语》:“桓公曰:‘定民之居若何?’管子对曰:‘制国以为二十一乡。’桓公曰:‘善。’管子于是制国以为二十一乡:工商之乡六;士乡十五,公帅五乡焉,国子帅五乡焉,高子帅五乡焉。参国起案,以为三官,臣立三宰,工立三族,市立三乡,泽立三虞,山立三衡。”

[2] 《国语·齐语》。

[3] 参见孙诒让《周礼正义》:“伍籍只记可任力役者之姓名,户籍则无论男女老小,凡施舍不任力役者亦咸登于版。”

[4] 参见《商君书·错法》:“同列而相臣妾者,贫富之谓也;同实而相并兼者,强弱之谓也。”《淮南子·齐俗》:“其为编户齐民无以异,然贫富之相去也犹人君与仆虏,不足以论之。”《史记·货殖列传》:“凡编户之民,富相什则卑下,伯则畏惮之,千则役,万则仆,物之理也。”

2."一君万民"的困境

正如前文总结的那样,在古代中国,国家权力以一种"俯视"的视角来看待由一个个家庭所形成的平面社会。自"编户齐民"以来,万民都平等地作为皇帝之民被统治,而这其中的核心是皇帝的权力,正所谓"普天之下,莫非王土;率土之滨,莫非王臣"。[1] 沟口雄三将这种形态称为"一君万民"[2]的政治结构,这是中央集权程度不断加强的最终形态,其有三种表现。

(1)在思想上的表现,可以归结为:君臣观的变化。宋代以降,发生了从天谴的天观向天理的天观的变化,虽然皇帝的有德性为政治的核心这一点没有变化,但是依据天谴观,防止灾异是皇帝修德的核心,而天理观则是以皇帝自己实现天理为政治的核心。[3] 皇帝的有德性从一种被动性转化为一种主动性,仁政成为考量皇帝有无德性的唯一标准。[4]

(2)在制度上的表现,可以归结为:中央集权程度的加强。这里有两大措施:科举制度和赋役制度。①科举制度:自唐代开始实施科举制度以来,"官""吏"两者的地位就发生了翻天覆地的变化,[5]"吏"所获得的晋升机会与"官"是无法成正比的,我们可以发现原本"颇有威望"的乡职,从唐末开始,逐渐成为"至困至贱"的"差役",及至王安石变法后,保甲之法始定其名,最终成为一种"差役",且与"胥役"混不可分。[6] 而"官"则由皇帝通过科举制度进行选举,这实际上排斥了任何地方势力对人事权力的把控,并将最终丧失在中央层面的话语权。②赋役制度:"一君万民"结构伴随复杂的户籍制度,精确地控制到每一户人口,以保证税收的稳定来源。但随着人口的不断增加,我们可以想象"存留起运"将是一个复杂的问题,而且其所带来的自然消耗是巨大的,"火耗"这一说法就是由此而来。每次税制改革仿佛都是一种"N+1"的形式,也即总是不断把"火耗"加入正税中,秦晖先生

---

〔1〕《诗经·小雅·谷风之什·北山》。

〔2〕[日]沟口雄三:《中国思想史:宋代至近代》,赵士林译,中国社会科学出版社 1995 年版,第 101~102 页。

〔3〕同上。

〔4〕参见司马光《历年图·序》:"盖言治乱之道,古今一贯;历年之期,惟德是视而已。"

〔5〕参见周雪光:《从"官吏分途"到"层级分流":帝国逻辑下的中国官僚人事制度》,载《社会》2016 年第 1 期。

〔6〕参见梁方仲:《明代粮长制度》(校补本),中华书局 2008 年版,第 9 页。

曾将其称为"黄宗羲问题"。[1] 但随着"盛世滋丁,永不加赋"和"摊丁入亩"的完成,清代赋税制度"定额化"完成,地丁两银合而为一,这实际上已将"地亩"而不是"人口"作为纳税的主要对象,因而清代的户籍编纂工作已变得不再重要,"户口"从一个实际的人口单位,变为一个虚有的"纳税账户"。[2]

(3)在秩序上的表现,可以归结为一个问题:什么是完美的政治秩序?北宋神宗年间,王安石与司马光进行论战的核心问题就是基于这个问题展开的。王安石所设想的是中央集权的官僚国家体制,在皇帝权威至高性上,其实司马光与其并不存在分歧。但面对新兴地主阶级的利益,司马光则承认所谓"乡村共同体秩序"的存在,而王安石则选择了忽视,甚至是反对。[3] 黄宗智认为司马光的观点在明清时期占据了主流地位,但实际上我们通过巴县衙门在地方的实践,可以发现尽管清政府没有忽视"乡村共同体"的存在,但也并没有在多大程度上重视它,与它合作更多地还是为了加强自己的社会控制能力。

不同于"天子垂拱而天下治",[4]"一君万民"首要体现的并非职责的差别,而是地位的差异。皇帝必须积极地去治理国家,因为君臣大义已定,为官也是为臣,地方官员是皇帝的代理人,而并非地方利益的代表者。实际上,这种结构从根本上就排斥任何"非正式权力"的存在,尤其是借助于可以渗透于乡村每一个角落的基层行政制度,中央权力会不断膨胀。因为这时,在掌权者眼中,基层治理貌似只是一个"成本问题"。但清朝的赋税制度改革之后,所有赋税和徭役如果均可以转化为钱粮,那么意味着中央和地方之间关系已成了一种简单的财政关系,即中央收缴所有地方征收的财政收入,然后依次下拨。这意味着"存留起运"问题彻底成为过去时,地方政府自主性的存在彻底泯灭,尤其在面对中国基层一直存在的强大乡土社会时,地方正式权力面对"非正式权力"时将常常不得不借其势力而为之,出

---

〔1〕 参见秦晖:《"黄宗羲定律"与税费改革的体制化基础:历史的经验与现实的选择》,载《税务研究》2003年第7期。

〔2〕 参见刘志伟:《从"纳粮当差"到"完纳钱粮":明清王朝国家转型之一大关键》,载《史学月刊》2014年第7期。

〔3〕 参见[美]包弼德:《斯文:唐宋思想的转型》,刘宁译,江苏人民出版社2001年版,第222~265页。

〔4〕《尚书·武成》。

现了一种所谓"富民分权式专制"[1]的局面。

因而,沟口雄三认为,"清朝专制政权就是一方面披着专制的外衣,一方面用以安定自私自利之民"。[2] 明代张居正实施"一条鞭法"改革失败的关键在于,他们企图利用里甲制度来达到事实上"一君万民"的体制,不承认任何民间利益的存在,用所谓的"大私"来对抗民众的"小私",最终招致地主阶级的联合防抗,这就是黄宗羲、李贽则标榜民众之"小私"的合法存在,正如"天之生斯民也,以教养托之与君。授田之法废,民买田而自养,犹赋税以扰之"。[3] 清代统治者充分吸取了明朝灭亡的经验,一方面,利用"奏效案"和"哭庙案"有力地打击了明末以来的地主阶级;另一方面,又着手改革赋税制度,实施"盛世滋丁,永不加赋"和"摊丁入亩"的改革。既有力地打击了固有的地主阶级,又承认了新兴庶民地主阶级的力量。尤其是自乾隆皇帝取消"限田"和"均田"的政策以来,更进一步加速了新兴地主阶级的崛起。巴县地区经过明末张献忠的动乱,人口几近于无,经过"湖广填四川"和康雍乾三朝休养生息,巴县地区人口逐步恢复,而且随着这些有利的经济政策,新兴地主阶级快速形成,并借助保甲法迅速获取在基层社会治理中的权威,从而形成一种事实上的"富民分权式"的专制。不过,从意识形态合法性的角度考虑,"富民分权式"的专制只体现了清代政府基层社会控制能力具体的大小,但是在整个国家与社会的关系中仍然是"一君万民"的政治结构。

(二)社会治理中"规训"式的思路

保甲法是一种家户式规训,它能够使家庭承担起公法上的自我管理责任,并让分散的家庭成为一个"有系统之政体",最终得以对万千家庭及附着其下的个人实施有效规训。[4] 这里有两大措施十分关键:一是儒家意识形态的要求;二是法家化的编户齐民制度。因而,保甲法是一种"治理术",是一种工具理性的表现,通过它能够利用意识形态合法性来提升传统中国社会的绩效合法性。它实际上对民众像士兵来治理,以便达到其高效的社

---

[1] 参见[日]沟口雄三:《中国前近代思想的屈折与展开》,龚颖译,生活·读书·新知三联书店2011年版,第352~359页。

[2] 同上书,第359~360页。

[3] 《明夷待访录·学校》。

[4] 参见朱林方:《论中国法上的"家"——以古今家国之变为线索》,西南政法大学行政法学院2016年博士学位论文,第70~73页。

会控制目的,但民众毕竟不同于军人,实际上只能保证保甲制度最低程度的实现,很难完全发挥其效用,因为它极易挫伤民众的积极性。这一点,笔者将在后文进一步论述。

1. 守望相助精神的消失

通常认为“保甲制”与“井田制”存在很大的关联,[1]认为其也是中国古代村社互助制度的理想模型的延续。相传神农以还,变游牧为农耕,于是人们开始安土重迁,宗法社会随之而定,以亲亲仁人。睦邻敦族之教,亦以此立。然其之所以能保此仁让之风于不替者,则有赖于黄帝的“经土设井”[2]之策,使民众能够生养送死,定分止争。《孟子》中就有“死徙无出乡,乡田同井,出入相友,守望相助,疾病相扶持,则百姓亲睦”[3]的记载,《管子》中也有“人与人相保,家与家相爱”[4]的记载。因此,井田制设立的初衷就是营造一个互助互补的和谐之乡。这不难理解,因为早期中国是由部落组成的,而部落又是一种血亲社会,尽管内部有宗法制度可以自我调整,但其极强的紧密性,也使部落与部落之间很难发生一种有序的秩序。[5]可以设想,在远古时代,两个不同姓氏的部落相邻可能就意味着敌对甚至战争关系的出现。井田制的实施,使各部族之间不再争夺资源,而是学会分享资源,这样,国家的出现就成为可能了。

“经土设井”之策,是8家为一井,而保甲制度则是10户为一单位,这两者最大的区别不是算法进制,而是计算单位。井田制是以田土为根基进行计算的,《汉书·食货志》有言:

---

〔1〕 参见(清)龚自珍:《保甲正名》,载《龚自珍全集》卷一,上海人民出版社1975年版,第96~97页。

〔2〕 参见马端临《文献通考》卷一二:“黄帝始经土设井,以塞争端,立步制亩,以防不足。使八家为井,井开四道,而分八宅,凿井于中。一则不泄地气,二则无费一家,三则同风俗,四则齐巧拙,五则通财货,六则存亡更守,七则出入相司,八则嫁娶相媒,九则无有相贷,十则疾病相救。是以情性可得而亲,生产可得而均,均则欺凌之路塞,亲则斗讼之心弭。既牧之于邑,故井一为邻,邻三为朋,朋三为里,里五为邑,邑十为都,都十为师,师七为州。夫始分於井则地著,计之于州则数详,迄乎夏、殷,不易其制。周制,大司徒:令五家为比,使之相保;五比为闾,使之相受;四闾为族,使之相葬;五族为党,使之相救;五党为州,使之相赒;五州为乡,使之相宾。”

〔3〕 《孟子·滕文公上》。

〔4〕 《管子·小匡》。

〔5〕 参见《管子·牧民》:“以家为乡,则乡不可为也。以乡为国,国不可为也。以国为天下,天下不可为也。”

理民之道,地著为本。故必建步立亩,正其经界。六尺为步,步百为亩,亩百为夫,夫三为屋,屋三为井,井方一里,是为九夫。八家共之,各受私田百亩,公田十亩,是为八百八十亩,余二十亩以为庐舍。

而保甲制度并不是根据土地来分配,而是根据人口来直接划分,以此来"急耕战之赏"。[1] 古人常常认为,这是"王道衰微"的根本,废井田,开阡陌,是民众贫富差距加大的根源。[2] 但笔者认为这并不会损害这种"互保互助"之意的存在。古时,人烟稀少,居住相对分散,需要将人口聚集在一起以便于统一人力,但随着经济的发展和人口的增加,开荒成为必要的手段,此时,单纯以地亩限制人口,实属不智之策。

然而,自清朝例行保甲以来,所谓保甲之"保",首要含义并非是指井田制那样的互帮互助,互通有无,而更多的是指彼此相互监察,以防止容隐奸佞之事。[3] 所谓"保",甚至可以落实到具体的职能,如"警卫"以保安全,"调解"以保安息,甚至是相互"担保"。但所谓"守望相助"的精神,似乎已经不可见闻,然而从规制来看,保甲制度毫无疑问地与其相匹配。尤其是在儒家理念占支配地位的情况下,统治者始终需要一种更高层次的精神来为自己政策的合法性提供依据。[4] 这样,清代统治者就可以"守望相助"的名义,大力实行"什伍连坐"的专制管理。

2. 什伍连坐的遗蜕

保甲法起源于军制,正所谓"保甲之制,以兵法部伍其民"。[5] 以户为基础,逢十进制,依次分为"牌、甲、保",但仍然不意味着能够将民众很好地组织起来,听其役使。哪怕有了"编户齐民"这样颇为完整的户籍档案制度,也仅对人口资源的数量有所了解,真正要起作用仍然必须依靠"什伍连坐"的制度。"比地为伍"与其相似,也与军制有莫大干系,但目的有所差异。[6] "什"

---

〔1〕 参见《汉书·食货志》。

〔2〕 同上。

〔3〕 参见闻钧天:《中国保甲制度》,商务印书馆1935年版,第11页。

〔4〕 [美]黄宗智:《清代的法律、社会与文化:民法的表达与实践》,法律出版社2014年版,第165页。

〔5〕 魏源:《城守篇》,载《皇朝经世文编》卷七七。

〔6〕 参见马端临《文献通考》卷一二:"周之法则欲出入相友,守望相助,疾病相扶持,是教其相率而为仁厚辑睦之君子也;秦之法,一人有奸,邻里告之,一人犯罪,邻里坐之,是教其相率而为暴戾刻核之小人也。"

"伍"本就为军制单位,西周时期一车十徒谓之"什",到春秋时期二十五徒供一车,分成五个单位,每一单位即是"伍"。自管仲实行"什伍之政"以来,"作内政以寄军令"成为公开的意图,利用地方行政系统,来下达于闾里每家每户。这要主要贯通于两点精神:一是"以军领政";二是"什伍连坐"。以军法勒令民政,役使民力供给公用以图征战。可以说,"保甲制度"最早就是为了战争而实行的"全民皆兵"制度,但随着秦完成统一,兵役的需求逐渐降低,前者逐渐消失,而后者则"通贯传统两千年的社会",[1]尤其是作为一种有效约束民众的手段,"连坐"制度被保留下来就不难理解了。

根据保甲法的规定来看,保长的选举或者换签始终需要保举人,这是因为,相比政府在国家政权建设过程中高昂的成本,令"比邻而居,朝夕相见"的邻居互相监管当然更划算,政府远不如亲属和邻里之间获得信息容易。当然,"连坐"并不仅是一种单纯的管理机制,更是一种权力机制,保长有约束所属人民行为的权力,也要对所属人民的过错负连带责任。[2] 此外,"连坐"也不仅是一个惩罚机制,更是一个激励机制。正如秦律不仅包括"一家犯罪,四家坐之"[3]的规定,也包含教化意蕴,《睡虎地秦简》中就曾记载了这样一个律令:同伍之人在家为贼所伤,伍人知而不救,须论罪;只有外出才不论罪。因而,"连坐"结合"保甲"可以成为小政府在有限的信息约束下控制大国家的有效手段。[4]

(三)实质审理中社会控制的强化

清代保甲法是清代社会控制最主要的途径和方式,也是基层社会治理最主要的手段,历来为清代统治者所重视。然而,它也是我国清代"政治参与"的重要途径,是在政府机构、家族组织之外为基层社会提供的又一类社会整合途径。[5] 事实上,自宋代以来,保甲制度的发展,已与最初的形式与目的大不相同。及至清代,保甲制度已发展为囊括了乡约的教化和调解细

---

[1] 杜正胜:《编户齐民:传统政治社会结构之形成》,联经出版事业公司2014年版,第126页。

[2] 参见《管子·立政》:"若在长家子弟、臣妾、属役、宾客,则里尉以谯于游宗,游宗以谯于什伍,什伍以谯于长家,谯敬而勿复。一再则宥,三则不赦。"

[3] 参见《公羊传·僖公十九年》:"何休注:'梁君隆刑峻法,一家犯罪,四家坐之。一国之中无不被刑者。'"

[4] 参见张维迎、邓峰:《信息、激励与连带责任——对中国古代连坐、保甲制度的法和经济学解释》,载《中国社会科学》2003年第3期。

[5] 参见王日根:《明清民间社会的秩序》,岳麓书社2003年版,第406页。

事纠纷职能,狭义保甲的治安职能、练兵职能,以及里甲的税收和户籍编纂职能等多种职能在内的综合性基层社会制度,[1]正如闻钧天在《中国保甲制度》一书中对中国各代保甲制度所作出的经典总结那样:“周之政主于教,齐之政主于兵,秦之政主于刑,汉之政主于捕盗,晋魏之政主于户籍,隋之政主于检察,唐主于组织,宋始正其名,初主于卫,终乃并以杂役,元则主于乡教,明则主于役民;清则主于制民,且于历朝所用之术,莫不备使。”[2]因此,我们可以说,清代保甲法是中国古代基层治理和社会控制制度的集大成者。

但集大成者也意味着其面临的状况是历代以来最复杂的。因为职能的给予往往不是凭空而来的,而是要依据责任和事务的。事实上,清代保甲制度就是实施了一种“一揽子”职能下放的过程,其有四大职能:户政、警卫、赋役和兵制。可以说,其囊括了基层社会治理所面临的方方面面的问题,然而,现实中这样全能的“地方政府”都是不存在的,更别说作为“准官员”的保甲长在实施这些职能时的情况。因而面对纷繁复杂的职能,在位者往往会因为差役和任务过重而逃跑,就不足为奇了。哪怕是对于巴县这样在清晚期保甲制度还能基本有效运行的地方,他们也往往只能做到最基本的而已。故而,这样一种“准正式的社会治理”制度将实质化为一种真正意义上的强社会控制。

1. 更换程序的状态

黄宗智在对宝坻县档案进行研究的过程中发现,相比运用手段谋求乡职的情况,更多的还是运用手段避免被任命为乡保,就后一种情况而言,从比例上来看其占有数量的绝大多数。因此,他认为:“唯有在县令因关于乡保的控告或任免而卷入时,才会产生关于乡保的正式档案记录。”[3]巴县档案中有数千份关于乡约、保长的任免文件,笔者不打算根据黄宗智的方法,

---

[1] 其中,比较有争议职能的是保甲制度是否涵盖了团练制度,现代学者有许多认为保甲制度与团练制度是两种截然不同的制度(诸如梁勇:《清代中期的团练与乡村社会——以巴县为例》,载《中国农史》2010 年第 1 期;[韩]金钟博:《明清时代乡村组织与保甲制之关系》,载《中国社会经济史研究》2002 年第 2 期;王先明、常书红:《晚清保甲制的历史演变与乡村权力结构——国家与社会在乡村社会控制中的关系变化》,载《史学月刊》2000 年第 5 期),也有学者认为保甲与团练互为表里(牛贯杰:《从“守望相助”到“吏治应以团练为先”——由团练组织发展的发展演变看国家政权与基层社会的互动关系》,载《中国农史》2004 年第 1 期)。

[2] 闻钧天:《中国保甲制度》,商务印书馆 1935 年版,第 2 页。

[3] 黄宗智:《集权的简约治理——中国以准官员和纠纷解决为主的半正式基层行政》,载《开放时代》2008 年第 2 期。

而是关注不同时期的请辞理由,来判断保甲长的任免程序是否正常。因为,现存地方档案实际上都是残存的,有很多案例是不完整的,根据数量计算的比例,往往不具有代表性。而根据请辞理由的变化,我们可以发现某种趋势,这就足够我们作出某种程度的判断了。因此,笔者根据年份、具禀人、请辞理由、结果制成表1,并将其开列如下。

表1　保甲的请辞情况

年份	具禀人	请辞理由	结果
乾隆九年	民熊公廷替兄具禀	兄乡约熊公朝外出,且堂叔熊现章已是保长	尔兄既出外,何不早报？着原保查明
乾隆三十三年	乡约何洪乡	已担任乡保十七年,年老体衰	准辞
乾隆三十四年	保正杨景全	染病难以奔驰	准辞
乾隆三十四年	乡约陶健安	承充乡约数年,毫无犯理,理应更换	准换
乾隆三十四年	客长荀四围	年迈六十,衰弱病朽,家书急至,刻欲归家	准辞
乾隆三十四年	客长刘世宇	家父年迈七十,无人奉养	准辞
乾隆三十四年	缺失	迁往津邑	准辞
乾隆三十四年	缺失	所推举赵明远幼小实难承办	—
乾隆三十四年	快役陈佐	保长江永清身染目疾,其子为府书衙役,无法承充,公务无人办理	永清曾否认充,该房查处
嘉庆十七年	约客李显	承充数载,但场约历有签换章程,以免积久生弊	准换
嘉庆十八年	约客黄廷谟	搬移乡居	准辞

续表

年份	具禀人	请辞理由	结果
嘉庆十八年	谢振栋	装运杂粮,因阻滞暂寓此地,并无买卖,且本镇已有约客数名	既在该地开铺生理,理自应轮充该地客长办公,着即□认,毋庸推卸
嘉庆十八年	场约王廷□	……痞匪,入场络窃,或时聚赌肆……每逢场期,滋闹不宁	该约办公尚数认真,着仍充当,不必辞退,倘痞匪挟私滋闹,令禀拘究,毋庸□宪
嘉庆十八年	场约张洪福	父母年迈,无人侍奉,搬回乡居	如果属实准予退役
嘉庆二十二年	客约向杰	年迈母在楚,寄信来家,□蚁将家眷搬回	准辞
嘉庆二十三年	陈麒	年稚无为,且居在乡,家贫,亲老不能在场	准辞
嘉庆二十三年	乡约□□□	家务甚繁,难以分身办理	准辞
嘉庆二十三年	坊长张开元	差务浩繁,不能办理	准辞
嘉庆二十三年	团约黄占鳌等	客长张其爵为人软弱,不能服众,每多误公	准换
嘉庆二十三年	场约刘大□	承充小观桥场约,已经一载,体德无违,但小观桥场约自来轮流签充	准辞
同治二年	武生彭廷寿等	乡约李思朝窃名朦充	既系窃名朦充,举文定祥

续表

年份	具禀人	请辞理由	结果
同治三年	缺失	乡约彭松山教唆词讼，搕害乡里	派差查验
同治三年	监生秦声亭	客长刘喻泰欲请辞，恳请留充	准留充
同治六年	文生李耀琨	保约赵公和窝二甲，尽夺粮绅，不禀报	签传查讯
同治九年	绅粮何松山	乡约何星三窃名朦举	传签撤销
同治十年	廪生李承薰	乡约李青山访问不经众议，恐窃名朦充，青山身家及伊素行均不知	该生原案并无名，毋庸妄渎
同治十一年	监生王柳桥等	乡约徐荣发本朴柔弱，自理家务维艰，何堪管公	查徐荣发自同治八年接充以来，并无违误，□□今□□等以本朴柔弱四字章请更充，殊难允准……
同治十二年	监生李鼎铭等	乡约包恒顺嗜酒性愚	—
光绪三年	乡约包恒顺	年迈多病	准辞
光绪三年	监生李鼎铭等	乡约姜祥兴误卯斥革，兹届房中，遇有公事乏人办理	该厂乡约上年究系和人充当何年因何被革，词内应未收白声，叙殊属含混，着照白另呈核夺

笔者尽量选取了理由不同的案例，通过总结可以发现，乡约辞退至少有以下几种理由：(1)自身年迈；(2)父母年迈；(3)染病；(4)搬迁出乡；(5)正常更换；(6)差务浩繁；(7)窃名朦充，搕害乡里；(8)性格软弱不服众，容易误公等。前6种理由，外加死亡，属于正常的辞退理由，以“年迈多病”为例，事实上在这些乡职人员辞退时，往往已有50~70岁，甚至有的已经担任该职位十几年之久，能做到“体德办公，从无违误”，说明了这些人员在乡土

社会中往往有很好的名望和地位,实属中坚力量所在,也充分证明了保甲制度在巴县地区与地方势力的良好配合。而后两种理由属于非正常辞退状况,也即斥革理由。对于正常理由来说,往往由其本人或亲属提出,但一般要经过核实,然后再准其辞退并缴销腰牌。这其中又有三例比较特殊的案件:第一例是熊公廷替兄辞退;第二例是谢振栋认为自己不应承充;第三例是场约王某某认为自己办公不利请辞的案件。

2. 实质性审查

在第一个案例中,熊公廷向县令禀告,其兄已经搬离出境,不能再承充,而且其堂叔熊现章已经是保长,并不适合再在他们家族中选一人接充。就一般情况而言,搬离出境属于请辞的正常理由,往往只需要进行核查是否属实即可。但县令发现了,其兄早已搬离出境,那么为何没有在第一时间禀报,实属可疑。这充分表明了,即使是一个正常的辞退或者更换理由,也要经过县令的核实,这种核实并不是形式上的,而是实质的。县令往往会派自己身边的胥吏,前去当地查验。在第二个案件中,客民谢振东认为自己只是停滞在客场,在当地并无贸易,无须充当客长。而县令认为,他既然在该客场生计,理应轮换承充。根据保甲章程规定,凡是外来之人,应当就近编入当地保甲,而一甲之民,皆有义务承充保长。这事实上已经将保甲长视为某种程度的徭役,更进一步说明了保甲制度的差役化。此外,本案意味颇深,一甲民众推举之人,不愿作为保长,未免有熟人社会排外的嫌疑。在第三个案例中,场约王某某自认为自己办公不利,请求辞退。县令却婉言留任,在诸多的案例中,县令或者绅民婉言留任是非常罕见的情况。笔者认为,倘若不是经过很细致的了解,县令往往不会轻言作出判断,毕竟保甲制度有更换程序,与其冒风险留用,不如另行公举来得方便。

这三个案例反映了,县令在保甲人员的更换过程中,是起到实质作用的,并不是在针对乡约的控告时,才会介入。尽管乡土社会地方势力与其有良好的配合合作,但控制权始终牢牢掌控在县令手中,乡绅本身不能被选举为保甲长,只能被提名或者呈禀革除。孙海泉曾认为,这是清代统治者为了不使乡绅"把持乡政、包揽钱粮"。笔者认为想要达到"强控制"的程度从而维持政治、经济和意识形态三个子系统的平衡,只能依靠"实质性审查"的手段,因为这样才能确定官僚阶级在政治、经济和意识形态三个领域的支配地位。倘若乡绅阶层或者农民阶层能够树立起自身的权威,那么这种"强控制"的手段必然无法实施,其典型代表就是户籍管控和税收清厘成为难题。

三、政治参与中"社会"的失位

"异地任职"的制度使州县官十分重视利用社会力量来帮助其处理社会纠纷,因而宗族、乡绅、保长等社会力量,往往会受到统治者和治理者的重视。巴县地区少有宗族,因而就巴县本身而言,"社会"实质上仅包含两类群体:乡绅和保长。里赞认为,尽管保长在州县审断中有参与的情况,但基于一个整体的考虑,其参与处理案件的比例似乎并不尽如人意;与此相反,乡绅群体似乎又突破了其"不干预公事"的定位,扮演了更积极的角色。[1]笔者认为:保长之职责的缺位,在于保甲治理的行政化导致了其职能在最低限度内起作用,并不是一种主动的、积极的态度;而随着社会分化的加剧,乡绅阶层确实攫取了乡村公共事务的领导权,只不过这种领导权并不是为了社会公益,更多的是出于私利的考虑。

(一)社会控制下权力的全面下沉

"传统意义上的国家与家庭的关系与当代国家与单位的关系,几乎是可以等量齐观的。"[2]正如前文说过的,中国是"化家为国",因而家庭而不是个人,是中国传统社会最小的单位。因而,宋道雷认为,不同于西方国家与市民社会或者阶级社会的关系,传统中国的国家与社会之间的关系,是国家与由一个个家庭和扩大了的家庭组合而成的平面社会的关系。[3] 国家想要全面覆盖这个平面社会,必须以一种"俯视"的视角来面对它。但这并不意味着国家真的可以"注视"到这个平面社会,权力并不是平铺开来的,尤其是结合前文所述的"不完全财政"与"大衙门"的设置,"死角"是必然存在的。在这个"死角"中,国家会通过各种措施来触及其存在。保甲制度对户籍的编联作用以及保甲职能的全面设置,就是这样一种措施。这两者的履行状况,一定程度上体现了巴县衙门对乡村地区的控制程度。

1.保甲编联的铺开

据《重庆府志》记载,乾隆二十四年,以县治辽阔,分江北之礼、仪二里

---

〔1〕 参见里赞:《晚清州县诉讼中的审断问题——侧重四川南部县的实践》,法律出版社2010年版,第231~252页。

〔2〕 宋道雷:《阶级地域化:基层社会的重构及其对国家治理的挑战》,载《南京社会科学》2017年第2期。

〔3〕 同上。

及仁里上六甲，归同知管辖，又分山西祥里依来乡归璧山县管辖。[1] 这样仍有忠里十甲、孝里十甲、祥里下三甲、廉里十甲、节里十甲、仁里下四甲、智里十甲、慈里十甲、正里十甲、直里十甲，共计约77甲。且所属之民往往称自己为"某里某甲之民"，并不称自己为"某乡某村之民"，故里甲之分，实际上构成了清代巴县县以下地方行政区域的划分。而城镇之内，则同样有厢坊之分的存在。慈里、智里、直里、正里、祥里这五里，位于巴县城郭之西侧，嘉陵江以南，长江以北，由南向北依次排列。孝里近綦江县界，且位于长江以南；仁里下四甲位于巴县之东，靠近长寿县界；节里、忠里、廉里靠近南川县界，由东向西依次排开。诸里之间根据山川形势，犬牙交错进行划分，正如图2[2]所示。

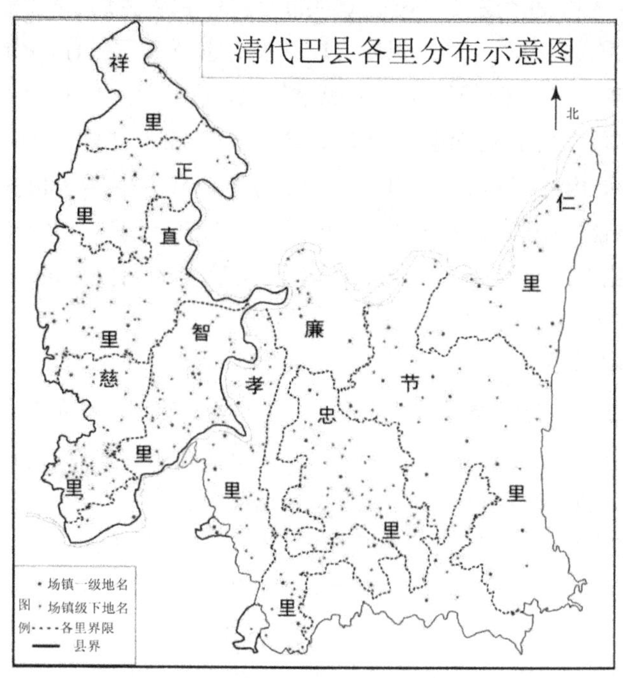

图2　清代巴县各里分布示意

在这里有很多学者可能会认为，里甲制度实际在清代亦有所体现。但

〔1〕 参见《中国地方志集成·道光重修重庆府志》，巴蜀书社1992年版，第462页。

〔2〕 本图参见李妍祺：《清代巴县里甲分布情况探析》，西南大学历史学院2015年硕士学位论文，第132页。

笔者不这么认为,明代以来的里甲制度是以“户”为单位的赋税征收制度,清代“摊丁入亩”以来,“户”的单位不再重要,这里的里甲之分显然是单纯的地理行政单位,即便巴县地区有“里正”之职,实际上承担的仍然是保甲诸职能。因此,笔者认为,无论“乡职”名称怎么变化,都不影响其本质为广义的保甲制度。很多时候,一甲之内有乡约、保长,甚至还有里正,但是他们显然都是在履行保甲的职能。[1]

以理想状况为标准,每户5人,每十户一牌,十牌一甲,十甲一保(或可称为“里”),一保正所管辖之人约5000人,嘉庆元年全县境内大约有保正42位,这基本跟巴县档案所记载的情况相一致,[2]也与宝坻县情形基本一致,“宝坻县共设有58个乡保,分辖46保,910个村庄”。[3] 当然,清晚期完全有可能达到80个左右,不过,这实际上并不包含乡约、里正等诸多同样履行保甲职能的乡职。乡约、保甲之职并没有隶属关系,执照中的记载更多是“协同办理公务”,倘若依此种情况推算,保甲职役人员的设置可以轻松覆盖巴县77甲之内,有时甚至会远远超过此范围。这样,“户—牌—甲—保”的行政结构,在事实上被建立了起来,行政权力事实上也在进一步下沉。倘若结合次一级的甲长、牌头,可以说已经达到了一种相当庞大的规模,基本上能够将全县的人口纳入管辖中,但这是如何办到的,就必须看他们要履行的是什么样的职能。

2. 保甲职能的设置

地方政府档案中,县令颁发给保长、乡约等的执照给我们提供了有益帮助。利用其有两大优点:(1)可以判断理论与实践中是否存在异同状况,这有助于我们判断中央政府的政令是否真正得到执行;(2)有助于我们了解政策是否实际在执行,尽管颁发执照,并不一定代表其就会很好地履行职务,但我们至少可以从侧面看出这种职务的影响。当然,关于这种职务实施的具体效果,笔者将会在本章第二部分进一步探讨。笔者利用巴县档案,将其中具有代表性的保长、乡约等相关执照,按照年份、居住地、职称和职责制成表2,开列如下。

---

〔1〕 参见四海省档案馆编:《清代巴县档案汇编》(乾隆朝),档案出版社1991年版,第212~215页。

〔2〕 参见档案:《清代巴县档案》(道光朝),编号:清006-007-00135,四川省档案馆藏。

〔3〕 (清)洪肇楙等纂修:《宝坻县志》卷六《乡闾》。转引自孙海泉:《清代地方基层组织研究》,中国社会科学院研究生院2002年博士学位论文,第43页。

表2　保甲职责

年份	居住地	姓名	职称	职责
乾隆三十四年〔1〕	智里七甲 忠里一甲 忠里一甲	商会事 卢第忠 张坤名	保长 乡约 保长	凡遇甲内公事,协同乡约勤慎办理,仍不时稽查啯噜匪类,娼妓赌博,私宰私铸,以及外来面生可疑之人
乾隆三十四年	忠里十甲	胡安国 葛相□	保长	凡遇甲内公务,必须协同乡约勤慎办理,仍不时稽查啯噜匪类,邪教娼妓,私宰私铸,以及外来面生可疑之人
乾隆三十四年	忠里一甲	甘乾元 卢尧玉	保长	凡遇甲内公事,协同乡约勤慎办理,仍不时稽查啯噜匪类,赌博娼妓,私宰私铸,以及外来面生可疑之人
乾隆三十四年	廉里二甲	刘青黎	客长	凡遇场内公事,务须勤慎办理,仍不时稽查啯噜匪类,赌博娼妓,私宰私铸,蓟络擢白,端公邪教,以及外来面生可疑之人
乾隆三十四年	孝里十甲	杨玉章	保正	凡遇甲内公务,协同乡约,必须勤慎办理,仍不时稽查啯噜匪类,赌博娼妓,邪教端公,私宰私铸,以及外来面生可疑之人
乾隆三十八年	仁里十甲	艾增阳 郑文尊	场头〔2〕 客长〔3〕	凡遇场内公事,务须勤慎办理,仍不时稽查啯噜匪类,娼妓赌博,私宰私铸,邪教端公,以及外来面生可疑之人

〔1〕此种情形为共同给照,即三人颁发一张执照。

〔2〕“场”和“铺”实际上均为“乡镇”的一种,往往位于“里”之下,这是一种自然单位,而“甲”则是一级行政编制。参见《中国地方志总集成·江北厅志》,巴蜀书社1992年版,第462页。

〔3〕“客”一般是指来场铺经商的商人,巴县档案中记载有“蚁系江西在场开铺生理,乾隆三十六年腊月初八场众公举蚁为客长”的字样,参见档案:《清代巴县档案》(乾隆朝),编号:清006-001-00042,四川省档案馆藏。

续表

年份	居住地	姓名	职称	职责
乾隆三十九年	节里八甲	王泽远	乡约	每逢朔望宣讲圣谕,化导顽愚,务使敦伦睦族,凡遇甲内大小公事,务须勤慎办理,仍不时稽查咽噜匪类,娼妓赌博,邪教端公及酗酒打架外来面生可疑之人
乾隆四十年	孝里八甲	刘化醇	保长	凡遇甲内雀角细故,须从公剖处,勿使兴讼,遇一切公事,要勤慎办理,勿得怠玩,仍不时稽查咽噜匪类,邪教端公,私宰私铸,娼妓赌博,以及外来面生可疑之人
乾隆四十一年	正里三甲	曾汤臣	乡约	每逢朔望之期,齐集公所,宣讲圣谕,化导顽愚,务使敦伦睦族,凡遇甲内大小公公务,务须勤慎办理,仍不时稽查咽噜匪类,娼妓赌博,私宰私铸,邪教端公
嘉庆三年	不明	童玉乡	客长	凡遇场内一切大小公事,务须勤慎办理,仍不时稽查邪匪盗贼、娼妓赌博、私宰私铸、违禁器械以及外来面生可疑之人
嘉庆九年	直里一甲	曾大魁	乡约	镇内大小公事,须协同客长勤慎办理,仍不时稽查痞匪窝贼,□□络,窝娼妓赌博,私宰私铸,邪教端攻,违禁器械以及外来面生歹人
嘉庆十八年	正里四甲	任永顺 谢兴发	客长	凡遇场内大小公事,务须勤慎办理,仍不时严密稽查娼妓赌博、私宰私铸、邪教异端以及外来面生可疑之人
嘉庆二十三年	廉里八甲	邓世兴	乡约	场内凡遇大小公事,务须勤慎办理,仍不时稽查娼赌盗贼、私宰私铸以及各项不法棍徒

续表

年份	居住地	姓名	职称	职责
道光十年	不明	曹正祥	乡约	经收较场铺银钱,务须四季催纳齐全,按季如数呈缴
道光二十九年	慈里七甲 慈里八甲	戚德著	乡约	凡遇甲内大小公事,务须勤慎办理,一切鼠牙雀角钱债细故尤当为排解,勿使滋讼,仍不时留心稽查,如有窝娼窝赌、私宰私铸私贩盐□□□以及外来面生可疑之人
光绪二十一年	忠里六甲 忠里五甲	刘双泰 卢宗棠	乡约	遇有鼠牙雀角、即当善为排解,其保甲一切应办事宜,随同监保妥为秉公办理
光绪二十四年	直里八甲 直里九甲	吴德邻	乡约	甲内团练保甲,认真清理,毋得贻误,如有鼠牙雀角,尤当秉公善为理处,不准武断乡曲,亦不得遇事唆讼渔利

其他未开列于本表的,基本大同小异。对比差异,我们可以发现这些执照所赋予的职能基本相同,但是侧重点有所不同。笔者揣测,这应该是因为各个时期所面临的社会治理任务略有差异。因为"保长""乡约"之职"经年更换",巴县档案中也有记载"据禀该处乡约向系三年一换",[1]每一任期内自然也需侧重不同的任务,这一点从侧面反映了保甲制度的良好执行。总结上述职能,可以说保甲制度涵盖了所有衙门的职能,如同县衙门有吏、户、礼、兵、刑、工六房差役一样,保甲之责尽管没有细分,实际上根据不同时期治理任务的侧重点,已将其囊括在内,可以称为一种"全能"的体制,这进一步验证了前文所说的"实质化社会控制"的现象。事实上,也是在全面对接基层政府的行政任务,其当然也是为了进一步加强社会控制。

(二)政治行为中职能的消极履行

《大清会典》就明文规定了保甲制度有兴教、纠察、弭盗之责;[2]《户部则例》规定:"凡甲内有盗窃、邪教、赌博赌具、窝逃、奸拐、私铸、私销、私盐、

〔1〕 档案:《清代巴县档案》(同治朝),编号:清006-023-00143,四川省档案馆藏。

〔2〕 参见《大清会典》:"自城市达于乡村,使相董率,遵约法,察奸宄,劝微行。善则相共,罪则相及,以保安息之政。"

踹曲、贩卖硝磺,并私立名色敛钱聚会等事,及面生可疑、形迹诡秘之徒,责令专司,查报户口,迁移登记,并责随时报名,于门牌内改填,换给门牌。"[1]可谓职能全面,但全能的职能并不意味着效果一定好,想要探究保甲制度在清代基层社会治理的作用,还必须进一步联系保甲制度在地方政府当中的实践。闻钧天认为,清代保甲制度"主于制民,且于历朝所用之术,莫不备使",并将其分为四大职能:户政、警卫、赋役与兵制,而重点在于前三者,其具体措施是劝农、尚武、兴教、火盗、人口、纠察、自卫、抽丁、纳粮,如图3所示。[2] 萧一山认为,"清代所行之保甲法,其用意不外以少数民族克制多数之汉人,藉以相保,而互察非为,既善观动静,尤便役使,故严于内省,而疏于边远",[3]如图4所示。其亦可分为三大任务:警卫之事、收税之事、户籍之事,尽管三者时有偏重,但实际上三者亦复有连带之关系。[4] 以巴县档案中保甲相关执照为基础,再结合闻、萧二位学者的论述,笔者认为,我们可以从保甲的四个职能来进行观察。

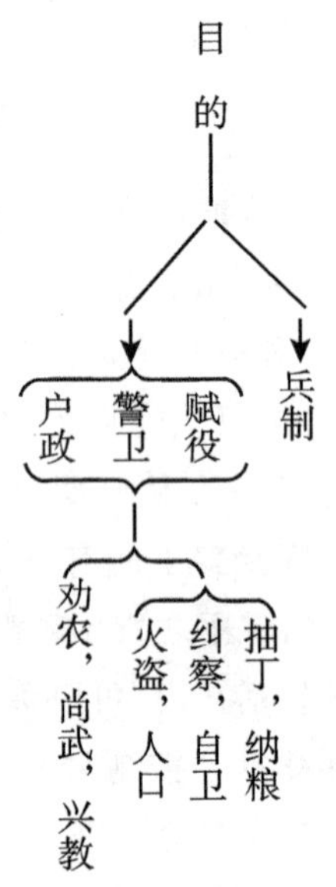

图3　保甲制度职能示意

---

〔1〕《户部则例》,载(清)徐栋著,张霞云校注:《保甲书》,安徽师范大学出版社2012年版,第1页。

〔2〕闻钧天:《中国保甲制度》,商务印书馆1935年版,第2页。

〔3〕萧一山:《清代通史》卷一,中华书局1986年版,第631页。

〔4〕同上书,第636页。

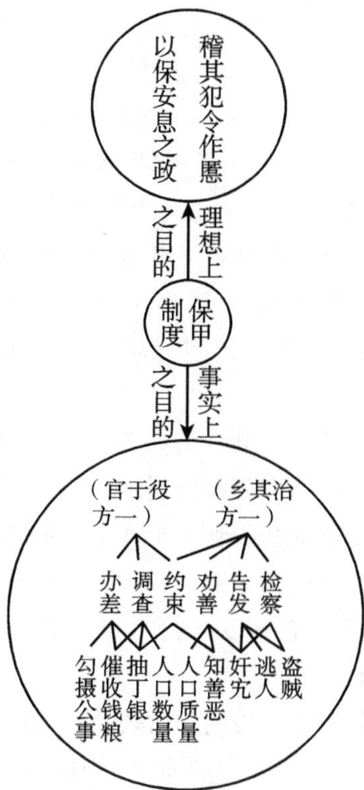

图 4 保甲制度目的示意

1. 不断编联的户政

其最初的职能仅是将人口统计入册，这既是为了控制民力，也是为了对每一个征税和徭役的对象有着良好的把控，这是一个王朝稳定的基础。此外，陆燿还认为保甲的观念在于恢复古制，尤其是编伍之制。[1] 州县城乡十户立一牌，十牌立一甲头，十甲立一保长，如果按 5 口之家为一户进行推算，只需要一个保长就可以管理 5000 人，而根据表 2 我们还可以推断出有的保长所管人数甚至涉及两里。这么一种层层递进的管理制度，使政府的汲取力能够深入每一户中，但自从“一条鞭法改革”和“摊丁入亩”以后，对人口的直接管控就降低了不少，这也就不再是保甲制度的核心。笔者在对巴县档案进行检索的过程中，就发现了一例颁布在道光二十四年的公文，题为“巴县奉札传令各甲乡约认真编联保甲限期造送清册、查验田契赋税

〔1〕 陆燿：《答章观察问保甲启》，载（清）徐栋著，张霞云校注：《保甲书》，安徽师范大学出版社 2012 年版，第 101 页。

卷”,内容如下:

> 为通饬遵办事照得安民莫先于戢暴,而戢暴莫善于保甲,前司因各地方官于编联保甲事宜往往未得要领,当经添定,详明条规,刷印小本通颁,按年编查一次,以期良法永行弗替,俾于地方,有益合亟通饬,为此札仰该县官吏,几遍遵照前司通颁保甲规条,实力举行,认真编查务使匪类无从托足,闾□安堵,定限两月,编查完毕,□速饬□,细分析造具清册,具夺差申□,以凭核夺,毋稍遗漏,率忽切切。[1]

其后,还开有户房统计的全县乡约共50人。事实上,巴县档案中有大量的户籍花名册存在,这些完全可以证明清代巴县保甲的户籍编审职能在事实上的履行。[2] 但要知道巴县地区流动人口多,实际维持保甲是一项很难的工作,为了面对熙熙攘攘的人群,很多时候只能不断重新编联,巴县衙门就多次下令对巴县档案重新编联,这在一定程度上必然给巴县地区的民众带来沉重的行政负担。

此外,其实还可以将民事纠纷纳于此处,因为清代习惯将户、婚、田土等称为“细事”,而这些“细事”由《大清律例》中的户律,而不是刑律进行调整,表2中就有许多类似记载。奇怪的是,乾隆三十年《大清律例》增补了一条例文,其中规定:“州县官务即亲加剖断,不得批令乡地处理完结。”[3] 黄宗智在对18世纪中叶至19世纪中叶巴县民事案例的研究中,发现并没有一个类似行为。但我们根据表2可以得知,事实上乡约保甲之职责,一直具有此种功能。但具体效果如何,笔者将在下一节进一步结合“乡绅”的作用,来进一步探讨。

2.“免为所累”的警卫

清人邱仰文说过“川省五方杂糅,外来无籍流匪,大都必有土著奸民为之窝”。[4] 从表2中,我们也可以发现,几乎所有的执照都有“稽查啯噜匪类”的字样,事实上警卫之职不限于此。所谓“勾摄公事”,是指缉捕犯人,

---

〔1〕 档案:《清代巴县档案》(道光朝),编号:清006－007－00135,四川省档案馆藏。

〔2〕 参见四川省档案馆、四川大学历史系主编:《清代乾嘉道巴县档案选编》(下册),四川大学出版社1996年版,第305～343页。

〔3〕 《大清律例》卷三〇。

〔4〕 (清)邱仰文:《再论啯噜状》,载《皇朝经世文编》卷七五。

而保甲兼具稽查之责亦包含其中,故保长与警卫息息相关。笔者从巴县档案中发现,保甲所涉警卫之职不限于司法,还包括内政以及农林等相关事项,笔者依据年份、案件类别、原告、被告、事因以及结果将其制成表3,开列于下。

表3　巴县保甲所涉案件信息

年份	案件类别	原告	被告	事因	结果
乾隆五十八年	司法	乡约黄天华	无	自杀	禀明免累,祝尚乡吊毙
嘉庆十六年	司法	乡约牟绍唐	张子龙	私放盗贼	无
道光元年	内政	乡约刘瑞启	觉林寺僧玉慘	不守清规窝招痞匪盗赌	对方反诉婪约,双方皆不到案
道光元年	内政	乡约陈治虞	团内诸多良民	屡被贼行窃	县令示谕
道光七年	司法	乡约卢大洪	张子定	私自掩埋尸体	无
道光八年	内政	乡约何杨海	李大等	窝娼	无
道光八年	司法	乡约胡美一	胡二黑等	行窃	亦供认,后染病身亡
道光十三年	司法	—	—	协同仵作验伤	—
道光十七年	司法	乡约颜光荣	某铺客	被窃	两名嫌犯被通缉
道光二十年	农林水气	乡约刘经南	何永林等	违禁私宰耕牛	掌责具结
道光二十六年	司法	乡约胡成德	陈老三等	霸踞窝娼	无
咸丰四年	司法	乡约周桂先	黄帽子等	盗窃	定罪押解回籍

续表

年份	案件类别	原告	被告	事因	结果
咸丰四年	司法	乡约牛步青	姚心华	私埋尸体	反告婪约
咸丰五年	司法	乡约张焕亭	刘炳南	纵匪	无
咸丰八年	司法	乡约周裕盛	吴周氏	私摘胡豆角	入团上册,具结案件
同治五年	司法	乡约陈再德	章文玉	盗贼	当堂责惩

表3中并不包括控告乡约的情况,只是乡约履行职责的案件,但我们可以发现其中仍有2件被告反诉原告乡约,但从结果来看都没有任何实质的进展。我们依据表3,将案件分为几类:第一,稽查娼妓;第二,私埋尸首;第三,盗窃;第四,赌博;第五,纵匪;第六,违禁私宰耕牛;第七,协同仵作验伤。在这17例案件中,明确有结果的仅有8例,结案率不超过50%。不过,有的数据统计并不全面,且档案有残缺的可能,这事实上说明不了什么。但我们至少可以了解到,这些案件涉案人员大多数都要到案闻讯,尤其是结合巴县档案中"禀沐前宪,节次出示齐团,设立团首,编联十家门牌,逐细清查,稍宁数载。不料日久生变,有经佃住之家搬来搬去,以致混杂不清。……约等亦无可奈何,只得邀集合甲粮户公同酌议,仍复齐团"[1]的记载,可以说明在警卫之事上,尽管效率不高,但社会控制的效果还是可以的。不过,保长的目的也仅是"免为所累",即简单的报告,并非实质的参与审理。

3."连年抬垫"的赋役

保甲制度不同于里甲制度,重在"督催"而不在"征收",保甲长以国家政权代理人的身份,把赋税催征当成与其他治安事宜类似的执法行为之一。[2] 因为保甲作为一个服役单位,并不受田亩所限制,而且其本身并不是一种赋役征派单位,只需要履行好稽查人口之责,再加以实行"顺

〔1〕 参见四川省档案馆、四川大学历史系主编:《清代乾嘉道巴县档案选编》(下册),四川大学出版社1996年版,第284页。

〔2〕 参见何平:《清代赋税政策研究:1644~1840年》,中国社会科学出版社1998年版,第276页。

庄滚单"[1]之法即可,正所谓"寓催科于编甲之中"。[2] 由此观之,赋役催征只需要保甲制度的完备和执法力度的加强即可。在巴县档案中,存有大量"具缴地租银卷",其所征收之银为九五色银,并注明"中间不虚,缴状是实"。[3] 当民众未缴纳之时,乡约保甲有时需要先行垫付以完成定额,在前文笔者曾经有过论断:认为乡约保甲之职先行垫付,有其合理性存在。因为他们尽管也是农民,但往往是小地主,牌内、甲内或者保内之民往往是其佃农,按照清代法律规定,佃农不应当交税,只有有地农民交税。倘若不交税之人为其保内自耕农或者小地主,他们则可以向县令求助,巴县档案中有记载:

> 恩宪谕,限饬扫本甲未完津贴,□防堵大粮,各项之花户吴际云,吴辅臣等多人,名粮一纸,所有每年各应上纳前项银□,系约等连年抬银垫完,至今本利不给,反不谋面,若不禀恳唤究,伊等视为常态,转瞬又要悬牌,将来公件又垫无着……[4]

可见,完税的任务首先由保甲长承担,倘若保甲长不能按时呈缴,则会被"唤究带讯",而保甲长先行承担了,可以依靠官府的力量来进行追缴,依靠这样一种机制,保甲长在事实上成了官府的下属机构。

4."消弭匪患"的兵制

兵制的发展起于"作内政以寄军令",是编户齐民制度发展的前阶段,从春秋战国时期就开始了。保甲制度一开始就与兵制有"说不清,道不明"的关系,只要对比兵制单位与保甲单位,我们不难发现两者有太多相似之处,刘衡就曾在巴县地区并行保甲与团练。巴县于道光二十九年(1849年)发布了《编查保甲条规》,强调了"……不知保甲即团练也……名虽二而其实一也"。[5] 但梁勇认为团练与保甲是不同的,对百姓生活的影响是全面

---

[1] 参见何平:《清代赋税政策研究:1644~1840年》,中国社会科学出版社1998年版,第276页。

[2] 档案:《朱批奏折·内政·保警》,乾隆元年三月二十八日俞兆岳奏,中国第一历史档案馆藏。

[3] 档案:《清代巴县档案》(咸丰朝),编号:清006-018-00855,四川省档案馆藏。

[4] 档案:《清代巴县档案》(同治朝),编号:清006-023-00871,四川省档案馆藏。

[5] 四川省档案馆、四川大学历史系主编:《清代乾嘉道巴县档案选编》(下册),四川大学出版社1996年版,第289页。

的,然而,基于匪患、团费以及农时等因素的制约,团练是历史性的。[1] 不过,笔者认为,这种观点是狭隘的,从主要目的来看,既然团练的目的也是"消弭匪患",且形制基本形同,那么进一步划分保甲、团练亦或者乡约,实际上没有太大意义。无论名称怎么变化,只要它的核心功能和体制不存在变化,笔者认为它就是"保甲制度",即使它披着"团练"的外衣。事实上,自从秦一统以来,编户对兵役的作用就逐渐让位于徭役,实际上这个职能在清代已经不是主要职能,尽管曾国藩也曾为压制太平天国而编练保甲,但这确实也只是"临时性"的措施,因为毕竟这会占用民众的农耕时间。当然,尽管在制度的发展历程中,"练兵于保甲"不再是最主要的功能,但只要统治者需要,保甲制度随时可以为其提供天然的练兵之所。

(三)社会分化中参与的"内卷化"

吉尔茨在对爪哇的水稻农业进行考察时得出了一种"内卷化"的结论,即一种社会或文化模式在某一发展阶段达到一种确定的形式后,便停滞不前了或无法转化为另一种高级模式的现象。[2] 黄宗智在对20世纪以来华北乡村的社会变迁的研究过程中,借鉴了这一概念,并认为明清以来人口增长的压力和农业的商品化,使华北地区的小农经济呈现内卷化,而随其而来的是小农社会的阶级分化,即小农的无产化。[3] 杜赞奇将其用来描述"政治过程",认为"国家机构不是靠提高旧有或新增机构的效益,而是靠复制或扩大旧有的国家与社会关系——如中国旧有的营利性经纪体制——来扩大其行政职能。20世纪当中国政权依赖经纪体制来扩大其控制力时,这不仅使旧有的经纪层扩大,而且使经纪制深入到社会的最底层——村庄"。[4]

根据笔者的研究,由巴县情况得出的结论刚好和杜赞奇的结论相反,乡村中的社会精英是借助国家政权扩大所带来的"强控制"而顺势发展的,这种顺势发展不但没有加强清代政府由"控制力"向"汲取力"的转变,反而进

---

[1] 参见梁勇:《清代中期的团练与乡村社会——以巴县为例》,载《中国农史》2010年第1期。

[2] See Geertz Clifford, *Agriculture Involution: The Process of Ecological Change in Indonesia*, University of California Press, 1963. 转引自[美]黄宗智:《华北的小农经济与社会变迁》,法律出版社2014年版,第7~14页。

[3] 参见[美]黄宗智:《华北的小农经济与社会变迁》,法律出版社2014年版,第248~261页。

[4] [美]杜赞奇:《文化、权力与国家》,王福明译,江苏人民出版社1996年版,第67页。

一步加剧了其不足,尤其是伴随着阶级分化,将进一步激化社会矛盾。这表现在,由加强控制力所获取的社会资源,实质上只能基本满足其为控制日益增长的人口而采取的强化社会控制的措施,并不能真正扩大国家权力或其合法性。尤其是结合清代基层社会中的三大角色——国家、社会和个人,更是加剧了这一问题的复杂性。此外,保甲法在各地实施又有差异,控制或大或小,但我们并不能据此判断"国家—社会"的二元关系。正如清代巴县保甲法实践,有得有失,但始终未曾改变清代加强基层社会控制的初衷,且无论这种初衷以一种什么样的名目来掩饰。在这样一种思路下,我们不妨以一种更微观的视角,来重新审视孔飞力笔下关于"中国现代性国家形成"所涉及的其中一个"根本性议程":政治参与。[1]

在保甲法的发展历程中,清政府一直是转移"事权"而非"治权",他们将职能"一揽子"地进行下放,但这些职能所带来的种种收益并非由他们所享有,地方政府公费的缺乏,让这些职能逐渐变为地方政府的负担,如早期保长等职的承充换签格式状纸,最早由县令官本人负担,但到了光绪年间我们就会发现"每张纸收工钱十六文"的字样。在这种负担逐步加重的过程中,社会分化加剧乡土社会中乡绅势力的崛起,尽管县令也在履行自己的职责,但县令原本下放给农民的那部分职责,却被乡绅阶层把控了。

1. 保甲法的僵化

清政府实际上从未放松过对保甲组织的行政化,最明显的可以表现为以下3点:(1)职务分工明确,尽管保甲职能诸多繁杂,但毫无疑问的是它的核心始终是明确的;(2)等级制度严格,受上级控制,巴县档案中有如此记述:"……具禀本县,以凭拏究,毋得挟嫌妄禀,亦不得徇私容隐,致干究革,须至牌者",[2]表明保甲长有向上级报告的义务;(3)存在正式的规章制度调控,《大清会典》中就明确记载了保甲组织的编联办法和职责规定。

---

〔1〕 孔飞力认为,中国的政治活动家们从19世纪起就开始探讨政治参与、政治竞争与政治控制的问题了,并将成为"根本性议程"或"建制议程"(constitutional agenda),正是这一议程,将中国帝制晚期的历史与现代的历史联结到了一起。在这里,所谓"根本性"问题,指的是当时人们关于为公共生活带来合法性秩序的种种考虑;所谓"议程",指的是人们在行动中把握这些考虑的意愿。这些问题是,政治参与的扩大如何同国家权力及其合法性加强的目标协调起来;政治竞争如何同公共利益的概念协调起来;国家财政的需求如何同地方社会的需要协调起来。参见[美]孔飞力:《中国现代国家的起源》,陈兼、陈之宏译,生活·读书·新知三联书店2013年版,第1~2页。

〔2〕 档案:《清代巴县档案》(嘉庆朝),编号:清006-003-00069,四川省档案馆藏。

但这种行政化并不等于韦伯所说的“官僚化”抑或称“科层化”,因为这些乡职并非他们的真正意义上的“职业”,而仅是一种“兼职”,甚至是一种官方转移的“差役”,所选拔的人员也仅依靠模糊的道德标准,并非专业条件。所以,很多学者认为这只是清代统治者加强中央集权的具体手段。正如孙海泉所说,这些措施加强了清代基层政府对基层社会的控制,国家通过乡村职役来管控乡村等基层社会组织。[1] 笔者认为,“行政化”的论断仅适用于保甲长人员的控制和其职能的实施过程中,通过两种制度我们就可以观察到这种现象。

(1)点卯制度:身为乡约、保长之职,尽管大多数时候都要待在乡里办公,但并不意味着其不受政府管控。巴县档案中就有一例案件:县令霍某规定各甲乡约必须于每月定期到县当堂点卯,如若不到,就立即革除。[2] 这在宝坻县刑房中也有相关记载。[3] 可见,并非如黄宗智所言,只有出现控诉时,政府才会介入,但其也仅集中在对人身的控制上。

(2)报告制度:如通过表3所总结的那样,尽管其职能实施得很顺畅,但是结果往往不令人满意,更多的是“免为所累”。例如,巴县档案中的“忠一甲乡约卢大洪具禀张子定等不令乡约得知私将林忠星掩埋”一案,[4]“保长”卢大洪在征收张子定团册时,发现其不知因何事,私自将林忠星尸首掩埋一事,这其中可能蕴含了一个刑事案件,但保长的检举之责仅是“免为所累”,并非帮助县令进行处理。

事实上,在这个“第三领域”[5]中所能够起到的调和作用仅是最低限度的,并不具备一个完善发展的途径。我们要看到,它这些强有力的控制措施,实质上是必须以加强对保长的控制以及保长对民众的控制为基础的,这固然能够加强政府的控制能力,但考虑到政府有限的财力和人力资源,这种

---

[1] 孙海泉:《清代中叶直隶地区乡村管理体制——兼论清代国家与基层社会的关系》,载《中国社会科学》2003年第3期。

[2] 参见档案:《清代巴县档案》(同治朝),编号:清006-030-16217,四川省档案馆藏。

[3] 嘉庆十九年,和乐里乡保张立年禀告:“切蒙牌示于二十五日点卯,凡属身膺犬马,皆知政令森严,何敢稍迟,自罹罪责,情缘身因焦天宇呈控身携凌使赵镛争控地亩一案,在案守候。适蒙票传,身等面于本月十二日,身已蒙当面谕,至十三日,又蒙恩讯焦天宇控身之案伺候。是以此次悬牌,未经来案,理合禀明。堂批:点卯不到,本应重惩,姑念该乡保平日尚无过犯,贳从宽典。以后毋再玩,致干并究不待。”参见档案:《顺天府档案全宗》卷一五三,中国第一历史档案馆藏。

[4] 档案:《清代巴县档案》(道光朝),编号:清006-016-19525,四川省档案馆藏。

[5] [美]杜赞奇:《文化、权力与国家》,王福明译,江苏人民出版社1996年版,第4页。

能力仅停留在最低的水平上。尤其是在巴县，过高的无产率和商业重镇的地理特点，以及大量流动人口使“离散型”的村庄结构必然占据主流位置，这意味着政府很难将其进一步转化。

2. 乡绅阶层的崛起

“保甲长”作为一个连接国家与社会的联结点，实质上关涉各方利益，因而人选往往有条件要求，《户部则例》中规定“上民公举诚实、识字及有家之人，报官点充”。这项规定实际上将官僚、乡绅和自耕农全部联系在了一起，对于乡绅来说有“提名权”，对自耕农来说有“选举权”，[1]而县令有“审查权”。对乡绅的“提名权”来说，乡绅阶层正是在社会分化的过程中攫取了乡村公共事务的主导权。

(1)社会分化与推举程序

推举一个保甲长，往往必须由当地民众联名提名并作保，然后由县令批准，再由他们共同出具“状书”认保。这是一个看似简单，实则复杂的过程，尤其是结合当地人员对保甲长的控告。笔者根据年份、被推举人、推举人、推举理由和结果，制成表4，开列如下。

表4　保甲长推举情况

年份	被推举人	推举人	推举理由	结果
乾隆三十四年	商会世	乡约林顺彬	谙练殷实	准签
乾隆三十四年	周元润	前乡约何洪乡	老成谙达，书算兼通	准签
乾隆三十四年	杨玉章	保正杨景全	年力精壮	准签
乾隆三十四年	徐国瑞	乡约陶健安全	老成谙练，家道殷实	准签

〔1〕参见《雍正会典》：“其保正甲长，绅衿免充。”

续表

年份	被推举人	推举人	推举理由	结果
乾隆三十四年	甘乾元、原保长卢第忠、张坤名等四人	甲邻陈可士等	卢第忠、甘乾元,老成正直,承充乡约张坤名等言出众服	该甲既称向无乡约今忽添举多人,必致辗转推诿,着将卢第忠改为乡约,张坤名着充保长,均各给照办公
乾隆三十四年	刘青黎	客长荀四围	老成练达,家道殷实	准签
乾隆三十四年	陈世玉	客长刘世宇	老成谙练,事务颇知	准签
乾隆三十四年	徐怀礼	铺民周汉章	家道殷实	准签
乾隆三十四年	陈善仕 胡瑞昌 余世珍	乡约卢第忠	殷实老成	准签
乾隆三十四年	谢占魁	民任惠功等	正直端方	准签
乾隆三十四年	周旭万 谢明□	乡约黄兆之	为人老成,正直端方	准签
乾隆三十四年	伦益	民何秉乾	为人老成,正直端方,言出众服,排难解分	准签
嘉庆元年	坊长王成志等	本城绅士孙大川等	诚实干练	准签
嘉庆七年	李玉俸	铺民赵大吉等	多年为人正直,谙练公务,殷实老成	准签
嘉庆十八年	谢振栋	客民刘广华等	为人公正、遇事勤能	准签
嘉庆十八年	张广元	绅约李宗岱等	为人老成,正直端方	准签

续表

年份	被推举人	推举人	推举理由	结果
嘉庆十八年	谢兴发等	铺民黄应祥等	殷实老成，言行服众	—
嘉庆十八年	罗应光	缺失	为人公平正直，殷实老成	准签
嘉庆十八年	李显末等	铺民王三重登	为人老成，直介端方	准签
嘉庆二十三年	冯均健	绅约谢开一等	素性刚方正直，老诚练达，阖场铺家平时敬服	查梁发祥等为客长，并无遗误，尔等何以挟嫌妄议至冯均健俟告退老客长，本县现准伊充当团首
嘉庆二十三年	黄恒发	客长彭开选 绅民张人民等	年力精壮，殷实老成，正直公平	准签
嘉庆二十三年	邓世兴	耆绅张合盛等	为人老成谙练，惯熟差务	准签
嘉庆二十三年	牟顺等	民张家猷	谙练老成，言行可风	准签
道光二十年	颜光荣	举人翁兰	为人正直，谙练老成	颜光荣既已责革除，不准签充
道光二十年	曹正祥	铺民熊荣川等	原乡约曹永丰之子，人尚老成稳妥，协父经收地租多年	准保曹正祥承充乡约，仍传谕给曹永丰不时稽查
道光三十年	曹见文	铺民韩中和等	原保曹正祥之次子	准签
道光三十年	邓永和	两党总乡约陈晋堂等	见文年幼，未经谙练，诚恐违误，邓永和老成端方，谙练公务	准签

续表

年份	被推举人	推举人	推举理由	结果
缺失	邓廷贵	自荐	原保邓永和之子	并无人保何得自荐
同治三年	汤有光	文生汤灵□	殷实老成,心地光明	汤有光窃名朦充,查案注销
同治三年	江恒兴	职员朱庆元等	为人正直公平,作事老成练达	原客长刘喻泰经秦声亭等联名留用,另举也不准
同治四年	汤光泽	文生朱法三	殷实老成,心地光明	甲内公务均繁,乡约一人以难兼顾,着仍于本甲另选举充,以专责成
同治四年	陈永茂	廪生牟希融等	为人殷实老成,勤办公务,众心乐从	准签
同治七年	张月楼	绅粮赵登云	老成谙练	准签
同治八年	夏荣陞	监生赵泰林等	谙练老成	准签
同治八年	蔡升堂	绅粮王元珠等	殷实老成,行事正直	准签
同治九年	蒋元吉	绅粮雷晋廷	公平正直、身家清白,老成练达	准签
同治十年	宁胜	教谕谢君泽等	笃实老成	准签
同治十一年	杨敬臣	武举谢蛟等	殷实老成	准签
同治十三年	但国珍	监生刘克俊等	殷实老成,庶性公正,兼能勤劳办公,街邻团众具皆允悦	准签

续表

年份	被推举人	推举人	推举理由	结果
光绪三年	吴春山	监生李鼎铭等	素性正直，殷实老成，谙练公事	该场约上年究系何人充当，何年因何被革，词内应未收白声，叙殊属含混，着照白另呈核夺

所选之人往往是普通民众，必须具备以下品质：①殷实老成；②家道殷实；③公平正直；④谙练公务等。显然，这些都是一些模糊的标准，尤其是以道德标准为主，并没有严格的标准，假如让一个外地人依据这些标准来推选，显然很为难。这种标准只能存在于熟人社会中，必须长期生活在一起，有很深的了解才可以。所以，保甲制度从这一点来看，具有排外性，跟乡土社会相吻合。

一个人要想当选，必须由他人推举，而不能自荐，表4中有一案例：道光年间，原保长邓永和病逝，其子邓廷贵曾经具禀县令，希望能够承充乡约。事实上，子承父职，在更换过程中，并非没有先例。但关键是仍需要他人的推举，在乡职的认充状中，后面一般会开列保人的姓名。所以面对邓廷贵之禀，县令写道"并无人保何得自荐"也不足为怪了。作为乡绅阶层，他们不能被推选，但他们有提名权，然而这种提名权并不是他们所独有的。在乾隆、嘉庆、道光三朝时，推举人更多的是当地民众，抑或是乡约保长之职，乡绅阶层的推举较少，只是到了同治、光绪年间，监生、举人、廪生等推举的情况变得更多了而已。这充分说明了社会分化的加剧，但依据巴县小农经济的状况。笔者认为，这种社会分化更多地体现为一种社会地位的分化，比如，那些有钱的乡民可以通过捐贡或者捐官来买取功名，从而晋升到居于中层地位的"乡绅阶层"。乡绅开始大规模为其乡职作保，也将赋予乡绅阶层本身以"实质的权威"，尤其是结合"实物租"的模式，使他们在一定程度上与普通民众保有一定密切联系，正如前文开列的保甲名册那样，所选举的牌首，实质上往往是一牌之内的小地主。因而，他们更可能作为"乡村事务的领导者"，而不是"皇帝的代言人"行使权力。

(2)基于私利的竞争

我们以表4的一起案件为例，实际上这起案件的跨度颇长，从同治十二年一直到光绪三年。监生李鼎铭一直在禀报现有乡约"窃名朦充"，我们可以以此案件来观察乡土社会中政治竞争的目的。

同治十二年,监生李鼎铭禀告原乡约蒋祥兴"体德办公,无违公事",而承充乡保的包恒顺"嗜酒性愚"。但于光绪三年正月的具禀中,又称蒋祥兴"素未务公,被革",改举吴春山为乡约。县令堂批中,写道"该场乡约上年究系和人充当,何年因何被革……叙殊属含混"。光绪三年二月,李鼎铭再次具禀,称本场乡约素有包恒顺承充,"历年办公无妄",是吴春山以李鼎铭等之名具禀,实属窃名朦充,县令着令将此案注销。但到了光绪三年三月,李鼎铭具禀蒋祥兴"不以公事为重,遇事生波,藉案串索,搕诈乡愚",请求示革另举,县令批语称:"何以无受害者来案控诉,其中显有不实,不准。"接着李鼎铭于三月,再次具禀,称吴春山"正直老成"可堪充任,县令开始怀疑之前是否真是"窃名朦充"。李鼎铭解释道:蒋祥兴是接充乡约之后,变得"仗善口才,任意逞刁,藉事生端",前月呈禀,未等批示,蒋祥兴冒名具禀已致销案。县令着代书吴文光前去查处,到了光绪三年九月,李鼎铭再次具禀吴正邦"殷实老成、明理正直、谙练公事",县令本已批准。谁知李鼎铭紧接着又报吴正邦实际上就是吴春山,此人性格恶劣,且再次称蒋祥兴"办公多年,谙练老成"。至此,此案已多次反复,县令批示派差唤至县衙问询,最终得知:蒋祥兴点卯未到,李鼎铭等称其已被革除,另举吴春山,蒋祥兴不服,而吴春山又不愿当乡约,至此案件大白。县令批示:着该场监正团首另择人选,三方具结结案。

监生李鼎铭在该案中起到了至关重要的作用。作为乡绅阶层,李鼎铭反复被人冒名呈禀,说明乡绅阶层此时在乡职任免程序中的重要地位。根据黄宗智对华北农村农民的成分划分,我们可以知道,乡绅阶层往往是"租赁型地主",他们居住于城镇,并不在乡野,所以他们通常对乡村事务并不热衷,真正对此热衷的应当是自己经营土地的富农和中农。但是,巴县独有的地理和经济条件创造了乡绅能够在巴县地区增强自己影响力的条件,据刘衡所说:

> 巴邑除城厢及场市外,所有居民具系住处畸零,并无村落。其山尖领角独住一屋之户,有隔数里或十数里绝无邻居者,应查明相隔最近之场市,或最近之亲族、房主、田邻,附入牌内。[1]

[1] 刘衡:《巴县编联保甲式》,载(清)徐栋著,张云霞校注:《保甲书》,安徽师范大学出版社2012年版,第81页。

因而,乡绅阶层能够通过社会阶层的分化,逐渐在巴县的各个场镇中逐渐起到领导的作用。且我们要知道,社会分化的过程只可能是发生在有产者内部的,这也同样意味着乡绅阶层进行的政治竞争只可能是为了他们的私利。比如,当乡绅们不“喜欢”现有保长时,更换程序变得更容易蒙蔽了,监生李鼎铭可以于同治十二年说乡约包恒顺“嗜酒性愚”,也可以在光绪三年说他“体德办公,谙练老成”。

3. 耦合系统的必需

清代保甲法有效的关键在于“强控制”,但它无法破除小农社会中,因经济和社会地位的不平等,而产生的强烈的人身依附关系。尽管清代中期实施保甲制度时,曾刻意回避乡绅阶层,以使其“不至包揽乡政”,但随着社会阶层的分化,乡绅利用小农对自己的人身依附性,事实上已经攫取了乡土社会的领导权。因而,清末预备立宪以来实施的“地方自治”实际上已经被乡绅阶层所垄断,故“其名为自治,实为保甲”,这也就不难理解为什么在实施过程中会遭到许多乡民的反抗了。

其实,自“编户齐民”以来,法律名义上的平等将经济和社会地位上的不平等所掩盖,这种人身依附性就开始存在了。可以说,这是长久以来,中国古代基层社会治理的难题所在。要实现真正的“地方自治”,实际上就必须打破这种因经济和社会地位不平等而产生的差距。政治参与的扩大必须能够改变在“社会”范畴中的政治竞争不是基于私利,而是基于一个耦合系统,即人们因为经济和社会地位的不平等所凸显的差距,可以依靠政治力量弥补。但我们观察到狭义的乡约、保甲、里甲制度趋于融合,实际上反映了这种耦合系统在清代不但没有形成,反而使政治、经济、意识形态一体化趋势加强。而政治参与的扩大,应当在社会层面使政治、经济、意识形态三者形成一个自我调节的耦合系统。这也是为什么马克斯·韦伯在论述现代“官僚化”时,一再强调这应当是一个专业的、不依赖道德标准所选取的专业化团队。因为这个理想的模型,是可以弥补现实中因经济和社会地位的差异所导致政治力量的不均衡,从而实现“国家”作为一个独立个体存在的终极理由。

四、“权力网络”下巴县政治参与的模式

“权力”一词意味着某种支配与被支配的关系,并非单指国家权力,而是“中性”地将所有可能涉及的支配与被支配的关系都纳入其中。这种“权

力”不是孤立的,而是多元的,是与其经济、历史文化等相互关联的,尤其体现在“每一时期的体制(特别是制度化的知识)有着自己独特的体现权力的重要方式”。[1] 在中国传统文化背景下,结合巴县地区本身独有的特点,巴县必然形成自己独特的“权力网络”。巴县衙门在“简约财政”的制度下,饱受行政人员与财政经费不足的问题困扰,难以实施正式治理的方式。它只能够利用准正式治理的手段来加强正式治理的间接控制能力。但意识形态合法性的主导地位,又使国家为民众提供公共服务的能力以及建立一套广泛认可的法律程序的要求,居于一种次要地位,然而意识形态的支配并不仅限于主观领域,因为政府对资源的需求没有降低,所以这种主观支配必然与客观支配相结合。不过,倘若我们将这种支配方式,置于巴县地区所特有的“农民无产率过半”以及“小地主数量多”的社会经济条件下,作为政治参与主角的“社会”又有其自身活力所在,但这离我们过去所设想的“乡村自治”仍有不小的差距。

(一)间接控制的方式

马克思曾根据小农经济自给自足的特点指出,封建社会的组织者常常被束缚于领地,全社会几乎不存在一个游离于土地之外可以建立广泛社会联系之阶层,从而不能“形成任何一种政治组织”。[2] 布洛克在其著名的《封建社会》中也讨论了封建社会政治组织的异化现象,指出其典型形态——封臣制会不断退化。他认为,“臣民的臣民,不是我的臣民”,意味着封建社会政府各级管理者演变为世袭贵族,导致统一政府之解体。[3] 但不同于西欧的分崩离析,正如前文所说,中国社会特有的“宗法一体化结构”使其通过“儒家国家学说”的意识形态,形成一种“超稳定结构”,能够利用其自身机制来限制分封、限制人身依附以及抑制地方割据。因而,我们可以说:无论正式治理与准正式治理的界限为何,有一点可以明确的是,政府通过准正式治理的方式大大加强了对社会的间接控制能力,并且成为国家观

[1] [美]杜赞奇:《文化、权力与国家》,王福明译,江苏人民出版社1996年版,第11页。

[2] [德]马克思:《路易·波拿巴的雾月十八日》,载《马克思恩格斯选集》(第2卷),人民出版社1996年版,第90~91页。

[3] 参见[法]马克·布洛赫:《封建社会》(上卷),张绪山译,商务印书馆2004年版,第371~386页。

念在基层获得传播和执行的一种途径。[1] 这主要表现在以下两个方面。

1. 任免程序的关键作用

笔者曾在前文作出论断,县令在任免程序中是进行实质审查的。根据表1开列的案例,对于乡约保长请辞理由的实质审查,并不仅局限于清前中期。实际上,即使在同治、光绪年间,县令依然有进行切实调查的举措。他既可能根据保甲长名册或者所接受的状词进行文本审理,也会派差查验进行实地考察。即使是面对下述六种正常辞退理由,县令仍然会进行实质性审查,这表现在"传签查讯"或者"派差查验"过程中:(1)自身年迈;(2)父母年迈;(3)染病;(4)搬迁出乡;(5)正常更换;(6)差务浩繁。在表1中有一实例,嘉庆十八年,场约张洪福因"父母年迈,无人侍奉,搬回乡居"请辞,县令仍然作出了"如果属实准予退役"的批语。笔者认为,这样一种强有力的实质审理过程将起到4个重要的作用。

一是评价作用。县令对保甲长更换的审理,不仅是对其任期内的工作的评价,其中还包含了对保甲长本身的道德水平判断,甚至对该地区社会治理状况的了解。对于"窃名朦充"这样的理由,县令可以判断,该保甲长是否具备殷实老成、公平正直等品质。这在表4关于保甲长的推举理由中,有更多的体现。此外,对于"差务浩繁""性格软弱不服众,容易误公"这样的理由,县令可以进一步深入了解该地区社会治理程度的复杂性以及实施社会控制的力度。这样一个过程,有助于县令以斑窥豹,通过基层社会自身运转来洞察其"权力网络"。

二是调节作用。县令通过对"权力网络"的洞察,进一步来实施自己的政令。通过在任免程序中对保甲长本身的支持与否来调节社会利益,以增加间接控制社会的能力。正如在表1中,同治十一年监生王柳桥等具禀乡约徐荣发"本朴柔弱,自理家务维艰,何堪管公",县令就批示道:"查徐荣发自同治八年接充以来,并无违误,□□今□□等以本朴柔弱四字章请更充,殊难允准……"。尤其是考虑到本案中监生的特殊身份,一定程度上也必然会存在如孙海泉所说的情况:这是清代统治者为了不使乡绅把持乡政、包揽钱粮的用意。

三是强制作用。这主要体现在保甲长本身的"差役化"倾向中,"甲长、

---

[1] 参见王启梁:《社会控制与秩序——农村法治秩序建构的探索》,云南大学民族学与社会学学院2005年博士学位论文,第118页。

乡正之名,近乎为官役"。[1] 这表明保长一职近乎于胥吏,尽管他们因为职务需求经常会进行合作,但他们又有明显的不同。首先,"保长"和"胥吏"一样,可以说都是具体执行事务的人,但彼此定位是不同的。"胥吏"是依附于正印官存在的,由县令从自己的收入中,支出相关胥吏的工钱,可以说他们是"专职"的,有的甚至是世代相承的;[2] 而"保长"则仅是一种单纯的事务执行者。其次,"胥吏"事实上一直不被官方所认可,其职权行使必须依赖正印官,可以说是一种"非法官员"的存在;而"保长"的职权则是根据法律条文明确授予的,尽管其并非官制中明确规定的一级官员,但至少可以认为是一种"准官员"。显然,地方事务的执行仅靠正印官一人是不可能完成的,且"异地任职"制度进一步加剧了其不便之处,他们要想顺利地完成职务考核任务,必须依赖当地人。而胥吏群体的固化,使他们对"胥吏"一职心存警惕,反观保甲法的特性几乎完美符合县令进行社会控制的需求。

四是教育作用。这主要体现在对"窃名朦充"以及保甲长本身滥用职权的事项中。被控告的犯罪主要有:藉公搕索,即利用公事索取贿赂;唆人与讼,即教唆乡民兴讼;私放私纵等。尤其是面对"唆人与讼"问题的治理,能够对民众"健讼"之风有所震慑。

2. 社会矛盾的转化作用

正如沟口雄三所说,从"一君万民"到"富民分权式专政",社会矛盾只不过从以"皇帝"和"民"的矛盾,变为了富民之间和富民阶层与贫民无产阶层的矛盾。[3] 可以说,清末时期的太平天国运动是这一问题的最高峰。这正是间接控制能力增强的第二个表现。

根据沟口雄三的研究,中国古代的矛盾实际有三对:(1)皇帝与地主的矛盾;(2)有产地主与无产贫农的矛盾;(3)富民之间的矛盾。在一般意义下,我们可以这样理解这三对矛盾:皇帝一方面要依靠地主阶级为其提供力量,另一方面又要加强自己的统治;地主阶级一方面要隐匿自己的土地,另一方面又要获取皇帝的支持以维持对乡民的统治;富民之间没有了限田、均

〔1〕 张慧言:《论保甲事例书》,载(清)徐栋著,张霞云校注:《保甲书》,安徽师范大学出版社2012年版,第88页。

〔2〕 参见瞿同祖:《清代地方政府》,范忠信等译,法律出版社2011年版,第99页。

〔3〕 参见[日]沟口雄三:《中国前近代思想的屈折与展开》,龚颖译,生活·读书·新知三联书店2011年版,第360页。

田之制，而互相兼并。而经过“一君万民”到“富民分权式专政”的转化，曾经居于首位的“皇帝”与“民”（包含地主阶层）的矛盾对抗，到了清朝退居其次了。[1] 因此，他认为：清政府通过保甲法，实质上容忍了富民阶层的“自私自利”，故能将富民拉到君主的同一战线上，但在实际上所有的负担却被那些中小农和贫农承担了。

保甲法，在此基础上，为有产地主与无产贫民以及富民之间，提供了一个“权力角逐”的场合。尤其是结合保甲法“一揽子”式的行政任务派发过程，这其中所产生的矛盾，他们将围绕“保长”而不是“县令”进行问责。梁方仲认为这类职务优点有四：免除胥吏的侵吞；打击揽纳户；“利便官民”；争取庶民地主阶级的支持。[2] 不过，从整体来看，还是“利官大于便民”，尤其是在“庶民地主”与农民进行利益争夺的过程中，“庶民地主”将会自主地靠向政府。这显然是一种极富技巧的政治手段，不过，考虑到巴县本身社会经济条件的特殊性，另有不同的情况展现，笔者将在下文进一步说明。

倘若我们根据金观涛的研究，则可得出结论：皇帝和地主根据“儒家思想”所构筑的“一体化形态”崩溃的关键，就在于那些中小农和贫农何时承担不了这些负担。而乡绅阶层对农民是一种支配与被支配的过程，而不是根据共同利益所形成的“自治集团”。我们只需要观察王朝崩溃的原因，就可以轻易地发现保甲法在后期并没有帮助清王朝解决其崩溃的问题，反而加速了这个过程。中央权力下的地方权力根本不能对其造成任何阻碍，这也正是闻钧天称其为“他动的自治”的原因。“富民分权式专制”显然离我们想象中的“乡村自治”有较大差距。而真正实现地方自治，关键在于个人、社会与国家三者的彰显，其中何者的缺失都不可能实现地方自治。然而，无论是保甲制度抑或是我们传统中国所具有的宗法社会，都无法促使真正“自治”的实现。这同样不是一个简单的立法过程，我们需要更深层次的变革。

（二）意识形态的掩盖

正如笔者在前文所说的，准正式治理的方式成为国家观念在基层获得传播和执行的一种途径。这种方式是与意识形态合法性的主导地位相配合的。正如赵鼎新所说，这种模式将使价值理性在其民众的政治思维和行为

---

〔1〕 参见［日］沟口雄三：《中国前近代思想的屈折与展开》，龚颖译，生活·读书·新知三联书店2011年版，第360页。

〔2〕 参见梁方仲：《明代粮长制度》（校补本），中华书局2008年版，第13～30页。

模式中占据重要地位。[1] 考虑到中国传统文化的影响,我们可以认为,在中国的模式中,意识形态、程序和政府绩效这三个重要的来源所占的比重是,意识形态合法性 > 绩效合法性 > 程序合法性。与之相对应的三个心理学基础比例是,价值理性 > 工具理性 > 形式理性。所产生的具体影响是,某种被广泛认可的意识形态要远比国家为社会提供公共物的能力更重要,而为社会提供公共物的能力又比某种法定的政治程序更重要。这可以表现为:"一个国家的大多数民众心满意足地认为国家已经很有效地为他们提供了各种公共物了,这反映的既可能是事实,也可能是成功的意识形态灌输的结果。"[2]

基于意识形态的主观性,采用直接的客观的社会控制方式,始终难以很好地实现其目的。而准正式治理的方式,则可以更好地掩护国家观念在基层的传播和执行。这也正是在清代保甲法中,统治者一直力图将本应是自身的任务尽量交由民众自己解决的原因所在。不过,我们要看到意识形态合法性的主导地位,并不是真正消灭了民众对公共物以及对法定政治程序的需求,而只是将其掩盖了。就像寺田浩明先生所说的那样,明清时期的社会认识和秩序建构,就像一列"拥挤的列车",只有在互相的退让和推搡过程中,才能形成一种弥合性和妥协性的临时解决方案,以探求全体成员满意(或忍受)的均衡点。[3] 因此,这种主观意识形态将不仅停留在主观认同上,它必将产生客观的物质要求,而这一点是有矛盾的。

1."习性"的影响

儒家意识形态塑造了以"君主权威"为核心的传统中国中央集权的政治体制,对于普通民众来说,认同这种意识形态,才能获得社会地位的提升。因为儒家意识形态带来的是"权威人士"的共同认知,如官僚和士绅所接受的儒家教育,使他们具有共同的行为、举止、穿着和谈吐,长期积累下来,"官僚"和"士绅"就形成了共同的"习性",[4] 而农民则与他们十分不同。这种"习性"是一种思想倾向,也是一种行为倾向,更是一种意识,它决定了"农民服从于官僚"的同时,也必将其推及"农民服从乡绅"的领导。在这样

[1] 参见赵鼎新:《国家合法性和国家社会关系》,载《学术月刊》2016年第8期。

[2] 同上。

[3] 参见[日]寺田浩明:《拥挤列车模式:明清时期的社会认识和秩序建构》,阮云星译,载《清华法学》2010年第6期。

[4] 参见[法]皮埃尔·布迪厄:《实践感》,蒋梓骅译,译林出版社2012年版,第73~92页。

一种意识形态的驱使下,“习性”在事实上就成为一种支配与被支配的关系。在“习性”的支配下,“官绅”对“小农”的领导,已不仅是在纯物质层面了,还包括主观的精神层面。这样一种全方位的控制,使整个“超稳定结构”具有极大的脆性,也即缺乏弹性,它的经济结构、政治结构、意识形态必须保持在相互适应的平衡状态附近。但政府对于社会资源的客观实际需求,将会在事实上影响意识形态合法性所塑造的国家对社会控制力的程度。

2. 利益的竞争

巴县独特的自然和社会环境,塑造了其社会特点。在巴县地区,耕地资源有限,尤其是考虑到在乾隆年间巴县的土地开垦工作已经基本完成,故而笔者认为巴县地区租佃型大地主的存在并不多。根据保甲名册记载,嘉庆十八年节里八甲的 171 户人口中,耕田户就有 96 户;同年仁里九甲水口团的 133 户人口中,耕田户就有 54 户。[1] 且在嘉庆十九年孝里七甲的户口社会统计表中,明确记有载量额度的 16 户里,六分至一钱的有 1 户,一钱至五钱的有 8 户,五钱至一两的有 3 户,一两以上的有 4 户;在嘉庆二十年智里六甲户口社会统计表中,明确记有载量额度的 27 户里,一分以下的有 6 户,一分至五分的有 15 户,六分至一钱的有 1 户,一钱至五钱的有 4 户,一两以上的有 1 户;在嘉庆二十年仁里九甲户口社会统计表中,明确记有载量额度的 34 户里,一分以下的有 16 户,一分至五分的有 2 户,六分至九分的有 5 户,一钱至五钱的有 24 户,六钱至一两的有 1 户,一两以上的有 1 户。[2] 我们可以得知:巴县地区耕种大部分集中在“一钱至五钱”的规模。而根据嘉庆十八年记载,麦子六石市价是三十二两四钱,合每石五两四钱。[3] 而根据嘉庆十二年的一个租佃契约中的记载,租一个房子和一份田地,每年秋收交要交谷物十二石。[4] 清朝的赋税征收方式,是依据田地规模来进行征收,可见这些耕种规模并不大,相应地,租佃规模也就不会太大。而巴县地区租佃纠纷频繁的原因,主要可能是其商业发达。且笔者发现在巴县档案中,租佃纠纷中包含了大量的房屋租佃情况。

---

[1] 参见四川省档案馆、四川大学历史系主编:《清代乾嘉道巴县档案选编》(下册),四川大学出版社 1996 年版,第 319 页。

[2] 同上书,第 321 ~322 页。

[3] 同上书,第 175 页。

[4] 参见四川省档案馆、四川大学历史系主编:《清代乾嘉道巴县档案选编》(上册),四川大学出版社 1989 年版,第 71 页。

面对这些众多小地主的情况,官府实际上不一定能真正做到与他们相互联系。要知道根据巴县保甲花名册的记载,这些地主大部分都是在村小地主,并不是黄宗智所说的那种离村地主,这就使他们与民众有一定的紧密联系,实物租的形式就是一种表现。尤其考虑到他们本身力量的羸弱,且没有强大的宗族作为靠山,实际上他们对政府有一定的警惕心理,特别是面对赋税征收、团练等问题时,巴县衙门巨大的财政和人力资源缺额使他们必然加紧征收附加税,从而弥补提供公共服务能力的不足。而这些频繁的附加税,又必然使这些小地主实际上承担着巨大的负担。面对这种情况,他们不可避免地会试图攫取政治权力,以形成政治权威,从而能够规避其风险,其最大的表现形式就是通过"获取功名",以在意识形态上与政府站在同一战线。不过,面对巴县过半的无产率以及复杂的社会治理状况,这些小地主必定会有所保留,他们更多的是期望将"权威"凝聚于自身。

3."善举"的目的

其中,最大的表现就是"善举"的目的。乡绅们不仅热心公共事务,还热衷于公益事业。中国古代不乏"育婴堂""社仓""义学"等扶弱济贫的机构存在,如果单从形式上来看,他们是自愿举办的,也似乎都有"地方自治"的影子,尤其是这些机构确实曾经起到过"扶贫济弱"的功能。以"社仓"为例,如果遭遇荒年,由乡绅主持,官府监督,进行捐谷,而借领者只需每石支付一定的利息即可,借的少的还可以免除其利息。

但是,我们必须要看到,这是基于"强者对弱者的支配"关系而产生的,是一种"慈善"行为,并不是地方自治中应当存在的自我调节功能。乡绅实施这些举措,最主要的目的是维持他在这个"利益共同体"当中的"权威",因而必然是基于一种"强者对弱者的怜悯之心"而实施的行为。在巴县档案中,乡绅检举保长存在违法事实时,常常喜欢用"搕害乡愚"一词,可见在当时的现实生活中,乡绅和农民是截然不同的群体。正如笔者在前文所说的,假如我们回到19世纪,面对一个乡绅和一个农民会发现他们是根本不同的两类人。乡绅阶层往往受过"儒家正统思想"的教育,行为举止和语言谈吐和政府官僚更相似,农民既然惧怕"官吏",也就会惧怕"乡绅",因为他们是一类人。对于乡绅在巴县的作用,笔者认为,并非具体制度层面的"争权夺利",而是借助这种机制,来树立自己的合法权威,通过乡绅的有效举荐、有效组织抑或有效检举,使难以发现的各种不法事实被发现,这样乡绅的作用就十分关键了。

（三）自主的政治参与

从整体“国家—社会”关系来看，实际上清政府统治者没有为政治参与留有过多空间。不过，这种强势仅仅停留在中央政府层面，实际上面对财力与人力资源的不足，必然会使政治参与的活力被反映出来，只不过各地大小有所差异而已。笔者认为：在意识形态合法性主导下的间接社会控制，必然会为政治参与留有一定空间，尽管这个空间很小，但是仍然难以阻碍政治参与的扩大，因为意识形态的灌输仅仅能够掩盖矛盾，并不能解决矛盾，而现实社会的需求，又使各个参与主体迫切地为自己发声。

在巴县地区，除巴县衙门外，最主要的政治参与主体就是乡绅与农民。而这两者的表现，就体现了巴县政治参与活力的大小。对乡绅来说，基于一定程度上的“利益共同体”，他们在巴县“离散型”的乡村社会中，能够获取一定的权威。这主要表现在保甲长本身的推举任免和控告程序之中。对于农民来说，过半的无产率使他们必然在一定程度上依附于这些乡绅，但这些乡绅的力量并不足以强大到让他们“言听计从”，面对农民的控告，乡绅也会有自己的反驳。而现实社会治安的需求，也同样使他们会在最基本的限度内履行保甲职务，毕竟这于己也是有利的。

1.“依附式”的参与

郑振满对宗族的组织形式作过划分，认为其有三种基本的类型：一是以血缘关系为基础的继承式宗族；二是以地缘性关系为基础的依附式宗族；三是以利益关系为基础的合同式宗族。[1] 真正的宗法社会，实际上仅指“继承式宗族”，是有“大小宗”之分别的。只有“嫡长子”才能真正享有宗族所带来的社会地位和财富资源，其他子弟作为“小宗”只能列为旁支。但是这种“分家析产”的措施，是伴随社会阶层自然分化的，经历迭代发展，昔日的“小宗”可能变得比原本的“大宗”更具有经济实力和社会地位。这样，随着经济的发展，人们对“宗祧继承”实际上已经不再重视“大宗、小宗之别”了。由于社会和经济地位的不均衡，弱者开始自然而然地向强者靠拢，这种在聚族而居的条件下所形成的族人之间相互支配或依附的关系就是“依附式宗族”。合同式宗族往往发生在少数富民家庭中，他们基于一定的利益而形成某种相对平等的权利义务关系，并由其后代继承其权利义务关系。但随

---

〔1〕 参见郑振满：《明清福建家族组织与社会变迁》，中国人民大学出版社2009年版，第47页。

着社会阶层的分化,合同式宗族进一步发展也必然成为“依附式宗族”。实际上,在明清时期,“依附式宗族”已成为最主要的家族模式。

而巴县的乡土社会,从根本上看,也无法跳出这样一种基于“强者对弱者”的支配形式。从客观层面上,我们可以看到:根据马克思主义的理论,乡绅阶层占有生产资料,包括土地、耕牛、农具,甚至水源,没有这些生产资料,农民们根本无法进行劳作,可以说,从一开始其牢牢地束缚在这种经济的依附关系之上。即使是那些拥有自己土地的自耕农,由于抵御天灾人祸的风险较大,事实上,他们也不得不与这些乡绅自然地依附在一起。因而,郑振满所说的“依附式宗族”,事实上已经不局限于传统的一家一姓中,而是基于地缘利益的一致性而形成的“地缘利益共同体”。

从表1可以得知:从同治年间开始,乡绅们开始大规模地介入保甲事务。其实,这不仅局限于提名权,还包括了对保甲长滥用职权的控告。在巴县档案中,有许多保长被控告的案例,我们可以根据其主要罪名和县官查处结果,来考察乡绅的政治参与。笔者在巴县档案中,发现了个别案例,将其按照年份、原告、被告、罪名、结果制成表5,开列如下。

表5 乡绅介入保甲事务情况

年份	原告	被告	罪名	结果
乾隆二十四年	民李文生(年仅12岁)	乡约李俊先	挟记父仇,妄签更替	仅有堂批:着明白禀处,毋违差拘
乾隆三十六年	杨屈山等	乡约王甫臣	恃约滥派恳	准拘讯,着乡保某某办公
嘉庆九年	场头练祥等	乡约周联章	宋泽太为苏宋氏投河淹死一案,往乡验明,遭乡约藐厅主,抗不承办	着差唤到案
咸丰元年	乡约王玉金	乡约黄永春	私纵游贼	王玉金挟团上细故捏控,遭掌责,具结
咸丰八年	绅粮姚致祥等	乡约余九皋	借兵差勒派兵差帮费	不明

续表

年份	原告	被告	罪名	结果
同治元年	—	乡约李元顺	因抗不办事被签唤	不明
同治二年	职员费钦中、文生张炳等	乡约鞠华丰	窃名朦充,藉公揢害乡愚、扰害地方、唆人与讼	不明
同治四年	监生李芳成	乡约余海山	借陈炳沅殴妻身死案揢索团内公项银两	系乡约余海山拖延,已照册缴纳
同治四年	监正徐兰亭	乡约赵顺等	窃名充乡约,揢良民粮银	不明
同治六年	民陈玉书	乡约朱广积	以贿改粮册遗害乡民	不明
同治六年	文生张拱垣等	乡约黎长青	借尸揢讼	仅有堂批:乡约黎长青迭次诬揢,殊干法纪,□仰受害之吴元陞等即速明白禀覆,以凭核夺
同治八年	监生杨培实	乡约刘元兴	杨湖云抗料税不纳而乡约刘元兴构讼	革除

表5反映出,自咸丰八年开始,乡绅阶层已经开始介入保甲长滥用职权的案件了,这基本与乡绅阶层获取保甲长的提名权的时间是相吻合的。且表5中所开列的案例,大部分都是单纯控告保长的,实际上对保长的指控还应当包括“窃名朦充,揢索乡里”的案例。但自咸丰后期开始,对于保长滥用职权的控告大体实际上集中于几类案件:(1)藉公揢索,即利用公事索取贿赂;(2)唆人与讼,即教唆乡民兴讼;(3)私放私纵等,但最主要的是“藉公揢索”。咸丰十一年,因为军事频繁,四川布政使还专门发过批文,警告各地乡保绅衿胥吏不得因各地匪徒流窜,就串联揢索公费。[1] 当然,其中必然免不了会有少部分挟私报复的案例。他们对这些案例的参与,在一定程

〔1〕 参见档案:《清代巴县档案》(咸丰朝),编号:清006－018－00579,四川省档案馆藏。

度上打击了“地痞匪类”,这不仅是基于自身利益的需要,一定程度上也是为了公共利益而服务。

2. 农民的现实需求

道光、同治年间,甚至有人自荐以谋求保甲长的差务。因而,巴县大量的流动人口,不仅仅会给官府抑或者乡绅惹麻烦,对那些渴望安定生活的农民,同样是一个巨大的社会威胁。所以,在巴县,对于保甲法的倡议并不仅局限于官府,实际上在嘉庆十年巴县廉里一甲清正地方会簿中,就记载道:

> 今之啯匪四窜,贼风日长,与夫流鄙恶人,无地不有。其为害于地方也,岂浅鲜哉?我等生同此方,当协心防范,以为保全身家之许。此清正会之设,实有不可缓者也。盖捐输会择人掌放生息,则取用得便。一遇前项不法之徒,兴讼禀送,来往可无缺费之虞。捐输勿替,储积裕如,将见力能干事者,莫不踊跃争先也。地方之转祸为福,其在即兹乎。原我同人,各量自家,共为捐凑,而勿吝焉。[1]

可见,民众也会为了现实的治安需求而自主设立保甲组织,且自负费用。身为保甲长,也并不一定如过往学者认为的那样,尽是“地痞匪类”,这固然与巴县本身所固有的社会治理问题相关联,但实际上在任何一种制度中,这都是不可能避免的。所谓完美的人才选拔制度,实际上不过是“空中楼阁”。现实情况中,人们总有办法来掩盖遮蔽。尤其是在中国古代社会治理中,个人信息获取成本过高,很难杜绝。“什伍连坐”的方法固然在一定程度上保护了这种秩序的稳定,但面对一个人口分布疏散的地方,仍然很难做到有效地治理。

实际上,从表3可以看出,在保长实施警卫职能的实际情况中,常常会出现反控的现象。在对这些案件的审批过程中,县令着差传讯,然后问明情况,根据每个人的供述来最终判断。但这些案件中有许多都没有下文,一方面可能由于档案的缺失,另一方面是被传唤的人员不到堂审讯。笔者认为,我们并不能据此就得出“保甲长”大多是“地痞匪类”的论断,实际上我们只

[1] 四川省档案馆、四川大学历史系主编:《清代乾嘉道巴县档案选编》(下册),四川大学出版社1996年版,第277页。

是单纯看到了普通民众的反控，以及主观上先入为主的形象认定。哪怕是乡约的控告实际上也是不可靠的，如表4中所列举的监生李鼎铭对本甲保长的推举案。事实上，尽管很多时候人们认为保甲之责是一种负担，但实际上，在巴档案中，也有保长自请编联保甲。在道光二年孝里十甲乡约彭荣山等的禀状中，就记载道：

> 情蚁等住居偏僻，兼与南川、綦江相连之地。前经贼匪流痞扰害，禀沐前宪，节次出示齐团，设立团首，编联十家门牌，逐细清查，稍宁数载。不料日久身边，有经佃住之家搬来搬去，以致混杂不清。有等不法之人，乘势搬来甲内佃居，或为贼行窃，或小道拦夺，或摇钱赌博，或宰杀耕牛，或痞骗良朴，滋扰合甲难安。约等亦无可奈何，只得邀集合甲粮户公同酌议，仍复齐团。设立团首，将众名字逐一注明册簿，编成十家一联。如十家之内，一家不法，罪坐九家。庶得近居之人畏累，彼此逐细清查，倘有不法之人，一经同联，九家投明团首质实，逐搬出境，以免甲内受害，良善得以安全。是否允行，理合协同将开名册投呈，禀明仁宪，恳赏出示晓谕。并恳将蚁等名册过硃，发给门牌，填注十家联名。万民均沾。[1]

哪怕是面对征收赋税这种极具矛盾性的社会事务，实际上保甲长也会为民众进行一定程度的负担。同治二年直里一甲乡约宋永兴就禀告过，甲内花户吴际云等多年拖欠，导致“约等连年抬银垫完，至今本利不给，反不谋面”。[2] 尽管依据前文所述的小型“利益共同体”的判断，保甲长往往本身就是小地主，这从对保甲推免程序中“家境殷实”的条件也可以看出。因而，这样一种“垫付”形式实际上有其合理性存在，不过，我们考虑到保甲长的自身利益，这显然不是一个容易的差事。所以如果不是保甲长在乡野间有一定的名望和经济实力，实际上他们也不会参与其中。

结　语

巴县保甲法向我们展示出：国家通过一种间接的方式实施社会控制，但

---

〔1〕 四川省档案馆、四川大学历史系主编：《清代乾嘉道巴县档案选编》（下册），四川大学出版社1996年版，第284页。

〔2〕 档案：《清代巴县档案》（同治朝），编号：清006－023－00871，四川省档案馆藏。

这种控制是单向度、无交流的,因而政治参与空间极其狭小。但民众基于自身利益的需求仍然会借助这样一种狭小的制度空间,积极维护其权益,这就是清代社会控制下政治参与的活力所在。巴县地区既没有像宝坻地区的纯粹的行政化制度,也没有像获鹿县那样形成一种“官绅博弈”的局面,更没有东南地区大宗族那样的势力存在,为我们提供了一种不一样的模型。综合前人的研究,笔者认为:清代国家社会治理的模型是一种全面的社会控制,但这种社会控制是一种间接的社会控制,因而在面对不同地区之间的复杂状况时,所呈现的具体控制力大小是不同的。这意味着国家对社会领域的入侵将很少受法律、宗教、经济、意识形态等领域的限制。它是一种政治、经济、意识形态趋于一致化的结构,只要政府愿意,它就可以将权力触及社会大大小小的角落。不过,这种形式的绝对控制并不能绝对解决现实社会生活中的需求,即使在如此狭小的政治参与空间中,也不能阻止民众对于政治参与扩大的需求,但其“后遗症”影响太大,因为一旦“一体化”的统治方式遭到解体,反体制的意识就会占据高地。

萨维尼说过:“法律既是一种文化的存在方式,也是一种文化的制度创制。”中国古代以意识形态合法性为主导的国家与社会关系,实际上是以礼法规则培育了社会成员价值观念和行为方式的认同感。它固然塑造了一种“敦伦和睦”的美好社会愿景,但在这种关系下,社会秩序将会是一种动态形成过程,也是一种主观权益相互均衡的动态机制,因为它不是从一种确定性的权利或权利出发构建的制度秩序。所以,这种社会秩序,既不能说是公正的,也不能说是非公正的,其判断标准依赖于主观权益者自身的能力以及默示规范。但中国古代这样一种“礼法规则”统摄的社会治理思路,在当今基层社会治理中应如何应用,仍然需要建构性和反思性的研究,这已非笔者在本文中能够论述的。

晚清时期绅治合法性基础的解体与重构尝试

◇李菀宁*

引　言

1898年梁启超在《论湖南应办之事》中回顾古代地方政制，写道："故三代以上，悉用乡官；两汉郡守，得以本郡人为之，而功曹掾吏，皆不得用他郡人，此古法之最善者。"[1]"乡人治乡"的传统渊源已久，在地域辽阔、文化迥异且交流不便的古代中国，地方自治自有其合理性与有效性。虽然时至清朝，因为地方官员任职的"回避"制度，古时的"乡官"不复存在，但一个"体制"之外的地方士绅群体却仍隐约充当这一角色。"士绅"大体而言是一批掌握儒家思想，并通过科举考试获得过相当功名的知识分子群体。他们因掌握知识、身负功名而在身份与地位上区别于"民"，但又因未曾任官或已辞官退隐而在权力与立场上区别于身处体制的"官吏"，在皇权逐渐退出地方的明清两代，居乡的士绅群体进而成了地方事务主要的组织者与实行者。这种被称为"绅治"的"乡人治乡"，也是中国传统时代最后一种地方自治的形式。

然而，士绅对地方的治理权力既不以正式的法律、制度和组织为前提，也不依靠宗教或武力，甚至也不源于宗法的权威，它从外观上来看总呈现一种并不合法，也不甚合理的性质。可是，作为统治者的清政府对士绅治理地方的默许，官吏对"官、绅、民"地方势力格局的维护，尤其是民众对士绅群体的自觉尊重与追崇，又使地方绅治并不像是一种违背法律和常情常理的活动。进一步来说，一种非法的权力和势力存在于地方，很可能将破坏地方的政治与社会秩序，而不是长期维护着地方的稳定；再者，为何是既无官职又不掌握武力，甚至也不具有宗教和宗法地位的士绅阶层，成为了能够顺利

---

* 西南政法大学2018届法学理论专业硕士。

[1] 梁启超：《论湖南应办之事》，上海人民出版社1984年版，第75页。

进行地方治理的群体?这不免让人将士绅群体所独有的特质与传统政治所依凭的合法性理论相对照和思考。对于后者,长期研究中国传统思想和传统社会演进的学者金观涛和刘青峰曾提出,"对事情正当与否的看法,中国文化历史和西方并不一样,区别就在于正当性的基础不同,在中国是道德,在西方是法律"。[1] 他们也曾转述香港中文大学陈学霖教授的看法:"在中国历史研究中使用'合法性'时应换为'合道性',即合乎道德、道统。"[2] 而再来看士绅阶层,他们之所以脱出于一般平民,就是因为他们掌握知识,而在传统中国,长期以来主流的知识只有一种,即儒家的道德知识、伦理纲常。也就是说,士绅阶层的治理从本质上来说是一种"有道德的人"的治理,它与凭借对儒家知识的掌握而被选出的官吏们的治理,和统治者因"内圣外王"而掌握权力的思想,在本质上是相同的。因此,可以说,绅治地方符合中国传统政治思想中对合法性的根本要求,即掌握道德、道统,实行"圣人之治"。

但地方绅治行至晚清又发生了颠覆性的变化。其中最矛盾之处在于,一方面,既然士绅阶层是一批"有道德的人",为何他们在近代半个世纪中被冠以的多是"土豪劣绅"之名?又为何这种近似"圣人之治",曾经颇有成效的地方治理方式最后却消失在了近代历史中?回顾晚清近20年的历史,原本数量恒定的士绅阶层逐渐扩张,劣化,分化,改变自己身份与立场的趋势确实存在。另一方面,在晚清国势衰微、西潮渐进的形势下,整个传统政治,也是地方绅治所依凭的合法性基础——儒学道统亦处于层层解体中。而后,随着"民权""君主立宪"呼声的高涨,法律有逐渐取代道德成为正当与否的判断标准的趋势。几经演变的士绅群体在晚清最后几年仍掌握着治理地方的权力,但这时他们已进入了政治体制中,并试图发展这种体制内的地方绅治。

晚清时期即是传统绅治存续的最后一个时期,也是它产生"变性"的关键时刻,基于对"绅治"这种传统的地方治理方式的兴趣,引发了笔者对绅治的合法性基础、运作方式、演变历程和终结原因等的探察。从合法性基础的变化来看地方绅治的演变是本文的初衷,如果通过对地方绅治的本来面貌和演进过程的还原,能对当代的地方治理有所启发,则是本文的意外之喜。

---

〔1〕 金观涛、刘青峰:《中国思想史十讲》,法律出版社2015年版,第4页。
〔2〕 同上。

地方绅治的实践离不开中国传统政治思想的支撑，笔者的探索也首先是从中国传统政治思想与哲学思想开始的。在这方面，近代哲学大家冯友兰的《中国哲学简史》和梁漱溟的《中国文化要义》都对中国哲学思想的派别、内容与演进进行了系统的梳理。冯友兰认为，中国的哲学思想具有"出世"与"入世"两面，它既关注过"自然宇宙"，并在思想和规范的源头树立起了"天"与"道"这种权威而又虚空的形象，同时又基本上服务于现实政治和社会，可以外化为一种实在的纲常伦理、道德规范。这不仅是对中国哲学思想的认识，也是对中国政治思想和政治制度的渊源的理解。后来，中国当代政治学学者任剑涛将这种模式称为"德化的统治"，郭剑鸣将其称为"知识的权力化"，又有学者金观涛和刘青峰在《中国思想史十讲》中明确提出了"道德是中国传统社会的政治制度和社会秩序的正当性基础"的观点。再参考西方学者马克斯·韦伯在《中国的宗教：儒教与道教》中对中国哲学思想和政治制度的理解，[1]本文得以在合法性基础上寻得地方绅治存在与延续的正当理由，并通过合法性基础的变化来梳理与评价晚清时期地方绅治的演变。

对士绅群体本身的研究依然是本文最核心的任务。明代士绅势力盛于地方，清末民初的学者瞿兑之曾评价道："明代江南乡官势力最为横桀，而士子结纳干预，肆行无惮亦最盛"。[2] 彼时士子结伴，或进而煽动平民，对抗官府之事时有发生，士绅群体隐约跻身地方领袖，游走于"官"与"民"之间，恰好弥补了"皇权不下县"所留下的权力真空。至晚清，当维新人士希望从地方开始进行立宪实践的时候，他们也将期望寄托于士绅群体。郑观应的《论议政》、梁启超的《论湖南应办之事》以及谭嗣同的多篇文章中都指出士绅在地方政治中的角色与作用，并以"欲兴民权，宜先兴绅权"为号召，将士绅与朝向近现代化的政治改革联系起来。民国以后，随着国家政体与社会人心的转变，士绅的社会形象由"一邑之望"逐渐跌落至"土豪劣绅"，

---

〔1〕"皇帝的卡里斯玛形象所必具的个人资质，却由仪式主义者与哲学家将之仪式化，继而伦理化。换言之，皇帝必须依据古典经书上的礼仪与伦理规制过活"，"既然经由伦理理性化的过程而出现的'天'所守护的是永恒的秩序，那么君王的卡里斯玛便端视其伦理的美德而定"。参见[德]马克斯·韦伯：《中国的宗教：儒教与道教》，康乐、简惠美译，广西师范大学出版社 2010 年版，第 65～66 页。

〔2〕瞿兑之：《杶庐所闻录·故都闻见录》，山西古籍出版社 1995 年版。转引自杨国强：《论晚清中国的绅士、绅权和国家权力》，载《华东师范大学学报》（哲学社会科学版）2011 年第 1 期。

直到20世纪三四十年代,他们才再次被若干社会学与历史学学者所关注。费孝通、吴晗、胡庆昀等学者对战火中大后方的乡村进行了一系列授课与讨论,最终形成了由多篇论文组成的合集《皇权与绅权》,探讨了士绅的定义、权力来源、本质特征及绅权与皇权关系的历史流变等。他们将绅治与绅权置于传统政治制度与思想中进行考察,并获得了对士绅群体、绅治和绅权的全局性与本源性的认识。

20世纪50年代,经费孝通口述、雷德斐尔德夫人整理,一本名为《中国绅士》(*China's Gentry*)的著作在美国出版。此书是对《皇权与绅权》内容的增改,延续了从制度与思想层面研究士绅与绅权的大体方向,并对民国及今后的地方治理进行了分析与展望。同时期,美国华盛顿大学出版了当时刚刚获得该校博士学位的张仲礼的著作,同样名为《中国绅士》。与费孝通的理论研究路线相比,张仲礼的研究基于大量的实际数据,他通过对这些数据的整理和分析,完成了对士绅群体在19世纪中国社会中作用的研究。这部著作不仅长期为国外研究者奉为圭臬,在国内也被认为是这一方向上至今难以超越的作品。进入20世纪90年代之后,对士绅的研究不再受阶级理论主导,学者们开始更全面、更平和地看待士绅的历史角色和历史作用,其中,王先明以"士绅"和"近代乡村"为主要研究对象,产生了大量有关士绅活动、绅权、近代社会和乡村变革等方面的文章。还有学者杨国强的著作《晚清的世人与世相》,专注于晚清知识分子的沉浮与世道的变迁,以十分文学化的笔触从社会思想与社会形势的变化,描述了晚清知识分子和国家的整体面貌。此外,杨念群、罗志田、朱英等著名近代史研究者的文章著作也为本文提供了极其重要的启发。

在国外研究者方面,被称为"汉学三杰"的魏斐德、孔飞力和史景迁都主要致力于中国近代史研究。其中,魏斐德的《中华帝制的衰落》和《大门口的陌生人》都对士绅阶层进行了单独着墨与分析,他的《洪业:清朝开国史》则对清王朝的政治环境和政治体制进行了独特而深刻的思考。孔飞力的《中国现代国家的形成》尝试摆脱近代史研究中"西方中心论"的方法,希望从晚清制度本身和时人言论中发现晚清中国向近现代化体制转变的内部力量,而他的《叫魂:1768年中国妖术大恐慌》则是理解大变革前夜清王朝的社会形势与社会危机的经典著作。史景迁、裴士锋关于太平天国的研究为本文的一个小节提供了十分有益的思考,同时,裴士锋与罗威廉的有关近代中国地方社会的深入研究,也使本文得以从新的视角思考近代中国地方的部分变迁。日本学者宫崎市定、本村正一、松本善海和三石善吉关于中国传统社会的特征和传统政治制度的研究,也为笔者拓宽了视野。

尽管以往对绅治和传统政治的研究集中于哲学、历史学、社会学和政治学等学科,但借助这些研究成果,在法理学领域亦可以形成自己的思考。

一、儒学道统:传统绅治的合法性基础

(一)“道统”的内涵:塑造理想社会的道德规范

现今,“道统”多用来指代儒家以道德伦理为核心,指导人的社会生活和国家政治运行的一套价值观念,但“道统”中的“道”,或与此相类似的“大道”“天”等抽象概念,作为一种朴素的对自然宇宙和最高价值的理解,最初是存在于中国各家哲学学说中的。

首先,要从了解中国哲学整体的特点和内在精神开始。在传统中国,很少有专注讨论形而上学的哲学思想。同样从对客观事物的认识出发,西方哲学从中产生了宇宙论与认识论,将视线投向了彼岸的灵魂和理念的世界;而中国哲学则在格物致知之后提出了“修齐治平”的理想,走上了塑造现实的人和现实社会的道路。可以说,如果西方哲学旨在使人认识世界,成为一个有知识的人,那么中国哲学则旨在使人有品德,成为一个圣人,并像圣人一样在世间行事。这便是“内圣外王”的理想。冯友兰说:“既然(中国)哲学以内圣外王之道为主题,研究哲学就不是仅仅为了寻求哲学的知识,还要培养这样的品德。”[1]金岳霖亦说:“对他(中国哲学家)来说,哲学不是仅供人们去认识的一套思想模式,而是哲学家自己据以行动的内在规范。”[2]因此,中国哲学的关注点集中在人和现实生活,尤其是对人在现实中应具备的道德的培养。所以,中国哲学多关乎道德伦理是它的显著特点之一。

其次,中国的哲学家们通过阐述道德伦理,想要规范的不仅是个人或“日用常行”,他们的终极追求常在于“天下”。如《礼记》中说“明德于天下”,老子说“是以圣人抱一为天下式”“为天下浑其心”。甚至中国古代最具形而上学意义的哲学流派——名家的代表人物公孙龙亦主张:“欲推是辩,以正名实,而化天下焉。”“天下”后来成为中国历代知识分子的终极关怀,而这种关怀的意识就来自他们所受到的哲学教育。因此,中国哲学虽然

---

〔1〕 冯友兰:《中国哲学简史》,生活·读书·新知三联书店 2017 年版,第 11 页。
〔2〕 同上书,第 12 页。

是关乎道德的,但其终极价值却指向国家,它是一套以道德规范建立起的有关理想政治的理论。中国的各派哲学思想总是不同程度地包含其政治理想,这是中国哲学的又一个显著特点。因此,中国的哲学思想不仅规定着道德伦理,也指导着政治;并且,它颇有创见地将道德与政治紧密联系,从而也将知识与权力联系了起来,形成了独特的政治思想和政治制度。道家的"圣人之治",儒家的"内圣外王之道"都可以说是这种关联的具体表达。

中国哲学对人的要求首先是成圣,"内圣"然后"外王"。孟子说:"圣人,人伦之至也。"一个人修养自身的道德品质达到极致,便可谓圣人。而根据"内圣外王"的理想,在德行上成为圣人,便能够在现实中行事好比君王。以现代的观点来看,这便是对统治权力正当性来源的解释。按照中国哲学的进路,尤其是长期作为主流意识形态的儒家的观点,政治制度中不能缺乏"仁"的考量,君王也不能丧失"德行",如果统治中出现了违背朴素的道德伦理的因素,国家就将陷入"无道","无道"即意味着统治正当性的丧失。这时,知识分子或将秉承"邦无道,则可卷而怀之"的思想与统治者离心离德,而勇于"伐无道"的人,则可能因为其正义的行动被认为"功宜为王",获得展开全新统治的合法性基础。道德与传统政治便这样结合在一起了,可以说在政治领域,道德即成了一条判断是非对错、应当与否的当然标准。因而长期接受道德教育,并在后来掌握了对"道统"的解释权的知识分子,也就成了最能正当地获得政治权力的人。中国文人为官的传统亦是基于这种对权力合法性来源的观念。

但是,"内圣"只是"外王"的必要不充分条件。要想居君王位,必须具备极高的德行(虽然在现实政治中往往只要不极端道德败坏即可),否则迟早会因为"无道"而丧失统治的合法性。但是,一个道德完美的人却并非要或一定能成为君王,他只是理论上具备了成为君王的条件,他是一种理想的君王的模板。如果这样的人想要居君王位、行君王事,他的地位和权力的合法性很可能得到民众认同,如孔子便被后世称为"素王"。虽然他一生不曾真正获得过最高统治权力,但他可以作为君王存在的正当性却为后世认可。

一方面,这意味着道德能力确实是通向权力的最不可或缺的因素。具备了道德便具备了得到权力的条件,而丧失道德就连最高统治权都可能失去。费孝通在讨论中国"文人当官"的传统时也曾说,文人知识分子"不从占有政治权力来保障自己的利益,而是尽力提出一套伦理规范来限制政治权力的威力”,[1]“他们用道德和社会的影响来统治人民”。[2] 从法理学的角度来看,按照中国传统政治理论的进路,统治权力的合法性来源原本就为“道统”所规定,只要依照这种理论建立起的政治制度依然存续,它就不可能反抗或超越自己的根源。为费孝通的《中国士绅——城乡关系论集》作导论的罗伯特·雷德菲尔德教授亦说:“(传统中国)中央政府的威权主义有时存在,而且的确十分专制,但这种统治理论上是根基于道德权威而非武力,儒家学说曾多次指出过这一点。”[3]

另一方面,虽然有“内圣外王”的理想,“圣人”却并非一定能够成为王,而王理应具备极高的道德素质,但在现实政治中即使他并不具备,也能得到极大的宽容。这似乎表明,在道德伦理之外对能否合法地拥有政治权力,还存在其他的判断标准。在儒学道统成为社会的正统思想之前,在以血缘关系为纽带的宗法制西周,这种合法性来源便表现得十分明显。这是一种基于天然的宗主身份所产生的权力,宗主集封建家长的世俗权威和宗族祭司的宗教权威于一身,韦伯将这时的君主称为“最高祭司”,“最高祭司此一职务之不可或缺,正是皇帝宗主权之所以能维持下去的原因所在”。[4] 如果说后来的“圣人”是因其超然的道德品质而“得道”,达到“天人合一”的境界,从而拥有治理世间的能力,那么作为封建家长的宗主则是因为具有“最高祭司”的地位,得以接近人们所崇拜的“天”或“道”,因而具有了统领其他人的权力。这是两条殊途同归的进路,但都忠于“天人合一”的原始信仰。起初,在宗法制下的封建时代,宗主所拥有的“最高祭司”的身份,是他的权威的根本来源,“而礼仪的同构型(至少就理论上而言)是此种结合的接合剂”。[5] 然而,后来随着宗法制的崩溃,“天下共主”和“最高祭司”的身份消失了,新一代的皇帝需要新的证明自己能达到“天人合一”的方法,于是他们选择了儒家学说所提供的哲学进路。政权的合法性从此交由一套伦理

---

[1] 费孝通:《中国士绅:城乡关系论集》,赵旭东、秦志杰译,外语教学与研究出版社 2011 年版,第 43 页。

[2] 同上书,第 47 页。

[3] 同上书,第 15 页。

[4] [德]马克斯·韦伯:《中国的宗教:儒教与道教》,康乐、简惠美译,广西师范大学出版社 2016 年版,第 57~58 页。

[5] 同上书,第 58 页。

规则来判断,“皇帝必须依据古典经书上的礼仪与伦理规制来过生活”,〔1〕分享了政治权力的官僚也同样要谨遵这一套道德规范。然而,儒学道统的兴起不代表来自宗法关系的权威被完全抛弃,只是它本身也被纳入了儒家体系,成为道德伦理规范的一部分,而在两者有冲突时,道统所提供的权威似乎要强于宗法。因此,大则在国家层面,“无道”可成为结束君王家庭“万世一系”的理由,小则在地方宗族中,“如果族人中有绅士或官宦……其品级最高者为族长”,〔2〕又或者“据某些家族的族规,每年一度的各种祭礼必须由具有绅士身份者主持”,〔3〕这表明在后来,具备了道德权威之后甚至能因此再获得世俗权威与宗教权威。这是道统的完全胜利。

(二)绅治的实质:依凭儒学道统的知识分子治理

1.合法性的进路:由道德知识到政治权力

自秦以来,随着分封制下贵族统治的崩溃和知识开始走向平民,地方上郡县制度开始确立,国家层面文官制度也日益发展。秦代由皇帝凭个人才能亲自选官,这时对“才”的考量或大于“德”。至汉代,自武帝时起,由国家推广儒家道德,选官亦凭借道德标准由地方举贤良、举孝廉,这是道德知识与政治权力相结合的开始。魏晋南北朝时期,选官依凭九品中正制度,世称“上品无寒门,下品无士族”,但当时国家战乱频繁,传统知识和礼仪本多保存于世家大族,世家子弟的素养确实为许多平民所不及,因此,选官的标准依然在于对儒家知识的掌握。至唐朝,世家势力没落,知识重归于民间,朝廷开科举取士,从此真正为所有知识分子提供了一条入仕的坦途。文官制与科举制相结合,使政治权力为官僚阶层所拥有,而跻身官僚阶层的唯一路径是参加科举考试,即凭借自己所掌握的儒家道德知识博取朝廷青睐,这便是中国独特的由道德通向权力的道路。它不同于基于武力和契约的封建制下西方中世的贵族掌握权力,也不同于基于法律的民主制下近现代的人民主权,只有在道统是“政治、社会制度的正当性根据和社会秩序的基石”的传统中国,才能产生这种进路。

因此,接受过儒家道德教育的人,其身份地位便异于平民。他们或为

〔1〕［德］马克斯·韦伯:《中国的宗教:儒教与道教》,康乐、简惠美译,广西师范大学出版社2016年版,第65页。

〔2〕Hu Hsien-chin, *The Government of China(1644 - 1911)*, NewYork, 1948, pp. 127 - 128. 转引自张仲礼:《中国绅士研究》,上海人民出版社2008年版,第27页。

〔3〕同上。

官,或为绅,但尤其在明清,两者代表截然不同的两种身份。官即官僚,通过科举考试并被授予官位,他们在远离家乡的地方或在京城为朝廷效力,其身份地位、权力职责都为法律所规定。而绅则不同。对于绅的身份,民国学者史靖说:“传统的回答是非常肯定的:‘士大夫居乡者为绅’”[1]“典型的绅士一定是居乡的士大夫,是有功名科第的退休林泉的官员”。[2] 然而,这些“前士大夫”的数量与中国乡村的数量和庞大的人口数量相比,可谓寥若晨星,因此,一种数量颇多的“准士大夫”常常在实践中成为绅的最主要来源。他们是一批有功名但尚未获得官职的知识分子。从有功名和居乡不居官来说,他们和退休官员在本质上是相同的。总体来说,功名的有无区分了绅与民,而官职的有无区分了绅与官,官、绅、民形成了明清时期地方上三个最主要的阶层。由于古代教育资源十分稀缺,教育成本亦十分高昂,能长久读书直至考取功名者往往出自较富裕的家庭,这样的家庭或许因为占有土地或其他经济上的优势,在地方上原本就颇有威望;再者,曾居官或有较高功名者大多也会在家乡置业,这两者在形态上都与地主无异。然而,他们的威望和对乡村的控制权从来都与土地占有和经济地位无关,事实上,不具备道德威望而仅凭经济优势甚至武力指挥乡里的,正是后世被群起而攻之的“土豪劣绅”。此外,宗族长老的影响力在乡村也不容忽视,有时他们的确可以正当地处理地方事务,但如果没有功名,他们在身份上依然不是绅,也不能享受绅的特权,且如前所述,正是绅士往往成为一个宗族的“祭司”和族长。有时,一个宗族甚至举全族之力想要培养出一名绅士,如顾炎武所说:“一得为此,则免于编氓之役,不受侵于里胥,齿于衣冠,得以礼见官长,而无笞捶之辱。”[3]

顾炎武指出了因绅的身份而获得的部分特权,其一为礼仪。清代有写给地方官的知识手册上书:“为政不得罪于巨室,交以道,接以礼,固不可权势相加。”[4]在重视礼仪的传统中国,平民见官需行跪拜礼,称官吏以“大老爷”等敬称,但普通绅见官员无须跪拜,称谓自由,若绅原本是京官大员退职,还当由官吏拜绅。绅在服饰上亦区别于平民,猞猁皮、织锦缎等贵重

---

〔1〕 费孝通、吴晗、胡庆昀等:《皇权与绅权》,岳麓书社 2012 年版,第 137 页。

〔2〕 同上。

〔3〕 (清)顾炎武:《顾亭林诗文集》,华忱之点校,中华书局 1983 年版,第 21 页。

〔4〕 徐致初编:《牧令书》卷一六,道光 28 年刻本,第 26 页。转引自张仲礼:《中国绅士研究》,上海人民出版社 2008 年版,第 26 页。

质料只能凭身份穿戴,无关经济能力。一些祭祀性质的仪式,也常常是拥有绅的身份的人才会被邀请,因为有知识的人被认为是最接近于“天”或“道”的。为了进一步保证绅的威望,在经济上,法律规定绅可免除徭役,即一种强制的体力劳动,因“国家培养人才,身列胶痒者,各宜修洁自爱,岂可承充官役自取侮辱”,[1]此外丁银亦可免除。在法律上,士绅首先不受平民冒犯,平民冲撞士绅,刑罚比照冲撞官员。而若士绅犯罪,即使是针对士绅群体中只有较低功名的生员,也有上谕说:“生员犯小事者,府州县行教官责惩。犯大事者,申学黜革,然后定罪。”[2]地方官不能私自给绅上刑,否则将会引起一方知识分子的集体暴动。可以看出,给予绅这些特权,皆因为他们因具有道德知识而拥有社会威望,而这些做法反过来又都旨在强化和巩固绅在地方精神与实质上的超然威望。

绅的特权多由法律明确规定,也常由法律进行限制,尽管在实际运用时,他们也常滥用和扩充自己的特权。但在这之外,因为清朝地方行政制度的特点以及绅独特的身份和社会威望,他们常常自然而然地承担一些地方事务,并因此长期占据许多属于官府的行政权力。绅常常成功行事,有如官府的代理人、顾问,甚至上级长官,但他们并不具有这样的身份,这是地方政治中最耐人寻味的一点。他们有权插手的地方事务有:教育、赈济、祭祀和节庆等活动,水利灌溉和道路桥梁等工程,及至税收和讼狱。在太平之国之后,地方士绅甚至还能自己征收厘金供养军队,然而也只有这一点是清廷在无奈之际正式授予过士绅们的正式权力。可以断言,在涉入地方事务的深度和广度上,地方士绅均大于地方官员。

首先,以地方工程为例。根据张仲礼自《惠州府志》的统计,明清代惠州新修的桥梁中,官修10座,绅修34座,官绅合修3座,绅修是官修桥梁的3倍有余。而容县更甚,绅修桥梁52座,官修桥梁仅3座。因为官府进行地方建设常常有赖绅的金钱和人力的资助,而绅只要照会官府便有能力自行其是。其次,是讼狱。中国历来讲究“息讼”“止争”,讼案越少的府县越被认为治理有方,于是许多讼案在到达官府前,就被地方士绅消弭掉了,而官府亦乐见其成。阅读府志同样能够发现,某生员善于调解纠纷,竟至此村

---

〔1〕 李鸿章等:《钦定大清会典事例》卷七二〇,商务印书馆光绪三十四年刻本,第4页。转引自张仲礼:《中国绅士研究》,上海人民出版社2008年版,第31页。

〔2〕 恭阿禄编:《钦定学政全书》卷三一,嘉庆十七年刻本,第2页。转引自张仲礼:《中国绅士研究》,上海人民出版社2008年版,第29页。

十余年来无讼案，被传为佳话。鉴于府志常由地方士绅撰写，官方认定，这种行为于官于绅似乎都是值得彰显的。然而，从这一点也必须注意到，官府解决纠纷是凭借法律赋予的裁判权，民间家族长解决纠纷是凭借古老的家长权力，而士绅显然也有某种权力得以解决纠纷，这便是这个尊崇着儒学道统的社会中所承认的，凭借道德修养便能获得权力的进路。

2. 合法性的维护：地方士绅与儒学道统的互动

尽管士绅群体拥有诸多职责并掌握着许多权力，然而他们最看重的依然还是与“维护儒学道统”相关的事务。士绅常常支持地方教育事业，如资助学生进学、赶考；开办私塾、资助县学；充当约正，宣讲“圣喻”等。历史研究者们有时将此看作一种“报恩”行为——因为士绅自己或许也曾受益于这种资助；又或者是一种纯粹的善行，毕竟他们是一群富有美德的人。然而，若从士绅之所以获得诸多权力的根源来看，这些事务毋宁说是关乎士绅群体自身存亡的大事。就好比是一个家族传递香火一般不可懈怠。

钱穆曾说：“中国士流之影响与贡献，主要在社会。”[1] 费孝通亦认为，中国的知识分子代表了一种“社会权威”，“他们用道德和社会的影响来统治人民”。[2] 首先，知识分子能够凭借其“学识—威望”影响社会，和传统中国“知识”自身的性质密切相关。自春秋以来，知识和礼仪便已普及至平民，那时候的知识分子，如孔子、墨子，便开始致力于教育平民，这使传统中国通向知识的路径早已畅通，不似西方长期为贵族和僧侣所阻截。从内容上来说，中国的知识主要指道德知识，它教人诚意、正心、修身、齐家，不离为人处世，不离日用常行，这样的知识本身便会被社会大众所需求。其次，中国知识分子的最终追求被定格于“平天下”，它超越了“治国”的政治理想，体现出一种超政治的社会理想。因此，知识分子明白，他们真正应当着眼的是社会本身而非政治，政治不过是一个工具，应当为道统所指导，并指向道统所提出的目标。然而在现实中，政治权力总以武力为后盾显得强势有力，知识分子就唯有更广泛而深入地在社会中传播儒学道统，从价值观念上教化于人，方能稳固自己在政治制度中的地位。通过这种努力，传统的政权合法性早已和道统密不可分，到了晚清，专制统治与儒学道统更几乎成为了一

[1] 钱穆：《国史新论》，生活·读书·新知三联书店 2012 年版，第 185 页。

[2] 费孝通：《中国士绅：城乡关系论集》，赵旭东、秦志杰译，外语教学与研究出版社 2011 年版，第 47 页。

亡俱亡的共生物。

地方士绅是与社会民众最接近的一群知识分子,他们深知自己是如何凭借道德知识脱离了布衣民众,得到如今的威望与权力的,因此,他们更加注重以儒家的道德伦理对民众进行教化,并培养出新的知识分子,壮大自己的团体力量。表1是张仲礼对晚清绅士参与各项社会活动的统计。[1]

表1　张仲礼对晚清士绅参与各项社会活动的统计

绅士类别		为慈善组织筹款或代管财产	调解或仲裁地方纠纷	领导团练		为公共工程筹款并主持其事	维护儒学道统	充当官府与民众的中介	为官府筹款(捐输、报效)	私人设善堂施舍、赈济	对社会活动不积极者	总计	重复计算消除	研究的实例数
				组织	指挥									
上层绅士	人数(人)	238	96	680	176	280	470	172	118	521	1364	4115	836	3279
	百分比(%)	8	3	20	5	9	15	5	4	16	41	126	26	100
下层绅士	人数(人)	133	99	303	670	216	246	59	64	525	402	2717	523	2194
	百分比(%)	6	5	13	30	10	11	3	3	24	19	124	24	100
合计	人数(人)	371	195	983	846	496	716	231	182	1046	1766	6832	1359	5473
	百分比(%)	7	4	18	15	9	13	4	3	20	32	125	25	100

(张仲礼按功名的高低划分了上层绅士和下层绅士,这是为了更细致地进行历史研究,本文所说的绅士大致是上下层绅士的集合。上层绅士中可能包含在职官员,但在进行这项统计时,所看到的乃是他们以绅的身份在自己家乡的行事,因此,此项统计大致可用作本文参考。)

其中,曾参与"维护儒学道统"的地方士绅占13%,排名位于占32%的"对社会活动不积极者"、占20%的"私人设善堂施舍、赈济"和总占33%的"领导团练"之后。上层绅士因距离政治场较近或距家乡太远而对社会活动不积极,这种倾向可以理解,在比较确定是居乡的下层绅士中,这个比例就少了很多。虽然部分下层绅士因读书、应考等原因也可能疏于地方公共事务。而"私人设善堂施舍、赈济"一直以来不仅是士绅,也是地方官员的主要职责之一。客观地说,晚清时期灾荒、疫病、兵乱盛行,对各种赈济的需

---

〔1〕 参见张仲礼:《中国绅士研究》,上海人民出版社2008年版,第182页。

求较大。主观上，进行赈济等慈善活动，可以说是提高绅自身威望的最佳途径，其频率比主持公共工程高、效果也更加立竿见影，因此，所占比率较大。至于“领导团练”占较大比率，则有时代的原因。表2〔1〕对表1进行分朝代统计，节选出百分比列前五位的社会活动，则可以看到各时期士绅的各种社会活动占比的变化情况。

表2 绅士参与各项社会活动的情况统计（晚清各朝分列）

时期	绅士类别		对社会活动不积极者	私人设善堂施舍、赈济	领导团练		维护儒学道统	为公共工程筹款并主持其事
					组织	指挥		
嘉庆	上层绅士	人数（人）	381	173	33	16	140	75
		百分比（%）	50	22	4	2	18	10
	下层绅士	人数（人）	105	132	9	51	81	58
		百分比（%）	27	33	5	13	20	15
道光	上层绅士	人数（人）	365	193	65	9	158	110
		百分比（%）	44	23	8	1	19	13
	下层绅士	人数（人）	99	215	11	8	87	84
		百分比（%）	21	46	2	2	19	18
咸同	上层绅士	人数（人）	557	128	569	150	138	76
		百分比（%）	37	9	38	10	9	5
	下层绅士	人数（人）	180	146	267	611	66	69
		百分比（%）	14	12	21	49	5	6
光绪	上层绅士	人数（人）	61	27	13	1	34	19
		百分比（%）	38	17	8	—	21	11
	下层绅士	人数（人）	18	32	6	—	12	5
		百分比（%）	25	44	8	—	16	7

太平天国运动时期，即大致从咸丰元年（1851年）持续到同治三年（1864年），可以看到咸同年间地方士绅“领导团练”的比率骤然上升，而到光绪朝则又骤然下降或消失（指挥团练的情况）。在“领导团练”兴起前，维

〔1〕 参见张仲礼：《中国绅士研究》，上海人民出版社2008年版，第183页。

护儒学道统一直是地方士绅仅次于施舍、赈济最主要的社会事务。如果说"维护儒学道统"是理论宣传,那么施舍、赈济则是理论指导下的实际行动,说与做相配合,亦是为保证绅的威望在地方得以延续的良性循环。可以注意到,在太平天国结束之后的光绪朝,上层绅士中维护儒学道统的人数比例达到了五朝最高的21%,这或许说明在上层知识分子中有维护道统的迫切需求。之前的太平天国运动不仅武力反清,在思想上更是反儒家的,他们用一种带有迷信色彩的宗教学说蛊惑了许多懵懂的民众,比之前的白莲教和之后的袄教更甚的是,他们已经以此理论为合法性基础尝试建立起了新的政权,这对清政权的合法性造成了现实和理论上的双重打击。有研究表明,仅是太平天国时期接连的兵祸和瘟疫也冲击着清政权的合法性,因为天灾人祸会被认为是上天对"无道者"的警示。因此,上层绅士开始致力于对儒学道统的宣传,而在下层绅士中,进行这种活动的人数比率却降低了(五朝最低的16%),因为战争、瘟疫和迷信学说首先侵蚀的是广大乡村和乡村中的普通民众。

从实际的统计数据中可以看出,"维护儒学道统"确实是绅的最主要职责之一,且这项职责的有效进行也关乎着绅的道德威望的建立,从而也是他们在地方的权力的合法性基础。绅与儒学道统的良好互动形成了合法的绅治地方的良性循环;反之,绅与儒学道统的分离,也将导致地方绅治的解体。这一进程将在下文中详细说明。

3. 合法性的巩固:有效性所保证的合法性

在传统中国,政治权力的合法性纵然理论上根据一套道德伦理来判断,然而对"得道"与"失道"的判断标准又始终不甚清晰。知识分子或许能引经据典地指出若干"得道"与"失道"的例子,但那很难成为社会中的所有人,尤其是从未受过教育的平民的共同判断标准。于是,对合法性的有无实际存在一种更直截了当的判断方法,即治理的有效性。

韦伯将传统中国政治权威的来源称为"世袭性卡里斯玛",这一理论可以解释发生在传统中国的许多事实。首先,"卡里斯玛"型权威来源即要求统治者必须具备能够支配他人的超凡魅力,"他必须以人民在他治理下的幸福来证明他乃'天之子',并且是上天所确认的支配者",[1]而这种魅力或许也需要在他的统治期间多次被证明,以维持统治的长久与安定。其次,韦伯

[1] [德]马克斯·韦伯:《中国的宗教:儒教与道教》,康乐、简惠美译,广西师范大学出版社2016年版,第66页。

认为世袭性的“卡里斯玛”存在递减的趋势，这就要求每一个以世袭取得“卡里斯玛”的王，都需要对自己的超凡能力再次作出证明。这种证明或许是军事性的胜利，也或许是国内统治的长期和平，但一旦战争失败或发生饥荒、灾疫等，统治者的“卡里斯玛”就会受到威胁。也就是说，这种统治的实际效果，即“有效性”的有无，会成为政治权力合法性有无的一种直观判断标准。在传统中国语境下，完整的路径则是，有效性的丧失将导致人们对统治者道德品质的怀疑与责难，一旦道德上的权威因此失坠，政治权力的合法性也就丧失了。

一方面，有效性标准不仅适用于对君王统治合法性的判断，而且也适用于判断政治中各种能否合法拥有和使用权力的情形。如果说是否拥有道德知识是对一个人能否被赋予特权和权力的判断标准，那么能否善用自己的特权和权力，也是对他的道德水平的一种现实考察。传统时代的地方士绅之所以能够长久地掌握治理地方的权力，除儒学道统所提供的无形担保外，还有赖于他们治理地方的有效性对其权力的不断证明和巩固。在有清一代，从思想意识方面来说，人们沿袭了传统的观点，即皇帝的控制如果能到达每一个人，这样的统治便近乎暴政。对于主要依赖农业生产的古代中国，乡村社会有其历史形成的稳定的生活、生产模式，他们只需政府提供一个低赋税、少争端，相对自由无为的环境以维持这种模式，而严格的管理、锱铢必较的政府反而会破坏基层地方的正常秩序。因而在清朝，政府甚至让正赋中的地赋变为永久“定额”，[1]并将丁赋也确定，宣称“永不加赋”，[2]从而确实地秉持了对地方治理的粗放而无为的态度，这就为地方自治创造了十分宽松的环境和施展空间。

另一方面，从清朝实际的官僚制度和地方行政状况来说，要有效地治理地方，也不得不依靠居乡的士绅阶层。首先，清朝疆域面积广大，据瞿同祖在《清代地方政府》中的统计，康熙年间，全国共有县1261个，到了光绪年间，县的数量增加到1303个，同时还增加了72个直隶州、45个直隶厅和75个(散)厅，[3]再加上百余个府和(散)州，清朝的地方行政机构显得十分庞

---

〔1〕 即依照能够确定的某一时期的土地面积，每年向一个地方征收与此相对应的固定地赋，但清前中期鼓励垦荒，土地面积因此出现了极大的增长，然而政府还是基本放任这些册外土地的存在。

〔2〕 康熙五十二年降下一道著名上谕，诏称：“滋生人丁，永不加赋，各省遂有常额”。此后，每省应纳丁赋数以康熙五十年的造册为准，今后增加的人口已不必再向朝廷纳税。

〔3〕 参见瞿同祖：《清代地方政府》，法律出版社2003年版，第9页。

大。而与此相比,中央政府能够供养和控制的官僚数量又十分有限,因此,在县一级,常常只有一名没有正式附属官员的知县,管理着20万到25万地方民众。其次,按照清朝规定,知县不得在家乡地区任职,且任职地通常3年一换(实际任期常常更短),这使每个知县对他的辖区都极度缺乏了解,加之各地风俗迥异,语言不通,对地方情况较为了解又易于沟通的地方士绅就成为了地方官员主要仰仗的对象。最后,最为严峻的是,"清代州县的官员、幕友、书吏、差役等各类人员,全都没有源于国家财政的充足俸薪保障,甚至全无俸薪",[1]这就极大地限制了地方官员维护地方秩序、兴办地方事业的能力。而与此相反,地方士绅数量较多,体察地方民情,并具有相当的社会威望,他们能极好地弥补官员因精力和知识不足而产生的地方治理中的空白。在履行地方事务和进行地方建设方面,士绅中不乏宽裕家庭或当地大族出身,他们或能自行出资捐款,或能号召地方民众慷慨解囊,必要时还能决定是否调动地方公产,他们为地方做出实际贡献的能力远高于朝廷官员,这也是士绅在地方的威望往往极大地高于地方官员的原因。

在官与绅之间还存在一种最根本的差别,这也是传统时代绅治总是较官治更有效的主要原因——官与绅代表着不同的利益。地方官员的权力来自皇权,他是统治者的权威与利益在地方的代表,中央对地方官员的考绩亦主要参考其在治安、征税与司法方面的表现,这些主要关系统治环境的稳定和财政收入的保证,体现着统治者的利益。而地方的教育、基础设施、农业设施等关系地方民众利益与地方公共利益的方面常常是官方关注的薄弱点,然而却是地方士绅的主要职责范围。正因为士绅处于正式的官僚体制、权力体制外,他的个人利益与民众的利益常常是一致的,这使他们愿意站在地方民众的立场上,与民众一起进行抗税、抵抗贪官、对抗不公正司法等活动。而又因为他们是地方社会的长期成员,并隐约具有地方领袖的身份,他们也愿意以地方公共利益为依归处理地方事务,进行地方建设。士绅与地方社会这种同进同退的利益关联是地方官员或任何其他地方治理者所不具有的,而也只有真正从民众利益和地方公共利益出发所进行的治理活动,才是最有效、令人信服的。

由此可见,清朝大致遵循了政府权力不过多干涉地方事务的统治原则,

---

[1] 魏光奇:《有法与无法——清代的州县制度及其运作》,商务印书馆2010年版,第312页。

这就在地方上给绅治留下了空间。在实际行政中,作为异乡客的知县和捉襟见肘的地方政府缺乏环境与条件进行各种地方事业,加之官与民之间不同的利益取向,绅与民之间相同的对地方公共利益的关怀,结果导致为地方做出大量实际贡献的往往还是士绅群体。有效性为绅治的合法性提供了直观而有说服力的支撑,它使儒学道统所勾勒的理想人格和社会不至成为一纸空谈,因而传统的绅治一直有效地行于地方,直到变革时代来临。

二、晚清绅治合法性基础的解体进程

(一)迷信与灾荒:下层社会中动摇的儒学道统

钱穆曾提出,分裂的南北朝后紧接而来的是盛唐之世,而唐以后却是五代十国的混乱与北宋的长期积弱。他假定,乱世中或许积蓄着开创盛世的社会力量,而盛世却可能过度消耗这种力量,从而导致盛极过后的长期衰弱。晚清可怕的衰弱亦产生于"盛世"之后,最初的研究者们常常将这归结于突然的、猛烈的外部入侵。然而,在对这一问题进行更全面而客观的审视后,他们开始注意到中晚清社会内部丛生的诸多细小变化,这或许已暗示中晚清由盛而衰的转变。这其中,迷信思想的盛行与大小灾荒的肆虐尤其值得注意。它们虽然无法直接摧毁王朝的统治秩序,却威胁动摇着传统王朝的合法性基础。迷信思想挑战着儒学道统在民间的权威,灾荒考验着正统思想对自然灾害的解释力,加之清王朝在合法性基础上先天的薄弱与对儒生和儒学思想的长期戒备,这都导致了传统政治思想的动摇。

1. 迷信

美国学者武雅士(Arthur Wolf)曾将中国民间信仰中的超自然存在分为"祖先、神灵和鬼魂"三种类型。[1] 在中国的某些乡村,根据古老的传统,人们习惯于供奉祭拜一种大红纸上写的"天地君亲师位"。其中,"天地"即神灵,"亲"即祖先,鬼魂不受人祭拜,余下的"君"与"师"则是来自儒家思想。从这里可以看出,一方面,儒家思想已深入到了民间广大的未受教育者心中;另一方面,直到近现代为止(因为上述祭拜直到现代仍然存在)儒家道统与民间的鬼神信仰依旧平分秋色。对祖先的崇拜和对鬼神的敬畏

---

〔1〕 See Arthur Wolf, *Religion and Ritual in Chinese Society*, Stanford, Stanford University Press, 1974. 转引自[美]罗威廉:《红雨:一个中国县域七个世纪的暴力史》,李里峰等译,中国人民大学出版社2014年版,第8页。

是一种自然、原始的信仰。尤其在农业社会,是祖先给予了众多后代生命,并传授他们耕种与手工生产的经验;而鬼神是自然的一部分,他们使四季承平或使灾荒肆虐,从而掌握着人的命脉。只要人依然受惠于家族和自然,这种信仰便不可根绝。基于这种性质,儒家思想在一定程度上结合了人们对天、对祖先的自然崇拜,并给予了这种崇拜道德上的理由,然而民间信仰的更多部分依然被儒家体系所排斥。因为在对神鬼妖邪及某种特异能力的信仰中,又并不包含,甚至排斥普世的道德伦理,而这将破坏儒家以人伦道德所构筑的共同的社会理想和社会秩序。因此,迷信思想部分与儒家思想相契合,而另一部分却与之相抵抗,它们以不同的世界观和价值观吸引民众,树立起不同的权威;也以不同的方式解释自然与社会,这就构成了对主流信仰的威胁。

孔飞力也说:“在这个大一统帝国,(妖术问题)这是一个不管由谁担任统治者都会遇到的古老问题。”[1]但这一问题在清王朝的统治背景下却显得格外严重,且意义微妙。从理论上说,清朝作为凭借武力入主中原的“外族政权”,很难从儒学体系中找到其统治的合法性依据,“不管征服者使用多么巧妙的语言为王朝更替辩解……可怕的种族情感始终会对构成新王朝统治合法性基础的种族意象提出挑战”。[2] 更严重的是,清朝统治者自身也并不信奉儒学道统,王夫之曾说:“中国之所以异于夷狄(清朝统治者),仁而已矣。”[3]可是,同时他们又深知,王朝的统治绝不能脱离汉人所崇奉的儒学道统的支持而存在,于是,清朝在统治意识和政策上便显露出种种矛盾。统治者们虽乐于学习儒家文化,却又极力避免满人的汉化(满汉长期分居、禁止通婚、坚持使用满文等);既重视儒生与学术,又分权儒生并打击学术自由(固化科举内容,兴文字狱,皇帝与满人官员使用满文进行秘密通信等)。这种谨慎又矛盾的姿态使得:一方面,清政府“外族政权”的性质几乎从未被被统治者忘却,这对甚至惧怕外乡人的下层民众来说,是一种长期存在的不确定与恐惧;另一方面,儒家文化的氛围也未能更好地在下层社会

---

〔1〕 [美]孔飞力:《叫魂:1768年中国妖术大恐慌》,陈兼、刘昶译,上海三联书店2014年版,第75页。

〔2〕 同上书,第66页。

〔3〕 (明)王夫之:《船山全书第四册:礼记章句》,岳麓书社1996年版,第4页。转引自[美]裴士锋:《湖南人与现代中国》,黄中宪译,谭伯牛校,社会科学文献出版社2017年版,第14页。

中展开，而它原本应该积极地与民间的迷信思想争夺生存的土壤。孔飞力在研究乾隆年间席卷全国的“叫魂”恐慌时已经发现，首先，中晚清时的下层民众是警觉的，他们警惕着任何来自人为的、自然的与超自然力量的伤害，这种警惕与一个和谐安宁的盛世显得格格不入。其次，他们又是轻信的，尤其是对神秘的超自然力量，但深受儒学思想影响的群体，如官僚与士绅，则对“妖术”表现得相对漠然。这种现象既反映出清朝统治者与民众之间依旧存在心理隔阂与不信任感，又反映出儒学道统在下层社会民众中影响力的不足。

因此，在历朝多是引起精神恐慌或道德危机的迷信思想与迷信活动，在清朝却常常以危及政权的起义或叛乱的形式爆发出来。嘉庆年间的白莲教教义号称“穿衣吃饭不分尔我”，[1]又以“真空家乡无父母”[2]为真言，希望推翻满清，复辟朱明王朝；太平天国时期，起义者亦提出了极相似的均产、群居的号召。一方面，这反映出民众对“外族的”清朝统治者长期存在合法性的认同危机；另一方面，也能看出，至少在起义时期，民众的思想已经挣脱了儒家的身份观念和家庭伦理的约束，这或许意味着儒学道统在下层社会的短暂失效。而在下层社会，进行儒学教化、维护儒学道统一直是地方士绅的主要职责，因此，儒学道统影响力的减弱很难不被看作地方士绅的失职。然而从史实来看，自清初起的许多年里，地方士绅的势力遭到朝廷的刻意打击，因此他们也很难在地方社会发挥原本的功能。有记载在顺治十八年(1661年)，苏杭地区因赋税繁重，积欠已达数十万，且民力已竭，于是“巡抚朱国治强愎自用，造欠册达部，悉列江南绅衿一万三千余人，号曰抗粮。既而尽行褫革，发本处枷责，鞭扑纷纷，衣冠扫地”。[3] 经此一案之后“两江士绅得全者无几”，[4]“仕籍，学校为之一空”。[5] 此案虽然肇起于官府与地方士绅关系的破裂，但朝廷在此间鲜明的立场仍然十分值得思考。首先，

---

〔1〕(清)严如熤:《三省边防备览》第十四卷，第43页。转引自周忠庆:《嘉庆年间白莲教在汉水流域的反清斗争》，载《汉中师范学院学报》2001年第1期。

〔2〕同上。

〔3〕董含:《三冈识略》，辽宁教育出版社2000年版。转引自杨国强:《论晚清中国的绅士、绅权和国家权力》，载《华东师范大学学报》2011年第1期。

〔4〕王应奎:《柳南随笔、续笔》，中华书局1983年版，第171页。转引自杨国强:《论晚清中国的绅士、绅权和国家权力》，载《华东师范大学学报》2011年第1期。

〔5〕周寿昌:《思益堂日札》，岳麓书社1985年版，第76页。转引自杨国强:《论晚清中国的绅士、绅权和国家权力》，载《华东师范大学学报》2011年第1期。

他表现出了对自身利益(税收)受到侵害的毫不容忍;其次,他也毫不犹豫地使大批读书人"衣冠扫地",这种态度在历朝都是颇为罕见的。清朝统治者一面吸取了明末"党祸"的教训,另一面内心中并不信任汉族知识分子,这种警惕贯穿始终,而在清初尤盛。因此,地方士绅的势力与影响力大大逊于晚明,且在许多时期,他们还不得不选择以沉默来明哲保身,这就限制了他们在地方社会进行儒学教化、维护儒学道统的活动。而统治者对读书人不留情面的打击也必然破坏他们在社会中的形象与权威地位,结果便是前文所述的地方士绅与维护儒学道统之间的良好循环难以运转。

在清朝前中期,复杂的社会情形与统治者的忧患思虑共同作用,使清王朝未能在理论和实际中建立起儒家体系里足够坚实的统治基础,因而由迷信思想所引发的政治动乱时常发生。同时,能够在下层社会中进行儒学教化,抵制迷信思想,从而巩固统治基础的地方士绅群体也遭受着来自统治者的打压,这就更加剧了儒学道统在社会中的动摇,并为它的逐步解体埋下了伏笔。

2. 灾荒

在传统社会中,灾荒是除各种"谋逆"外,统治者最不愿遭遇的事件之一。一方面,它将直接影响大量平民的生计,考验着常平仓的储备和政府的行动力与行政能力;另一方面,"更深刻的影响则在于灾疫对社会造成的极度心理恐慌。因为,它突破的是人们信赖旧秩序的心理防线"。[1] 在传统社会中,儒学道统构筑了一套以道德为基础的社会秩序与政治秩序,它能够在和平时代维持良好的社会氛围,可一旦灾荒发生,儒学体系中的"天谴"论只会让统治者及其政府陷入"失道"的责难。并且,儒学体系中对灾荒发生原因的解释又并不能缓解它所带来的真实苦痛,这便"容易引发解释权的争端和人们对正统知识体系的信任危机"。[2] 虽然灾荒很难直接摧毁一个王朝的合法性基础,但它将剧烈损耗王朝用以维护现有秩序的精力与物质力量,即使秩序得以恢复,对秩序的信心也需要漫长的时间去培养。

有清一代灾荒频仍,原因之一在于,他继承了历代不间断地开发自然、粗放地利用自然所积累的恶果。至清朝时,北方黄河频繁决口,南方森林破

---

〔1〕 郭剑鸣:《晚清绅士与政治整合研究——以知识权力化整合模式为路径》,复旦大学政治学系2006年博士学位论文,第63页。

〔2〕 同上书,第65页。

坏,水土流失,长江中下游水害频繁等问题已明显威胁着农业发展和民众生活。原因之二在于,清朝在开国之初仍在积极鼓励垦荒,大量林地、山地、池塘地都变为了耕地,加上清中期以后人口的爆炸性增长,人对自然的需求都建立在最为脆弱的自然环境上。以湖南祁阳县为例,其在雍正六年(1728年)开垦山乡水田3顷88亩,雍正十三年(1735年)先后六次共垦田13顷303亩。乾隆年间,祁阳县"岁余粮十万石远销湘潭、汉镇",〔1〕但到嘉庆年间"一遇歉岁,仅仰给于邻县"。〔2〕导致此结果的不仅是岁收问题,因为祁阳县在康熙二十四年(1685年)人口数为23,699人,而到嘉庆二十一年(1816年)已达到了32.97万人。人口可以无限增长,但耕地却无法无限开垦,这一矛盾迟早将显现出来。而与此相对的是,在康熙、雍正、乾隆三朝,鼓励垦田的政策仍在持续下达,有时甚至作为一道强制的行政命令,于是在两湖等中部省份的过度垦田,尤其是围湖造田,进而又导致了长江中下游地区的连年水患。在嘉庆朝之前的盛世中,清朝享受着对外的贸易顺差,国内银钱充足,民众基本保持着对生活所需物品的购买能力。但同时,为了增加丝绸布帛的产量,东南沿海的粮地也在此时大量转为桑蚕地,全国产粮压力进一步加诸生态环境已十分脆弱的中部省份,这就为盛世后接踵而至的自然灾害、人地矛盾、粮食短缺等问题埋下了伏笔。

为了应对灾荒,清朝也有一套包括蠲免、赈济、调粟、借贷等在内的颇为详尽的荒政制度,可是其局限性也十分明显。一方面,受技术水平与眼界的制约,清朝的救灾措施往往只能勉力解一时之困,因而长江水灾、黄河决口等问题连年出现,久治不绝。同时,统治者习惯于事后补救,而在太平时期却很少为防灾进行未雨绸缪的设施建设,这就使清朝灾荒不断,且灾荒的出现必伴随着严重的损失。另一方面,传统时代治灾救荒的效果十分仰赖于行政团体的素质与主事官员的个人品格。民间有谚语云,"黄河决口,黄金万斗",治灾不单是一项行政职责,还常常被视为一件肥美差事。荒政的款项经过层层剥取,所剩不敷其用,而治灾救荒的行动却可能因为各种推诿和拖延而迟迟不见效果。可是,盛世末期的清王朝随着越发严重的灾荒威胁,却恰好拥有日益腐败的官僚群体。英国人约翰·巴罗在《我看乾隆盛世》

---

〔1〕《祁阳县志》,中国社会科学出版社1990年版,第77~78页。转引自杨鹏程:《清朝前期(1644~1839)湖南灾荒频仍的社会原因探析》,载《西北农林科技大学学报》2007年第2期。

〔2〕同上。

中写道:“天灾连绵,朝廷不能储存充足的粮食,在大面积出现饥荒时便无法满足人民的需要。他们又没有其他救济来源,只能依赖这种不可靠的朝廷补给,而这种补给因要经过众多的手,管理漏洞百出。”[1]

面对连年的灾荒,清朝统治者所面对的首先是合理解释的问题。传统儒家通常将灾荒解释为上天对人世的示警,而其中又尤其暗示了统治者的“失道”行为,因此,每遇灾荒,当前统治的合法性都不得不遭受到来自社会民众的信任挑战。而此外,儒家的道德伦理又并不能为灾荒的产生作出其他解释,亦即它无助于缓解民众的惊惶与苦痛,因此,这时民众往往转而求助于各种神秘力量,及至发生暴动,这都暗示儒学道统在社会中的权威的短暂失坠。其次,灾荒的产生必然引起社会秩序的混乱,在这种混乱中,盗抢、卖儿鬻女,甚至“人相食”的景象都曾产生,这本身就极力撕扯着社会和人心中的人伦道德,因而频繁的灾荒对社会中儒学道统的维持破坏尤深。面对灾荒,地方士绅常常能比官府更及时与适时地提供救助,因为他们进行赈济等活动无须经过漫长的行政程序。士绅从事赈灾同他们所进行的其他地方公益活动一样,既有利于他们自身威望的树立与保持,也有利于在地方进行潜移默化的道德影响。然而,面对大规模的灾荒,士绅所代表的少数民间力量终究作用有限,他们的努力也并不能抵消民众对上层统治者和主流的儒学道统的信任危机。同时,士绅本身亦同样受到灾荒影响,这导致他们并不能对每次赈灾的号召有求必应,并且,也有大量的士绅在频繁的灾荒与社会动乱中陷入贫困。因此,灾荒同样也消磨着地方士绅的有生力量,在灾荒中,他们能为地方秩序与地方人心的挽回做出的贡献十分有限,且灾荒对他们自身生计的影响也是同样严重的。

迷信与灾荒,这是在摧枯拉朽的外力入侵前,清王朝内部已经潜伏的两种威胁。它们考验着儒学道统面对自然现象与超自然力量时的解释力,然而,作为“外族政权”的清王朝却很难应对这种挑战。另外,比朝廷更加贴近下层社会的地方士绅们,虽然理应承担起进行儒学教化,维护儒学道统的职责,但他们的活动与作用力却又受制于整体社会环境与专制皇权。于是,在外来思想的冲击到来前,社会中儒学道统的权威就已开始动摇。

(二)绅的劣化:道德权威地位的逐渐丧失

1840年帝制末期的清王朝与西方资本主义国家发生了首次正面冲撞,

[1] [英]约翰·巴罗:《我看乾隆盛世》,李国庆、欧阳少春译,北京图书馆出版社2007年版,第291页。

这是中国与西方世界正式接触的开始,也是传统中国的思想、政治制度向现代转变的开始。从战争的失败、经济的混乱与外交的无力中,不难看出旧制度、旧思想下的清王朝面对西方现代国家时的孱弱。从师夷制夷、中体西用,到君主立宪与新政,传统的天命道统观正被现代的宪政与共和观念所冲击。而对于地方社会来说,第一次深远的影响发生在太平天国时期。在这一时期,地方武装力量得到合法的扩张,在自行保卫家乡的战斗中,人们也对作为家乡的"地方"产生了独特而深厚的情感,由此,以新兴官僚和地方士绅为代表的地方势力开始崛起,他们深刻地影响了之后半个世纪中清朝的改革思路。但伴随地方势力崛起与绅权大张的,还有地方士绅的劣化倾向。在太平天国时期及之后,绅的数量急剧扩张,组成发生了极大变化,其素质与行事也已异于传统,而绅的这种改变也同时影响他们在地方的形象与权威。

1. 扩大学额与捐纳,大封军功绅士

据统计,清代历年参加科举的人数虽然有大幅增加的趋势,但每府、县生员的人数(学额)却长期恒定。国家谨慎地控制着功名与官职的授予数量,这使"功名"始终稀有,因而获功名者便有能力居于较超越的社会地位,同时也保障了获功名者必具备相当的道德素养。这既是对官僚系统质量的保证,也是对地方绅治实行者质量的把关。但同时,学额因其珍贵性,也会被用作赏赐,历史上便有赐予某些地方(如少数民族地区)或某些团体(如四川盐商)的特殊学额。这意味着这些地区、团体有更大的概率出现官员或有权势者,在传统社会这既是一种莫大的荣誉与鼓励,也将带来实际的经济利益。因此,在太平天国时期,朝廷以增加学额为交换,成功激起了各地方为战争捐款的热情。

第一次学额变动的谕旨出现在咸丰三年(1853 年),这是太平天国军队攻下南京,建立起对立政权的同一年。谕旨道:"朕不惜帑金,为民除害……际兹大兵云集,需饷尤殷,仍不能不借资民力,以济军储……凡绅士商民,捐资备饷,一省至十万两者,准广该省文武乡试中额各一名。一厅州县,捐至二千两者,准广该处文武试学额各一名。"[1]此处增加的学额还仅指当次乡试的额度,然而在同年晚些时候,朝廷又降下谕旨:"如所捐银数

---

〔1〕 李鸿章等:《钦定大清会典事例》卷三七〇,商务印书馆,光绪三十四年刻本,第 1 页。转引自张仲礼:《中国绅士研究》,上海人民出版社 2008 年版,第 67 页。

浮于应加之额,即归下次按数加广。或因捐银较多,准其奏请酌加永远定额”。[1] 据不完全统计,许多有能力的省份或地方都瞄向了“永远定额”(永广学额)的增加,因为这是一项“造福子孙”的功绩,更符合时人的价值判断。因而,经太平天国一役,各地的学额发生了永久的、明显的变动。这种变动,一是未经过理性的考察与思考,使各地功名者的数量与地方人口、教育水平不相适应;二是致使一批德才不足的人亦能获取功名,从而破坏了功名本身的神圣性,也降低了有功名者的社会威望。同时,它也暴露了清政府已然开始轻贱道德知识,从而越来越走向“失道”的一面。

此外,历来除参加科举考试,“捐纳”亦是获得功名的途径之一。通过捐纳而获功名者被称为“异途”,他们同“正途”(科举)出身的官吏和士绅在威望、地位、特权上都存在差别。朝廷和社会向来以“正途”为尊,在太平天国革命前,捐纳功名不仅耗费昂贵且收益不大,只有有钱人家偶借捐纳附庸风雅,或富裕士子以此作为考取更高一级功名的捷径,总的来说,它并不是正统读书人的追求,也不是社会鼓励的方向。但在太平天国爆发后的咸丰至光绪年间,捐纳的禁制大开,通过捐纳获官职功名者的数量急剧增加,甚至超过了正途士子的数量,而在这里起到决定性作用的是朝廷的态度。原本科举和捐纳制度都由中央直接管理,清前中期百多年来恒定而稀少的功名者人数和捐纳人数,都是朝廷精心控制的结果。统治阶层本应知道,一方面,国家能负担的官僚系统的规模有限,并不能无限制地吸纳民间知识分子,故而绝大多数有功名者只为绅,而不为官;另一方面,功名是一个人道德知识水平,也是他能否成为具有社会威望和特权的阶层的标准,这道标准的失坠在根本上将动摇道德在政治国家中判断“应当与否”的能力,而在实践中则会直接表现出“进士轻薄”的状况。这些都使知识分子逐渐失去管理社会的正当性。太平天国及以后的时期里,捐纳所需金额变得低廉,通过捐纳获官职功名者的数量亦相当可观,故时人有说:“市井牙侩,仆隶人等,无不各有官阶,一时有官多民少之谣。名器之滥,至斯为极。”[2]

最后,在太平天国时期,十分值得注意的还有军功绅士的增加。当时清王朝的八旗绿营军闲居已久,无法阻挡太平军北上的攻势,于是朝廷下令,

---

[1] 李鸿章等:《钦定大清会典事例》卷三七〇,商务印书馆,光绪三十四年刻本,第1页。转引自张仲礼:《中国绅士研究》,上海人民出版社2008年版,第67页。

[2] 张仲礼:《中国绅士研究》,上海人民出版社2008年版,第88页。

由各地方自行组织武装团练对抗太平军。当时在京任官的曾国藩就曾自请回乡,领导湖南团练。在对太平天国的战役胜利后,有军功者被朝廷封赏,其中不少原本的山农平民被授予了功名和虚官,由一白丁而进阶乡绅,而原本在地方领导团练的乡绅则许多被拔擢为官,如左宗棠、刘坤一、曾国荃等。以他们的功名(举人或生员),原本并不足以被授予地方大员之位。这一事实在地方造成了两种的影响:其一,成为士绅的门槛进一步降低,士绅数量越发增多,而质量却越发下降,这批"士绅"在多种意义上甚至成了地方稳定和继续发展的隐患;其二,这批由乡绅崛起的地方大员或各类官员经历了领导军队保卫家乡的战役,对作为家乡的"地方"产生了深厚的情感,这使他们在后来愿意支持地方力量的崛起,而也正是从地方开始,传统的政治制度与思想发生着朝向现代化的改变。这些变化将在后文中逐渐展开论述。

2. 绅的劣化对绅治合法性基础的影响

《孟子》中有说,"劳心者治人,劳力者治于人",这是一种基于传统伦理的社会分工。其中,"有道德的人",即"君子"便被认为是理想的"劳心者"的来源。而经过几千年的衍化,当掌握道德知识的水平基本由功名决定的时候,便又出现了将"功名者"与"劳心者"相等同的情形。正是这种社会意识和自我认知,使在太平天国时期及之后,一大批异途出身的功名者主动地,但也无可厚非地成了地方社会中的"劳心者"。士绅群体原本就是一个不事生产的群体,他们的扩大意味着更多的人脱离了生产,并成了乡村社会中的寄生阶层。以下层士绅——生员的数量变化来看,清初顾炎武曾粗略统计,"合天下之生员,县以三百计,不下五十万人",[1]从清初到太平天国之前,由于各地的学额和捐纳等异途额度均由朝廷牢牢控制,轻易不曾变革,故而文生员数量也始终维持在50万人左右。而据张仲礼先生的统计,在太平天国之后,全国文武生员的数量应当已达到了91万人,较太平天国前的74万人增加了23%。此外,再加上因捐纳而增加的监生、贡生等学衔的人数和军功士绅,全国功名者的数量在这一时期产生了极大增长。而增加出来的功名者又无疑会部分变成脱离生产者、地方的寄生阶层,这就极大地加重了地方社会中从事生产的普通民众的压力。当士绅阶层被视为压迫者与剥削者时,他们的良好形象与社会威望自然也在迅速消解。

[1] 张仲礼:《中国绅士研究》,上海人民出版社2008年版,第80页。

另外,在太平天国之前,绅民关系能在地方社会中保持和谐,除绅的数量较少外,士绅的自身目的和素质以及他们在地方社会中的合理行动,也是其保持威望的关键因素。首先,传统读书人的主要目标在于功名和仕途,他们对自己规划的生存之道是通过科举一路上升,而寄生于地方只是一种暂时状态。但异途士绅,尤其是因捐纳而获功名官职者,其目的就是希望借助士绅的身份与特权,从地方社会中攫取利益,他们对地方的寄生因而带有明确的目的性,并且是长期的。此外,传统的正途士绅在获得功名或任官归来之后,常以自己的财力与影响力为地方建设和地方秩序做出贡献,这是绅治的基本内容,也是士绅对自己职责的基本认知。而异途士绅则无法做出这种回报。其次,传统的正途士绅所担当的是地方的领导者与代言人的角色,同样作为居乡者,他们的自身利益与地方民众的利益和地方公共利益并无冲突,这也是绅治具有有效性的原因。而试图从地方社会中获利的部分劣化的士绅,其个人利益则与民众的利益与地方公共利益剧烈冲突,这使他们并不能做出具有成效的地方治理,而士绅治理地方的合法性又十分需要这种有效性来保证。因此,士绅群体道德素质的劣化是其逐渐失去社会威望及治理地方的合法性基础的根源,而劣化的士绅对地方的寄生和对地方公共利益的侵害,则直接破坏了士绅在地方上的道德权威形象,使绅治逐渐失去了其合法性基础。

(三)废除科举:道德通向权力的通路截断

自1903年起,部分地方开始尝试废除科举考试中的八股文部分,但收效甚微。彼时,无论考官的出题方向或学子的答题思路,都深深地囿于八股的囹圄。改革教育,以至于改变国家当前的面貌及未来,似乎都要求采取更加激进的手段。1905年朝廷降旨废除科举制度,从而从根本上抹消了八股文及以此为中心的传统教育的生存空间,新式的、西式的教育渐次发展起来。当时对科举的抨击,多因为科举的内容限制了教育的目的与方向,极大地有碍于真正的人才的培养。但今时今日再回顾科举制度,却不能不看到它作为一项以“道德知识”为依据的选官制度,对传统政治所提供的巨大支持与保障。随着科举制的废除,由道德知识通往政治权力的通路被彻底截断,道德的权威地位亦因此急剧下降,而它对于依赖此权威的绅治是一种极大的打击。

1. 对科举制度的批判与改革

道咸年间,官员孙鼎臣曾抨击科举制下的应试教育,他说:“上之所以教,下之所以学,为科举之文而已。道德性命之理,古今治乱之体,朝廷礼乐之制,兵刑、财赋、河渠、边塞之利病,皆以为无与己,而漠不关其心。及夫授之以官,畀之以政,瞢然于中而无以应,则拱手而听胥吏之为。"[1]当时的"科举之文",即"八股""时文",虽然仍是围绕儒家经典发论,但已固化为只专适于科举的一种应试技巧,写作模板。故当时士子过科举,尤其是较低一级的童试、乡试,对其考试技术的要求似乎更甚于学术水平。而科举考试的这种取向直接影响了教育的方向和内容。在传统时代,"读书—科考—做官"几乎是知识分子唯一的上升途径,袁枚说:"无科名,则不能登朝;不登朝,则不能亲近海内之英豪,受切磋而广闻见。"因此,大抵教育不得不先以应试为依归,教人作八股与时文,而道德知识与实务能力则屈居次位,由此便产生了孙鼎臣所抨击的这种官吏。晚清以来,人们对科举制度批判的焦点,其实在于它对教育和人才培养所造成的负面影响。

专习八股、时文之害约有两点,其一在于道德,其二在于才能。苏轼曾说:"夫国家之所以存亡者,在道德之深浅,不在乎强与弱;在风俗之厚薄,不在乎富与贫。"[2]"道德"是知识分子最看重的,因为它既是政治的支撑和指导力量,也是社会运行和人心教化的核心。历来知识分子批判科举使教育内容固化空洞,其立足点就不止于道德教育的缺失对人才质量的影响,还在于道德的失坠对"国本"的动摇。首先,随着鸦片战争之后外来入侵愈烈,这样的"根本性忧思"就越明显地显现出来。因此,在面对西方文化冲击时,中国的知识分子大多表现得越保守,在"中体"一事上极端执着,这是因为时人还并不将国之衰弱归于对西方的文化和体制上的失败,而是认为应归罪于本国文化在当世的行不通。因此,改革科举和复兴传统的儒学道德知识成为了先于兴新学出现的一种救亡之思,其目的就在于在西方的冲击之下挽回"人心风俗",固立"国本"。其次,西方"实学"的涌入也使之前时代人们对所授知识实用性的隐忧变为了现实。从英国出使归来后的郭嵩焘说道:"中国招收虚浮不根之弟子,习为诗文无实之言,高者顽犷,下者倾邪,悉取天下之人才败坏灭裂之。"[3]而他回国后志于在家乡办学,一面传

---

〔1〕 璩鑫圭编:《中国近代教育史资料汇编·鸦片战争时期教育》,上海教育出版社2007年版,第162页。

〔2〕 [美]裴士锋:《湖南人与现代中国》,黄中宪译,谭伯牛校,社会科学文献出版社2015年版,第56页。

〔3〕 同上书,第52页。

授正经的儒学道德知识,一面教人"天文算学"。在他的认知中,"稍使知有实学,以挽回一世之心,允为当今之急务矣"。[1] 教人学习技术知识原本并不在传统教育的规划中。在晚清科举制下,对能否中试起到关键影响的乃"经义"一科,八股时文的应用亦在"经义",而偏重实用的"判、策、论"等科通常"但求无过"。在目击了西方"器物"的优越性后,先知先觉的知识分子已经意识到了中国专业性人才的极度缺乏,然而在人人趋慕功名的社会环境下,"实学"教育的推进将举步维艰,于是这就成为改革科举的力量之一。

对科举制的改革是自上而下、缓缓推进的。自孙鼎臣后,同治二年(1863年)张之洞在殿试策问中亦答说:"夫所谓儒者,宗法圣贤,博通今古,以之为吏,谁曰不宜。今世士人,殚精毕世,但攻时文,一旦释褐从政,律令且不晓,何论致治戡乱之略哉!"[2]后来进士及第,成为中兴之臣的张之洞依然汲汲科举的改革,他曾提出过或许是最温和的一套科举改革方案:将原本位于第二场的"论"调至第一场,主考中国史事、政治;将原第三场的"策"调至第二场,主考西洋各国之政治、技艺等;而原本科考首重的"经义"科调至末场,"合校三场均优者始中试"。这样既改变了经义首重的局面,也为实学的发展创造了空间。这样的改革未必不可行,但要使广大士子一改多年研习八股之习惯,并在民间教育之中充分加入实学,将是一个漫长的过程。而国家愈面临危亡,民间有识之士对科举的抨击就越发激烈。戊戌前后,康有为已激进地表达道:"而国弱之故,民愚俗坏,亦由圣教坠于选举、四书亡于八股为之。故国亡于无教,教亡于八股。八股之文,实为亡国、亡教之大者也。"[3]八股被认为"亡国亡教",而科举又被认为是为八股所控,温和的改革措施耗时既长,成效更微,因此,废科举之议日益高涨。在经历尝试性的改革后,1905年袁世凯等大臣联名上书要求废除科举,多年前提议改革的张之洞亦在联名之列,上书奏道:"就目前而论,纵使科举立停,学堂遍设,亦必须数十年后,人才始盛。如再迟至十年,甫停科举,学堂有迁延之

---

〔1〕[美]裴士锋:《湖南人与现代中国》,黄中宪译,谭伯牛校,社会科学文献出版社2017年版,第52页。

〔2〕邓洪波等编著:《中国状元殿试卷大全》,上海教育出版社2006年版,第1947页。

〔3〕康有为撰:《康有为全集》(第4集),姜义华、张荣华编校,中国人民大学出版社2007年版,第94页。

势,人才非急切可成,又必须二十余年后,始得多士之用。强邻环伺,岂能我待。"[1]千年制度一朝废除,竟未在社会中引起太大波澜,实在是因为"强邻环伺"不废即亡。

科举制的废除为新学教育的发展留出了空间,在之后几年,新式学堂确实有过蓬勃发展的时期,在它的建设和运行上,地方士绅亦出力良多。然而,科举制的废除亦带来了两点隐患。其一,它不仅消灭了八股时文,也几乎消灭了传统的儒学道德知识,因为新式学堂不以儒学教育为重,学习儒学知识也已经不能再有"上达"的机会,这或许是道咸同年间的官僚与维新人士未曾料想也并不乐见的结果。其二,晚清政治制度本身依然是传统的、旧式的,它要如何消化新式人才,嫁接上新的教育与选官制度?在社会中,因废科举失去了上升途径的传统知识分子将何去何从?失去了儒学价值观指导的平民社会又将如何运转?废除科举后的这些问题将在晚清的最后几年逐渐显现。但对于大多数人,或许仅如严复所说:"此事乃吾国数千年中莫大之举动,言其重要,直无异古者之废封建、开阡陌。造因如此,结果何如,非吾党浅学微识者所敢妄道。"[2]

2. 废除科举对绅治合法性基础的影响

晚清科举制度的戛然而止,实际上在政治领域导致了十分矛盾的情形:当中央政府自身依然有赖于儒学道统所提供的合法性作为统治的支撑时,它却在地方治理中否定了儒学道统的地位。或者说,它一面继续依赖于士绅阶层进行地方治理,另一面却又彻底地、毫不留情地消灭了士绅阶层赖以治理地方的权力的合法性基础。其结果自然是传统绅治在地方上难以为继,并逐步走向瓦解。

绅之所以成为绅,在于他们拥有"功名"。"功名"划分了民与绅,并联系了绅与官,它是士绅阶层的一张身份证明。而"功名"又来自科举,是科举制度下授予知识分子的评价与荣誉,自从废除了科举制度,"功名"亦不复存在。这意味着传统意义上士绅阶层的消失。同时,科举制又是一项以儒学知识为标准的选官制度,因此,它的废除不仅将影响士绅阶层,也将延及官僚队伍。传统社会的官僚是经由科举考试选拔出的儒生中的佼佼者,

---

[1] 舒新城编:《近代中国教育史料》,中国人民大学出版社 2012 年版,第 557 页。

[2] 王栻主编:《严复集》(第 1 册),中华书局 1986 年版,第 166 页。转引自罗志田:《科举制废除在乡村中的社会后果》,载《中国社会科学》2006 年第 1 期。

对儒学知识的把握是他们首要为人所看重的,专门知识与行政能力位于其次。因此,传统的儒生官僚们并不将自己看作一“吏”、一“器”,只供统治者在行政事务中驱使;相反,他们多怀有“帝师”的自觉与自信。官员在朝而士绅在野,他们同样是儒学道统的掌握者与守护者,在朝的官员影响统治者,确保“道统”之于政治的把握能力;在野的士绅教化社会民众,使社会思想与上层意识形态相一致,在维护儒学道统方面,他们是一对相互作用的力量。而科举制的废除使这一卫道士群体在民间趋于消失,在朝廷日渐失势,随之而来的是儒学道统在政治和社会中的急速退隐。这对于依赖道德的权威地位提供合法性的绅治来说,是一次根本性的打击。

然而如前所述,废除科举后晚清的政治制度又依然是传统的。在寻找、过渡到下一个合法性理论前,它依然保留着儒学道统对统治的合法性所提供的解释。这种微妙的矛盾感同样延及民间,在道德知识与政治权力之间的通路被切断后的相当一段时间内,人们依然信任着旧式士绅与传统的“绅治地方”的模式,因为抽象的制度变革总是需要一些时间去影响实践,尤其是社会意识领域。但是,变化依然随着科举制的废除不断激烈,由此而来的社会意识与社会实践的变迁将在实质上解体绅治的合法性基础。

在废除科举后,与儒学道统的退隐相伴随而来的是新学知识的兴起,但这却在地方上引发了一场对知识和知识分子权威地位的认同危机。它的最终结果是,知识分子逐渐与道德权威的身份相分离,从而导致在传统政治意识中,知识分子,即士绅阶层对地方的治理也失去了合法性依据。原本士绅之所以能够统领地方,在于他们具有道德权威的身份。在普遍崇拜知识、尊奉道德伦理的传统地方社会中,人们认可“有知识(德行)的人”进行地方管理。然而,当一个人的知识水平与道德素养不被认可时,他在地方的特权与权力也将同样不被认可。在废科举、兴新学之后,新学知识与新兴知识分子就面临着这样的困境。在当时,尽管政府和部分有识之士已认识到新学的作用,并将发展新学作为救亡图存之道,但这种认识并未广泛渗透进普通民众心中,尤其是在依旧闭塞的乡村社会。在那里,人们看待“洋学堂”如同看待某种不良风气,有流言道:“习体操也,谓将练习飞檐走壁,以为窃盗之预备;学唱歌也,谓将练习吹弹演唱,以为优伶之预备。”[1]回顾历史可以发

---

[1] 《论我国学校不发达之原因》,载《申报》1909年5月24日,第1张第3版。转引自罗志田:《科举制废除在乡村中的社会后果》,载《中国社会科学》2006年第1期。

现,当时的新知识与新兴知识分子始终未曾获信于地方社会,直至绅治在地方的完全终结。另外,虽然人们仍长期保持对儒学知识与旧式知识分子的尊敬,但失去了科考这条上升途径的知识分子已异于传统的士绅。他们既不再和政治相联系,不再能沟通官与民,也不能凭借知识获得地位(官职)与财富,从而造福地方。这是另一种关于知识的认同危机:对于儒学知识,人们在心中仍旧信任它,却否定了继续学习它的价值。于是在当时,一种前所未有的"读书无用论"兴起了,读书人的社会地位与威望亦持续跌落,知识阶层遂逐渐退出了地方社会。

此外,不仅知识分子与道德权威的身份逐渐分离,道德权威与地方领袖之间的联系也开始不那么确定。在知识分子地位逐渐下降的同时,官僚、商人、军阀等群体的威望与权势日益上升,他们开始接手对地方的管理。从本质上来说,这亦是儒学道统退出政治领域所带来的后果之一。在传统社会中,首先是存在"士农工商"的阶层分野,"士"在民众中处于最高的地位,手握政治特权与经济特权,是"贵"与"富"的综合体,再者,社会中几乎只存在一条上升途径,即"读书—科考—做官",因此,也只有知识分子能够成为"既富且贵"的人群。"贵"使他们能够拥有威望,"富"使他们能够以实绩巩固威望,这是他们以道德权威的身份能够长期作为地方领袖的内在逻辑。然而在科举废除后,知识分子的上升途径消失了,取而代之的是商人捐官,"由富而贵";官员涉商,"既富且贵";军人掌权,权财双收等趋势。社会的上升途径变得复杂多样,但大量无法厕身其列的知识分子却日渐沉沦了。与儒学道统的失落相伴随的是"读书无用论"的兴起和读书人的"贫贱"化,道德知识的神圣地位与对道德权威的尊敬尽管仍保留在人们心中,但以往的"道德权威"们已失去了作为四民之首、一邑之望的实际能力,因此,他们对地方的控制能力逐渐被新的阶层夺走,而他们对地方的领导建立在新的合法性理论上。

三、晚清绅治合法性基础的重构尝试

(一)"民权即绅权":维新时期绅权的新发展

1898 年梁启超在《论湖南应办之事》中写道:"欲兴民权,宜先兴绅权;欲兴绅权,宜以学会为之起点。此诚中国未常有之事,而实千古不可易之理也。夫以数千里外渺不相属之人,而代人理其饮食、讼狱之事,虽不世出之才,其所能及者几何矣?故三代以上,悉用乡官;两汉郡守,得以本郡人为之,而功曹掾吏,皆不得用他郡人,此古法之最善者。"[1]梁启超在议论中糅合了复古与维新两种意愿,其复古之处在于,他提出了三代两汉"乡人治乡"的思路,并渴望能再次于清世施行;而维新之处在于,他并未正面抵抗清朝现行的官员回避制度,而是希望通过给予乡绅官方的、正式的地位与权力,使他们成为"古法"的延续者。地方士绅阶层由此被推到了政治改革的前台。另外,在针对地方士绅的改革中,维新人士自"古法"中汲取了"乡人治乡"的精神,却从西方的议会制度中受到了体制和组织上的启发,因而这场改革的目的依然指向地方政制的现代化,而士绅阶层则被寄予了领导改革的重任。

1."兴绅权"的理论渊源

在传统政治语境下,存在对"绅的特权"或"绅的权力"的朴素认知,但"绅权"作为一个固定词汇并被赋予特定含义,还是近代的事情。在传统社会,本质上只存在一种权力,即"皇权"。官与绅所掌握的权力乃皇权的分割,他们可被看作经过授权的皇权代行人,使皇权能够延及地方。因此,这种类似于"绅权"的权力完全依附于皇权,并同皇权一样由儒学道统为其提供合法性支撑。而维新运动前后,"绅权"大有脱离皇权,作为一种独立的权力兴起的趋势,此时,维新人士也为它寻找到了新的合法性支撑,即"民权"。为了使在传统的君主专制体制下,在皇权外还能出现相对独立的"民权"与"绅权",维新人士托古先贤教诲,借鉴西方体制,进行了大量的论证与实践。

站在一个能够俯瞰过往历史的当代人的视角,我们已知19世纪末涌现出的那批维新人士并非完全的慕效西方者。但凡他们的政治建言,总是具有"托古"的一面,但又满含"维新"的意图。尤其在戊戌变法失败之前,维新人士多还是传统体制内具有传统意识形态的士绅知识分子,他们并不旨在以西方的思想与制度直接取代清王朝的儒学统治,而是尽力在儒学知识的框架内理解安放这些西方思想。在兴民权和兴绅权以改革地方政制方面,亦延续着这种思路。1893年郑观应写道:"天生民而立之君,君犹舟也,民能载舟,亦能覆舟。"[2]在这里,他指出了民对于君的重要影响力,甚至可能暗示了君主权力的获得乃由于人民的同意,于是,"民权"的概念开始萌

[1] 梁启超:《论湖南应办之事》,上海人民出版社1984年版,第75页。

[2] 夏东元编:《郑观应集》(上册),上海人民出版社1988年版,第312页。

生。然而,郑观应并非民主制度的支持者,他的"民权"概念中不包含"人民主权"的意义,他仅希望民权可以作为皇权的辅助和限制力量,减少皇权的专制性,从而能够容忍君主立宪制度的实行。后来的康有为和梁启超同样是君主立宪制的追随者,他们也同样希望借"民力"来限制君权。然而在当时,"民"可以成为一面旗帜,却难以形成一股力量,于是梁启超提出"三代以上,悉用乡官;两汉郡守,得以本郡人为之"的最善古法,将整合"民力"、发扬"民权"的任务托付给了地方士绅阶层。可以说,从此时起,一种附丽于"民权"的"绅权"开始出现,绅的权力不再作为皇权的延伸。

反观另一方面,"绅权"并没有成为"民权"的附属物,相反,它因为与西方议会制度的结合而变得日益独立。19 世纪七八十年代,一批留洋学习或从事外交工作的知识分子开始注意到西方的议会制度。出使英国的张德彝曾介绍英国议院"上院由近支王公等组成,下院由公举之绅士组成"。[1]虽然事实上英国下院的新兴资产阶级们迥然有别于中国的地方士绅,而当时的知识分子是否明了其中的区别我们不得而知,但在此时他们显然将西方国家这一曾推动了政治改革的阶层,基本等同于中国的地方士绅群体。因此,士绅们也被寄予了组成议会,促进政治改革的期望。20 世纪 80 年代,何启、胡礼垣等受过西方教育的知识分子进一步提出了将士绅转变为"议员"的具体方案,他们设想:"县、府、省三级各设议会,分别由平民在秀才,秀才在举人,举人在进士中选举产生……凡兴革之事,官有所欲为,则谋之于议员;议员有所欲为,则谋之于官。"[2]虽然这样的构想近似于直接将西方议会制度移植于地方的功名社会,但它确实构造出了一个新的、正式的权力机关,并试图启用一直游离于正式权力之外的地方士绅阶层。自此,士绅的参政议政变成了制度和法律所允许的职责,士绅阶层治理地方的"非正式权力"也开始向"正式权力"转化,这便是在西方议会制度影响下,维新时期新兴的"绅权"与地方绅治的面貌。

2."兴绅权"的具体举措

维新变法在历史上仅历经百天,且饱受保守势力阻挠,维新人士的提议大多停留于纸面,极少进入实践环节。但在地方主义较强,士绅思想较开化

[1] 张德彝:《小方壶斋舆地丛钞》卷一一,第 296 ~ 297 页。转引自王先明:《论"民权即绅权"中国政治近代化历程的一个侧影》,载《社会科学研究》1995 年第 6 期。

[2] 何启、胡礼垣:《新政真诠》(第 2 编)第 1 页、第 8 页、第 9 页。转引自王先明:《论"民权即绅权"中国政治近代化历程的一个侧影》,载《社会科学研究》1995 年第 6 期。

的湖南,在巡抚陈宝箴的支持下,谭嗣同、梁启超、唐才常等维新人士还是进行了部分以"绅"为主体的地方自治实验,南学会和湖南保卫局就是当时的代表机构。虽然这些自治机构的组织与运行方式都尚在摸索中,但它们的出现确实将传统的"绅治"与"绅的权力"逐渐结合进近现代的地方制度中。因此,当"道统"和道德的权威逐渐在政治领域和社会当中失势时,"绅治"仍得以依托这些正式的、半正式的地方行政机构,持续控制着地方。

清前中期,出于对明末东林党祸的忌惮和对汉族知识分子的防备等,统治者对民间文人士子的结社活动严令禁止,同时也禁止士绅干预地方公事。因此,长期以来,士绅在地方往往各自为政,虽身份处于同一阶层,并遵守一套共同的道德伦理规范,却从未以此为基础形成共同议事的传统或机构。其次,虽然在法律上士绅不得干预地方公事,但其在地方的势力与威望大多远远超过官僚(尤其是在太平天国后的湖南),其对地方事务的影响又是无处不在的,这成了传统地方政治当中的两点奇异之处。甲午战争前后,西方的"结社""民权""议会"等思想理念日益受到推崇,有识之士也逐渐意识到了中国政制所存在的问题,并有了改革的方向。其中,在地方所实施的改革便恰好指向了这两种奇异的矛盾。

首先冲破古老禁制的是民间的"结社"。自1895年"强学会"在翰林院院士的主持下建立以来,各地以"学会"为名的士绅知识分子的结社便纷然而起。谭嗣同曾道:"办地方之事,而不令其人与谋,此何理也。"[1]1898年夏,他与颇有威望的湘儒皮锡瑞一道,也在湖南创立了"南学会"。南学会找到了当时年仅24岁,但声名鼎盛的梁启超参与组织与宣讲,并成功得到了湖南巡抚陈宝箴和湖南学政等政府官员的支持。当时,南学会希望能集合湖南士绅,领导全省各学会,实现"通上下之气""自治其身,自治其乡"的理想。因此,学会表面上虽以学习西方知识以"开绅智"为倡导,但实际上却旨在从士绅中培养出可为"议员"之人,图谋为实行西方式的地方自治打下人才与组织的基础。梁启超曾坦诚:"南学会尤为全省之新政命脉,虽名为学会,实兼地方议会之规模。"[2]一位参与过南学会集会的长沙士绅亦说:"(南学会)令听讲所至之人议之,一日不能尽者,数日以伸之,斯可收西

〔1〕 许顺富:《湖南绅士与晚清政治变迁》,湖南人民出版社2004年版,第193页。
〔2〕 张玉法:《清季的立宪团体》,中央研究院近代史研究所1985年版,第214页。

人议院之益矣。"[1]不仅如此，当时南学会中的议论已远非在野清谈，因为巡抚和其他省级官僚亦时常莅临学会集会，听取会员提案；并且，陈宝箴与梁启超、谭嗣同等人也保持着良好的交谊与私信往来，有研究说，当时的南学会会员已被默认参政议政，并就地方公共事务向省级官员提出正式的建议。因此，与传统绅治模式相比，南学会已为地方政制带来了诸多重大改变：其一，它将散漫的士绅阶层联合起来，建立了一个正规的地方议事机构，并尝试以议事机构的共同决策来决定地方事务；其二，它以西方议会制度为借鉴，试图培养士绅的参政议政能力，并期望在日后将这种机构的权力正式化。如此，绅治便摆脱了以往有实而无名的尴尬境况，更突破了清代法律中士绅不可结社与干政的约束，是士绅权力和绅治迈向正式化和组织化的重要的一步。

然而，学会的发展终如昙花一现，在短暂的维新变法期间，它并没有实现完全转化为地方议会的理想，因此，在性质上它还属于半民间的、非正式的。不过，它的创立与实践依然给予了绅与民极大的思想启发。在同一时期，湖南还出现了以官为主导、以绅为运作主体的正式的地方行政机构"湖南保卫局"。它的出现意味着士绅阶层首次进入了"体制内部"，并获得了正式的身份与权力。湖南保卫局由官员黄遵宪在1898年提议创办，它的功能类似于现代的警察局，也部分类似于传统中的保甲机构，其主要目的在于更好地维护地方治安。湖南保卫局虽由地方官僚提出倡议，但黄遵宪本人却希望它能由地方士绅主事。一是因为当时官员和政令变换频繁，保卫局若由官方全权负责，恐怕难以长久维持；二是保甲与类似事务向来也由地方士绅负责，士绅在经验、精力等方面均具有优势，于是，湖南保卫局最终便以"官绅合办之局"定性。按照《湖南保卫局章程》规定，在人员组成方面，保卫局唯有总办由司道大员充任，其余皆由地方士绅担任，且总办任期两年，期满需由局中绅士公举；在权限方面，"一切章程议员议定，禀请抚宪核准，交局中照行。其抚宪批驳不行者，应由议员再议，或抚宪拟办之事，亦饬交议员议定禀行"。[2] 从该章程来看，保卫局的运作方式极大地借鉴了西方的议会模式，它甚至突破了中国传统行政中"官员独裁"的做法，不仅赋予

---

〔1〕［美］裴士锋：《湖南人与现代中国》，黄中宪译，谭伯牛校，社会科学文献出版社2017年版，第84页。

〔2〕《湖南保卫局章程》，载《湘报》第7号。转引自王先明：《论"民权即绅权"——中国政治近代化历程的一个侧影》，载《社会科学研究》1995年第6期。

了地方士绅议员的正式身份,而且赋予了他们议事、提案与反驳的权力,这在地方开创了一种平等议事的传统,并对“官权”发挥着制约作用;其次,官绅合办的保卫局在性质上较南学会更正式,存在时间更长,权力也更公开,可以说,它是地方士绅正式进入地方行政机构并合法参与地方政治的开始。

通过维新时期南学会和湖南保卫局的实践可以看出:其一,维新时期的地方士绅开始联合起来,形成了自己的议事组织,并希望借由西方式议会议事的民主形式取代传统的“各自为政”;其二,因为正式、半正式的士绅议事机构的建立,士绅阶层逐渐进入了权力系统之内,其“非正式权力”开始逐渐向“正式权力”转变,士绅的权力也日益公开化;其三,维新时期提倡“‘民权’为‘绅权’的理论前提,‘绅权’为‘民权’的实际内容”,因而,此时的“绅权”已不再建立在人们对道德权威的自觉信仰上,而是借由“民权”树立起来,并由正式的制度和规则规范为支撑。这样的“绅权”已不再是“皇权”的延伸和附属,而成了一种期望能与“皇权”“官权”相并立、相制约的权力,这便从根本上改变了“绅权”的性质,也改变着绅治的合法性基础。

(二)清末新政:自上而下的地方自治改革

1898年戊戌变法的失败,亦代表着守旧派对于维新派的空前胜利。自此,甲午战争之后那种变法图存的激昂之情褪去,固守祖制、排斥西人的保守风潮犹挟反噬之力滚滚而来。义和团运动是专制王朝时期中国最后的、最强势的一次守旧排外运动,但同时它也是旧势力的最后一次粉墨登场。庚子之变之后,“西狩”的慈禧与光绪帝在西安发布上谕,公开支持新政,诏曰:“世有万古不易之常经,无一成不变之治法”。从此自上而下一变风气,官绅皆言办实业,兴学堂,开议会,行宪政……维新时期中断的事业在此时乘着官方的允诺百倍复兴起来,而当日已被开启“绅智”的士绅阶层也在自己的领域中重新活跃。预备立宪时期谘议局的建立,可以说是“绅治”离传统的合法性基础最远,而离近现代以宪法和法律为基础的政治实践最近的一个时期。

1. 庚子前后地方自治要求的兴起

当日甲午战败之时,君主立宪之益,变法图存之说经大批新锐知识分子传播,一时在社会中蔚然成风。然而,当时的官僚知识分子毕竟自幼诵习儒家经典,对于“祖制古法”抱有坚不可摧的信仰,对于“夷夏大防”更是具有根深蒂固的坚持,维新变法运动便在强大的守旧势力的抵挡下最终失败。

两年后,在一片固守的风气中,晚清最彻底排外的义和团运动兴起了。短时期内,下至守旧士绅、官僚,上至统治者本身都加入了这一斗争当中。受义和团迷信思想的影响,庚子年间甚至有位御史也曾说:“洪钧老祖令五龙守大沽口,夷舰触龙背皆立沉,此天所以灭夷也。”[1]然而,八国联军的进攻残忍地击破了各种幻想,“西狩”的慈禧不得不再次与西方签订条约,并且承诺严惩排外势力。因此,庚子之后,清政府下令将载漪、刚毅、徐桐等顽固派官僚或处死或免职,其他庇佑过义和团活动的士绅官僚也多遭斩首等惩办,一场声势浩大的守旧排外运动最终以埋葬了大批守旧势力而告终,但同时,这也为之后新政的实行排除了障碍。庚子与辛丑之后,变法才真正成了上至皇帝官僚、下至绅民百姓的一致所趋。

而在庚子时期,之前风气已开的南方各省已同中央政府出现了“各自为政”的趋势。在慈禧向列强宣战并命令各省收回海关税权、停止还款之后,南方以两江总督刘坤一、湖广总督张之洞为首,秘密与西方代表商议,一旦战乱开启,两方在东南地域内互保安全。而总督们与西方代表商议的全部内容,只被有选择性和有技巧性地向清政府汇报。虽然我们有理由相信,此时的“东南互保”确实是为了在南方为国家保存一份有生力量,但南方总督与士绅商民敢于作出“中立、独立”的选择,其思路和信心来源值得思考。如前所述,早在太平天国时期,南方各省就因团练和团练领导的纷纷晋官而培养起了自己的“地方”势力;同时,在战争与战后发展中,同地方的人民又多以省为单位,发展出一种地方归属感与荣誉感,这形成了地方各自为政的基础。在戊戌变法时期,维新人士又以省为单位进行地方自治的实验,这就越加强化了“地方”作为一个归属和效忠团体的形象。在湖南兴办南学会时,梁启超也曾谈及过一种省独立的想法,他说:“……列国分割中国之论大起,故湖南志士人人作亡后之图,思保湖南之独立。而独立之举,非可空言,必其人民习于政术,能有自治之实际然后可,故先为此会以讲习之,以为他日之基。”[2]一方面,实行地方自治的最终目的仍被认为是为整个国家保存力量;但另一方面,地方自治本身的重要性也受到了前所未有的提升,它成了当时救亡图存大潮下最值得依赖的途径之一。

1905 年在中国东北土地上进行的日俄战争落下了序幕。日本对沙皇

---

[1] 杨国强:《晚清的士人与世相》,生活·读书·新知三联书店 2017 年版,第 266 页。
[2] 梁启超:《戊戌政变记》,岳麓书社 2011 年版,第 68 页。

俄国的胜利既被认为是东亚国家对于西方列强的首次胜利,又被认为是君主立宪制度对专制制度的胜利。在日俄战争后,俄国本土也爆发了革命,专制制度的弊端与落后性进一步暴露出来。这一消息在中国国内一经传播,立即引起了一阵强烈要求改革的风潮。这时,国内外的舆论当中已有革命派与立宪派之分,但两派在认为国家当前应推行“自治”,尤其是在地方自治方面的想法却不谋而合。早在1900年,革命党人的《中国旬报》就曾发文说:“欲救中国之亡,宜行分治”分治之法“乃本于封建主义,参以泰西地方自治之制,统古今而酌筹之,为救时之良策”。[1] 1905年同盟会的《革命方略》进一步正式确定,待起义成功之后“地方自治权归之其地之人民,地方议会议员及地方政府官皆由人民选举”。[2] 在立宪派方面,康有为主张西方国家之强盛,正在于“举国之公民,各竭其力,尽其智,自治其乡邑,深固其国本故也”,而中国之救亡,亦在“听地方自治而已”。[3] 梁启超亦说:“凡善良之政体,未有不从自治来也”而“以地方自治为立国之本,可谓深通政术之大原,而最切中国当今之急务”。[4] 各派人士虽然都从治国救亡的大方向上陈述地方自治之利,但地方自治在这时被推到前台,还有若干更现实的理由。在立宪派方面,他们仍沿袭了自维新变法时期确立的改革思路,即通过兴民权来限制官权与皇权,从地方开始,逐渐形成立宪的事实与有利于立宪的权力格局。在革命派方面,民主共和的政治追求要求他们广泛赋予民众政治权利,而联合地方力量对抗中央政府又是他们的策略之一,这也将他们导向了地方自治。同时,对于清政府来说,在地方实行立宪改革显然优于直接改革政体或中央机构,而又可以堵住悠悠舆论之口。最后,更重要的是,如几年之后的一篇报纸文章指出:“救今日之中国,如变法、如维新、如复海军、如兴学校,盖已成为泡影之空相,无论不能实行,即行之亦常有不及之势矣,然则舍地方自治之外,诚何以哉?诚何以哉?”[5]于是,庚子辛丑之后,自下而上的要求和自上而下的改革一道,隐隐形成一股合流,产生了

---

〔1〕《上海研究资料》续集,上海书店1984年版,第157页。

〔2〕《中国近代史资料丛刊》编委会编:《辛亥革命》(第2册),上海人民出版社2000年版,第15页。

〔3〕康有为:《公民自治篇》,载《新民丛报》,第5号、第6号、第7号。转引自吴桂龙:《晚清地方自治思想的输入及思潮的形成》,载《史林》2000年第4期。

〔4〕梁启超:《新民说九》,载《新民丛报》,第9号,第6页。转引自吴桂龙:《晚清地方自治思想的输入及思潮的形成》,载《史林》2000年第4期。

〔5〕《地方自治政论》,载《东方杂志》1904年第9期。

新政十年中清王朝的最后一次锐意进取。

2. 地方自治中士绅的活动与地位

自戊戌维新时起，部分地方就已开始尝试建立较为正式的地方自治机构，由梁启超、谭嗣同、黄遵宪等人领导的南学会与湖南保卫局就是其中的代表之一。此外，在开埠较早，风气与政治环境较开放的上海，也建立起了如南市马路工程局（1895年）、闸北工程总局（1900年）这样的地方自治机构。稍晚一些，在东北、直隶地区，各种保卫局、保卫所也应治安和教化等实际需求纷纷建立起来。从性质上来看，绝大部分自治机构都离不开地方官员的支持或领导，但自治机构的筹建款项、实际运营等活动皆由本地绅商安排。从戊戌起至新政这一时期，可以明显察觉到，有能力的地方士绅开始脱离乡村涌入城市，他们不再是传统的"乡绅"，而是居住于中心城市，谋划着一省发展之计的真正的"地方精英"。此外，士绅们开始聚集起来，在各种正式的半正式的地方行政机构中，自发地以民主的规则与程序进行议事和决策。这与戊戌前居乡的、各自为政的地方绅治呈现了恰好相反的光景。

至1905年，为更有成效地筹划新政，清政府派出5大臣赴欧美考察政制。回国之后，关于地方自治措施，5大臣向朝廷上书云："宜取各国地方自治制度，择其尤便者，酌订专书，筑为令典，克日颁发，各省督抚，分别照行，限期蕆事。"[1]由此，由中央正式支持的地方自治活动开始进行。而在各国的地方自治制度中，日本的模式在当时又最受人推崇。1905年沈家本上书政务处说："参以各国地方自治之制，于地方设立乡社。凡地方当兴当革之事，一切任民自为，而官为之监督。仿日本府县议会之法，任民间公举有资望者，为社中董事，以辅地方官之所不及。"[2]江苏学政唐景崇亦说："似宜近采日本……市之行政，府县知事监督之，再上内务大臣监督之；町村之行政，郡长监督之，再上府县知事监督之。故内务大臣有解散市町村会之权。但使无碍定章，无妨公理，一切悉听民间自为……夫中国今日之关于地方公举，何尝不绅议其事，官总其成，似乎有自治模范矣。"[3]

受这些理论与当时社会条件的影响，清末新政中的地方自治就呈现三种突出的特点。

---

〔1〕《出使各国大臣会奏请宣布立宪折》，载《东方杂志》第3年第7期。

〔2〕《政务处奏议复刑部左侍郎沈条陈时事折》，载《东方杂志》第2年第12期。

〔3〕故宫博物院明清档案部编：《清末筹备立宪档案史料》（上册），中华书局1979年版，第117页。

其一,自治理论中所强调的“民”,在实际中仍以“士绅”为代表,新政中的地方自治由于实行主体依然是士绅群体,它更像是传统绅治的一种变式。据统计,1909年各省谘议局议员第一次参与广西省初选的570人中,士绅人数比例占84.8%,而通过复选当选的64名议员几乎全是有功名的乡绅。有研究表明,即使以最保守的估计,谘议局中士绅所占席位也应达到了90%以上。[1] 而在翌年的资政院选举中,士绅也占了民选议员席位的绝大多数。这是因为,一方面,各地都为议员划定了基本的资格,而财产、学历和社会公益活动经历大多都包括在列,这就使适格的议员往往就是地方士绅;另一方面,当时许多士绅都争相在政、商、学等各界活跃,对当时的新政改革亦极富关心,早在正式的地方自治机构建立前,他们已经开始了对选举和各项自治事宜的筹备活动。如1906年,以张謇为首的东南绅士在上海成立了预备立宪公会,同年,汤化龙在湖北成立宪政筹备会,谭延闿也在湖南成立了宪政公会等。为了新型的地方自治和第一届议员选举,地方士绅们付出了极大的精力与财力,并一如既往地将这一关乎地方发展的事业作为自己当仁不让的职责,因此,也得以顺利地近乎包揽了新政中的地方自治事业。而朝廷和官员方面也原本就打算将自治事宜交由绅商,于是由地方士绅开展地方自治的情形就应运而生了。

其二,根据清政府的思路与之后出台的法令,地方自治实际上极大地受制于朝廷与官府的权威。正如同沈家本所说,地方议会乃为“辅地方官之所不及”。1908年宪政编查馆呈上的《奏核城镇乡地方自治章程折》中说:“自治之事渊源于国权,国权所许,而自治之基乃立。由是而自治规约,不得抵牾国家之法律,由是而自治事宜,不得违抗官府之监督。”[2]“则自治者,所以助官治之不足。”[3]由于清朝统治者及众多立宪派人士从未承认过民主政体的正当性(或可行性),因而地方自治之权力也不被认为是来自天然的人民主权,它只是国家权力的部分让渡,在清朝的政制下,也可看作君主专制权力的部分妥协。基于此,清政府方面更倾向于将地方自治看作朝廷给出的一种特殊授权,它的权限与地位自然地在中央与地方官府下,职权

---

〔1〕 王先明:《论“民权即绅权”——中国政治近代化历程的一个侧影》,载《社会科学研究》1995年第6期。

〔2〕《政治官报》1908年12月28日,第445号。转引自荆月新:《体制内之殇——论近代地方自治对绅权的损害》,载《华东政法大学学报》2012年第5期。

〔3〕 同上。

则限于建言、辅佐与处理各种地方事务。因此,也有研究者认为,在这种制度下士绅进入正式的行政机关,只能使自己亦同化为官僚。由此,他们的自身利益开始与官僚相趋同,而与地方公共利益相远离,从而导致传统“绅治”的实质消失,同时,也使中央政府的权力终于借助这些行政机关而下沉到了地方。然而另一方面,虽然地方自治的改革命令是自上而下的,但地方自治的风潮却能全面拨动着整个社会,它意味着作为地方自治实际实行与参与者的士绅商民,自身也具备对立宪政体下地方自治制度的理解。因而在湖南、湖北、上海等地区,也不乏议员积极参政议政,促进真正的立宪制度的建立。客观地说,此时地方的自治权力与中央的君主专制权力处于一种角力时期,这是心向立宪的地方与力保专制的中央之间不可避免的抵牾。但由于中央政府的目标与政策始终如一,地方自治的实际发展情况就完全取决于各地士绅的觉悟与势力了。

其三,新政中的地方自治,对于士绅进行真正的立宪制度下的地方自治亦形成了一道阻碍。1909 年年初,清政府颁布了《城镇乡地方自治章程》《府厅州县地方自治章程》和相应的议员选举章程。在《城镇乡地方自治章程》的第三节中,规定了地方自治的范围,它包括学务、卫生、道路工程、农工商务、慈善事业等,这与士绅在地方向来所从事的事务几乎并无二致,但同时也与现代政治中的议会立法权、人民的参政议政权等毫无关系。这样的自治十分局限,正如一位时人所设想的,“行投票法,公举该地方绅士一二人,赏以职衔,凡有公益于该地方之事,集民公议,由该地方官予以办事之权,责成兴办”[1]而已。因此,晚清最后几年中实行的地方自治改革,一方面借鉴了西方、日本等立宪国的经验,在地方建立起了自治机构,选举了自治人员,使它初具了现代地方自治的形式。在这一过程中,传统的绅治也因获得了正式的法律和机构的支撑,变得公开化、合法化;同时,地方士绅也不再依靠社会威望,而是进入了体制内,根据国家法律享有权力,履行职责。然而另一方面,这也意味着士绅群体不再游离于官民之间,他们极大地为官僚群体所囊括,由是,传统的绅与绅治就急速地远去了。

(三)城乡变迁:绅治合法性基础重构的影响与评价

戊戌至新政时期,尤其是在科举制被废除后,士绅的身份与追求发生了明显的转变。一方面,随着政治与社会改革的进行,士绅群体由乡村社会向

---

[1] 《论立宪当以地方自治为基础》,载《东方杂志》第 2 年第 12 期。

城市移动、集中、定居的轨迹越发清晰。同时,这一时期的城市与乡村也显现出截然不同的发展趋势。传统中主要承担军事与政治功能的“城”,随着商业的开放与制造业的发展,开始具备现代“城市”的功能与风貌,同时适用于“个人的”“契约的”城市社区的管理方式与管理机构也应运而生,这既是戊戌至新政时期地方政制改革的重点,也是地方士绅参与的主要内容。另一方面,乡村社会却面临精英出走与权力真空的困境。优秀的士绅离开乡村进入城市,不仅使乡村社会失去了传统的领导者,更使基层地方与政府之间下情上达的通路被断绝,乡村日益成为一座失语的孤岛。而精英出走带来的权力真空又多为留守乡村的土豪劣绅所占据,传统绅治的内涵与形式在这一时期迅速流失了。由此可见,晚清地方自治改革中绅治的重构尝试,给地方中的城市与乡村带来了十分迥异的影响,而这也进一步使自近代至当代,城与乡的发展显示出了不同的速度、方法与轨迹。

1. 乡村的衰落:精英出走与权力真空

自明朝中后期,商业与成规模的制造业呈现显著发展态势时,城市愈发走向繁荣,士绅的居城现象也逐渐出现。但在这一时期,“居乡”仍然是士绅的普遍选择。其原因在于,文化上,“落叶归根”的思想,宗族共同体集体生活的需求;经济上,对土地投资的热爱和对商业的轻视;加之在政治上,士绅所掌握的特权往往在皇权所不及的乡村社会更能自由地施展。这些理由都使士绅将乡村视作他们生活与施展才能的环境。马克斯·韦伯也曾注意到在传统中国城乡控制力量的差别,他写道:“正式的皇权统辖只施行于都市地区和次都市地区。因为在这些地区,它不用面对在这些地区以外所遭遇到的、强固的氏族血缘纽带的对抗……出了城墙,统辖权威的有效性便大大减弱,乃至消失。”[1]然而进入晚清,随着中国各地的逐步开放,工商业与制造业进一步发展起来,新兴繁荣的城市对开拓者与劳动力有更大的需求,同时也以这种需求吸引着绝大部分沉积于乡村的人口。另外,在城市中的现代产业发展时,传统的乡村工业却被极大地挤压了。失去了“耕”与“织”的有机配合,传统的农业运作遂不能再使农民不饥不寒地生存下去,近代乡村的凋敝被普遍目睹和认同。在这种情况下,出走就成为一种合乎情理与时宜的选择。相比牢牢依附于土地的农民,脱离生产又具备相当的经济能

〔1〕　[德]马克斯·韦伯:《中国的宗教:儒教与道教》,康乐、简惠美译,广西师范大学出版社2016年版,第57~58页。

力与社会资源的士绅群体,显然更能够果断与有效地出离乡村,进入城市生活。因此,这一时期,随着乡村境况的日益低迷,士绅的居城化倾向也逐渐明显。

但这一时期,士绅即使居城,也依旧维持着与乡村的宗法共同体之间的联系,作为传统的知识分子,他们也没有丢失作为"一邑之望"的责任感与职责。更进一步迫使乡村精英出走,并严重影响了士绅与乡村社会之间联系的,还是1905年新政时期对科举制的废除。在当时要求废除科举的声潮中,科举制主要被作为教育制度的一部分遭到严厉批评,同时它作为选官制度的合理性,也在新政改革中经受着怀疑。但是,今日更多的研究者看到了科举制对传统政治制度的维护与黏合作用,还有它作为社会与政治之间通路的重要性。首先,科举制的废除带来的最直接的影响是使知识分子的上升通路被截断,自此,读书不再成为一种人人向往的选择。原本在乡村进行着"耕读"生活的知识分子此时不得不尝试去城市寻找新的生存手段,而在城市中,许多人逐渐分化为商人、政客、军人等,既脱离了原本的身份,也脱离了原本的乡土生活环境与职责。其次,废除科举之后新式学堂迅速发展,与传统的"塾"不同,这些学堂大多由政府创办,设立于各大城市,而乡村中的基层教育机构则逐渐消失。这一变化就引发了如下问题:其一,知识分子向城市集中,除非进入城市否则农家子弟再难得到受教育的机会;其二,教育的内容变为了从西方传入的文学、科学、艺术等学科,学堂的知识与乡村社会的实际需求相脱节,因而接受了新式教育的知识分子很难再回归乡村,精英分子在城乡之间的流动变为了更明显的单项路径。最后,随着传统士绅与政治之间的联系被割断,"官绅"之间通过潜在的政治关系所形成的牵制也不复存在,士绅群体遂逐渐失去了在官与民之间上传下达的作用。

面对这种政治与社会变革,一部分士绅寻求向其他身份转变,但也有相当一部分士绅继续谋求着政治上的晋升,而这种晋升机会大多也同样存在于城市中,这也可以说是引发士绅居城化浪潮的另一个重要原因。同时,在士绅居城化的反面,则是乡村社会中精英的大量出走。被精英所离弃的乡村社会失去了原本既定的管理者与权威人士,陷入了一种"权力真空"的状态,在后来的民国时代备受批判的"土豪劣绅",就是从这道夹缝中悄然而生的。如前所述,自太平天国时期起,由于学衔的扩张,士绅群体的数量急剧增加,而质量则相对下降,虚涨的这一部分异途士绅,难免成了较纯粹的乡村寄生阶层。在晚清最后10余年的动荡局势中,他们相对更迫切地维护着自己在乡村社会的既得身份与利益。费孝通也注意到："我们在前面曾经讲到不从事生产活动的人，他们试图组成一个新的有组织的寄生阶层。由于村民单纯幼稚，又缺乏良好的组织，他们轻易就会成为这一阶层的牺牲品。"〔1〕此外，随着政治改革的进行，由知识分子的身份所带来的社会威望也逐渐不再能成为权力的正当性来源，尤其是对于这一批寄生阶层来而言。于是，与县官相亲近，通过依附或听命于官权继续保持自己在乡村社会的某些特权与权力，便成为一种越发常见的现象。至民国时期，清末举人刘大鹏写道："民国之绅士多系钻营奔竞之绅士，非是劣衿、土棍，即为败商、村蠹，而够绅士之资格者各县寥寥无几，即现在之绅士，多为县长走狗。"〔2〕更广泛而深刻的绅民矛盾虽然集中爆发于民国，但士绅身份与地方绅治模式的演变却自晚清时期的这些变革开始。

回顾这一时期传统绅治在乡村社会由式微走向失败的过程，一方面，在向近代化的政治与社会变迁中，这种后果显得不可避免；但另一方面，地方绅治的核心理念，"乡人治乡"与"德性统治"却又从未显示任何落后于时代或阻碍社会发展的痕迹；相反，正是这种核心的丢失使绅治最终无以立足，使传统上一种曾经行之有效的地方自治方式逐渐退出了实践。在当代，重塑士绅群体已无可能，但对士绅治乡的思路、理念与精神的重新思考或许仍将助益良多。

2. 城市的困境：自治与权绅化的矛盾

戊戌变法以来，地方的自治活动大多围绕一个终极主题，即发扬"民权"。激进如何启、胡礼垣，曾直言："凡以善善从长，止问可之者否之者人数众寡，不问其身分之贵贱尊卑也。此民权之大意也。"〔3〕并且"一乡之内人人有自主之权，则其俗清，一国之内人人有自主之权，则其国宁，环宇宙之内人人有自主之权，则其天下和平"。〔4〕 而欲以实践兴民权的梁启超则又

〔1〕 费孝通：《中国士绅：城乡关系论集》，赵旭东、秦志杰译，外语教学与研究出版社2011年版，第171页。

〔2〕 刘大鹏：《退想斋日记》，乔志强注，山西人民出版社1990年版，第336页。转引自李发根：《科举制的废除与近代中国乡村危机研究》，载《山西大学学报》(哲学社会科学版)2016年第6期。

〔3〕 何启、胡礼桓：《新政真诠·劝学篇书后》，载《胡翼南全集》卷一八，文海出版社1976年版，第1028页。转引自汪太贤：《晚清地方自治思想的萌生与演变》，武汉大学宪法学与行政法学2004年博士学位论文，第92页。

〔4〕 同上。

循序渐进地提出,欲兴民权,需先培养"新民",使民有新才、新德,只有民智开启,方能与民以自主之权力。于是,在实行"兴民权"的地方自治活动时,他主张先从民智的启发、民德的培养做起,而这种教化的工作,则当仁不让地交给了思想开化的地方士绅群体。于是,一场实质上以兴民权为目的的地方自治改革,在它的发展初期所呈现的,是士绅对自治活动的高度参与与高度把握。这种情况也随着新政的开始变得愈加明显,因为自戊戌变法以来,士绅已经在早期的地方自治活动中打下了机构、组织与经验基础,第一届谘议局与资政院民选议员的选举结果也有力地证明了士绅在地方政治中的地位。

首先,晚清时期士绅权力的正式化和他们积极的政治参与,并没有进一步地推动民权的兴盛,反而造就了一批与专制官僚共同进退、侵压民生的"权绅"团体。有新政时期的记录道:"(士绅)一旦逞其鱼肉乡民之故计,以之办理自治……或假借公威为欺辱私人之计,或巧立名目为侵蚀肥己之谋,甚者沟通衙役胥差,交结地方长官,藉端牟利,朋比为奸。"根据《清末民变年表》的统计,新政后期,尤其是废除科举和地方咨议局建立之后的几年间,"绅民冲突"的数量远远大于以往,这也十分直观地反映出了士绅在地方社会地位与性质的变化。但是,绅民冲突在乡村社会和城市之中肇起的原因却存在微妙的差别。在乡村社会中,劣绅为谋求个人私利而对乡民进行欺压,常常是造成这种冲突的主要原因;在城市中,由于较复杂的行政管理体系已经初步建立,以一己之力谋取私利的难度大大增加,虽然在进入这些行政机构的士绅中,由于掌握权力而引发的腐败必然存在,但在城市这一背景下,致使绅民产生冲突的最本质原因,还是士绅因为掌握实权,进入体制之内而发生的身份与利益取向上的变化。新政时期,警察、交通、邮政、工商等行政部门从以往的"衙门"当中分割出来,形成了独立的行政机构,而受地方官吏的委托,往往是较有名望的地方士绅成了这些机构的领导者。在这一过程中,士绅的"官化"趋势不断加深。于是,在当时的兴新学、筑铁路、进行城市改造等多方面,士绅都表现出了与官方趋同的立场,并且成了官方推行各项行动的助力,而传统时代士绅在官、民之间居中调节,或作为"一邑之望"为民众发声的功能与责任感逐渐淡化了。

其次,城市的环境也给予了士绅这种身份和利益转变更多的助力。传统的乡村社会常常是"氏族的""身份的"社会,在这种社会中,士绅很难完成完全的"官化"。血缘的纽带、家族身份的制约、氏族的共同利益,都将形成他们转变的坚固阻碍。但是,晚清的城市却恰好是打破了传统的氏族聚居与“身份联系”的产物。城市居民、居民与管理者之间“个人的”“契约的”特征越发明显。一方面,已然进入体制内的“官化”士绅,自法理上来说已不需要通过道德品质与社会威望来支撑其权力;另一方面,“个人化”的城市社区也不具备乡土社会一般的凝聚力与约束力,因此,可以说城市为士绅充分取得与运用自己的权力提供了绝好的空间。

将新政政策的各项具体实施交由地方士绅,原本也是基于“官与民疏,绅与民近”的传统考量。士绅不仅在心理上更亲近民众,在进行保卫、工程、劝业等活动时的经验常常也更优于官僚,但在接过这些行政职务与事务之后,士绅面貌的转变与绅民关系的恶化却是当时人或许未曾预想到的。从本质上来说,传统上士绅能够在官与民之间进行沟通调节,恰好得益于他们的非正式身份,一旦居中的“绅”向“官”一方过分偏斜,保持传统地方稳定的“官绅民”的牵制格局也就被打破了。并且更进一步地,“绅”的偏斜与变质还意味着国家权力与普通民众之间的一道“屏障”被移除,其结果就如当代学者周安平所说:“社会中如果没有同国家权力抗衡的自治组织或团体,国家就会通过层层官僚机构将偏离于公共利益的强权意愿直接贯穿到社会底层。”[1]晚清时期社会矛盾的剧烈激化不乏这种原因的刺激,而这对当代社会自治与国家权力之间的平衡也足够形成一种历史的警示。

结 语

绅治在传统时代的存续,离不开作为核心理念的道统,作为核心知识的儒家伦理,联系国家与社会、政治与知识的科举制和不断产生的士绅群体的共同支持。而在晚清时代,国内长期的学术停滞与西方近现代思想的流入,共同动摇着儒学道统对政治合法性的解释能力,传统的“知识—权力”的单一道路出现了分歧,它尤其深刻地影响着只掌握知识而不掌握经授权的正式权力的士绅阶层。传统上士绅得以治理地方的“知识—威望—权力”的理论逻辑日益被削弱,直至科举制被废除。而在1905年科举制被正式废除后,不仅由知识到权力的通路彻底断绝,士绅群体亦不再产生,传统绅治遂面临着必然的解体。

另外,传统思想、传统风俗与人物的影响力却并不会随制度的废除戛然

---

〔1〕 周安平:《社会自治与国家公权》,载《法学》2002年第10期。

而止。因此,在绅治的传统基础逐渐解体时,士绅群体对地方的号召力与控制能力依然依托人们的习惯与记忆得以延续,在清末戊戌至新政时期的一系列地方自治改革中,士绅群体也依然是地方政治的主要参与者与领导者。这一时期的绅治既不应该被认为是传统绅治彻底消散前的残影,也并非一种全新的西方式的地方自治模式在兴起,戊戌至新政这一时期的地方政制改革,更适于被认为是对传统绅治的一种重构。它与在这一时期发生的其他各种改革一样,既借鉴了西方的制度框架,但又用传统的思维去理解与安放它,其结果就是让传统上统领地方的士绅群体直接进入现代的地方自治机构当中,开始依照法律行使权力与履行职责。至此,绅治的核心群体依然基本存在,但他们参与政治的环境、依据和途径又经过了重新打造。

然而,绅治在晚清短暂的重构尝试,仍不可避免地体现了一个探索与转折时期的盲目与急切。它借鉴西方的发展经验,以城市为改革的原点与重点,其结果是忽视了大多数人聚居的乡村社会的发展需求。这种决策使乡村原本的社会秩序与权力格局遭到破坏,在混乱与失语当中逐渐走向凋敝与衰落。而在城市的地方自治改革中,部分由于国家层面依然保有顽固的专制体制,士绅身份与权力的正式化并没有使他们成为合法的“民权”代言人,反而令他们逐步“官化”,与民众的利益和地方公共利益渐行渐远。因而在晚清,可以看见一个多少带有传统色彩的现代地方自治的形式,却并没有迎来一个真正有中国特色的地方自治制度。

然而,晚清的失败既是一次初次尝试的失败,也已成为一段历史。今天,我们在了解传统的“德化的政治”与绅治演变的基础上,依然有机会去探索一种既符合古老的人心习俗,又能立于现代社会的地方政制。

论中国传统“法官”的标准

——以《名公书判清明集》为样本

◇高　珂*

引　言

从经史子集四部分类来看,《名公书判清明集》是一本包含诉讼判决书、官府公文、实体判决案例等重要历史材料的文集。此文集一直以来是我国学界研究南宋中后期社会史、经济史、法制史的珍贵史料。笔者以1987年中华书局点校本为研究对象,此点校本涉及的内容,对社会底层生活的各个主要方面都有所反映。全书共七门14卷,七门:官吏门、赋役门、文事门、户婚门、人伦门、人品门、惩恶门。每门又分若干类,每类收有数量不等的判词。如官吏门,其下又分为申儆(儆戒)、申牒(公文呈报)、奖拂、儆饬(斥责)、禁戢(禁止)、澄汰、周给、顶冒、鬻爵、借補、權攝(暂时代理)、受贓、對移、昭雪、舉留生词立碑等15类,共计64篇。又如在《名公书判清明集》占据了最大篇幅的户婚门,可以分门别类得到如下(见图1)数据。

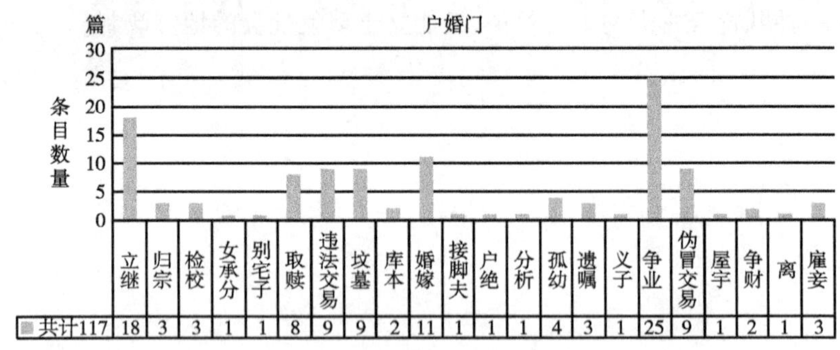

图1　户婚门各类数据统计

---

* 国防科技大学教研保障中心集中采购室采购主管。

从图1可见,户婚门类别众多,共计22种民事案件,包含广泛。从本书卷之四到卷之九都为户婚门的内容,而这些书判在继承关系、宗族关系、婚姻关系、买卖交易关系等民事、刑事案件都有所体现。以本书为研究对象,是经过考虑和分析的,它展现了南宋时期几乎所有的案件类型,给笔者研究中国传统法官的判决方式、判决程序、审判精神提供了相对广泛的史料资源。

笔者将本书按照“一案一篇”的方式清点,得知全书共收录474篇,包括判文456篇、训谕18篇。笔者所参考的是1987年中华书局印制发行的版本,在篇幅上是宋残本的近4倍,可以说是目前最完善的版本。[1] 此本是经过点校的新本,主要根据北京图书馆和上海图书馆所藏明刻本《名公书判清明集》(北京图书馆的藏本为残本,只有前10卷,上海图书馆所藏为足本,共14卷)与宋残本对照点校勘定而成。[2] 现存主要版本有:日本静嘉堂之宋刻本、北京图书馆之明刻本(包含5门10卷)、上海图书馆之明刻本(此前为近代藏书家周越然所保存)、[3]《四部丛刊》之旧本、1987年中华书局点校本、续修四库本、四库全书存目本等。

笔者以《名公书判清明集》为研究对象,是为了整理出中国传统“法官”的标准与相关标准设定方法的研究成果,试图由此寻找出对我国当前而言明确可行的、更完善的法官标准及配套的运行制度体系。

传说中国古代帝尧时代中有一位公正的法官皋陶,他用独角兽“獬豸”治狱,坚持公正,被奉为中国的司法鼻祖。不仅如此,皋陶作为“上古四圣”之一,坚持推行“五教”(父义、母慈、兄友、弟恭、子孝),以此来达成社会和谐,天下大治的目的。《商君书·定分》中也有言:“遇民不修法,则问法官。”在中国传统历史传说与史料记载中,都或多或少体现了中国传统社会整体对公正的强烈期待和内心对法官形象的塑造。

早在2001年10月,我国最高人民法院就制定颁布了《中华人民共和国法官职业道德基本准则》,又于2005年11月制定颁布了《法官行为规范(试行)》这项试行性规范,并在2010年又分别进行了修改和调整。这两项

---

[1] 参见陈智超:《宋史研究的珍贵史料——明刻本〈名公书判清明集〉介绍》,载《中国史研究》1984年第4期。

[2] 参见中国社会科学院历史研究所、宋辽金元史研究所点校:《名公书判清明集》,中华书局1987年版。

[3] 参见张升:《〈名公书判清明集〉的版本及流传》,载《图书馆杂志》2001年第7期。

关于法官标准的行为规范在人民法院改进司法作风和加强法官队伍建设的过程中,发挥了重要作用,也取得了良好的效果。然而,随着我国社会经济发展的变化,出现了法官选任标准和就任水平逐渐跟不上社会变化的情形。从具体实践来判断,笔者认为最高人民法院出台的这两项文件在现实中并没有达到预期的效果。有学者认为,对民众来说,法官就是活着的法律。法官队伍一旦出现良莠不齐的情况,就难以达到社会公众对于法官及法院的期盼,更难以实现社会整体对于公正的期盼。法官在就任中不仅要完成审判的基本程序,更重要的是给予社会一个解决矛盾的方式,以此来释放自我与他人产生纠葛的压力,达到维护公平正义的目的。法官若审理不当,没有厘清民众的困惑和心结,我判我的,你说你的,极易引发当事人的不满与抱怨,甚至影响法院的声誉和权威性,从而成为民众抱怨社会不公的引火点。因此,在社会现实中,法官既要握好解决具体矛盾的公平之秤,也要架好民众从内心信任法律的桥梁。

法官作为社会精英和公平正义的维护者,其标准直接关系社会公众对法院司法公信力乃至整个法律制度的信心。完善法官标准,提高职业道德要求,发挥规范约束效应,塑造符合理想标准的法官队伍,是应社会之诉求,也是应公众之期盼。只有符合理想标准的法官,才能促使社会整体遵守法律规则,才能保持和谐秩序的稳定和延续。这不仅是为了当前以"公正、廉洁、为民"为核心的司法价值观的实现,也是为了发挥法官队伍统领、推进公正高效司法的作用。笔者认为,一个国家的法官标准体现着这个国家法律演进过程中,积淀固化的法律价值精神和规范要求。一个国家的法官标准,不仅是这个国家司法伦理秩序的体现,也是法律价值和精神的体现。笔者期望通过对中国传统"法官"的标准进行探索和分析,从中分辨和提炼出中国传统司法特质和文化个性,并为转型时期中国司法改革提供所采纳的制度运行体系和精神资源。

一、中国传统"法官"释义

对于中国传统"法官"的含义,笔者是以《名公书判清明集》为研究对象,以宋代为历史背景去认识的。史学家葛兆光曾说:"所谓中国的传统文化,我们现在记忆中的或是生活所遇到的,其实不是真正的古代传统,而是宋代的传统。家庭、伦理、道德等历史和常识,往往都是宋代给我们留下来的。宋代对现代中国的影响非常大。”[1]宋代所处的12世纪,形成了对中国影响深远的司法传统,正如陈寅恪先生对宋代评价道:“华夏民族之文化,历数千载之演进,造极于赵宋之世。”[2]

《名公书判清明集》可以被理解为“名公”所作“清明”的“书判”集。以清明作为文集的定语前缀,体现了“清明”二字在书中的实际意义。在本书附录后序中,明代进士盛时选写道:“明清于单辞说,书谓明无一毫之蔽,清无一点之污,然后能察其情,民受祥刑……清明集之作,义或肇于是乎。今观集中于民详于劝,于吏详于规。”[3]从书中收录书判的质量及当时的社会效果看,确确实实可以谓之“清明”。而“名公”的含义,我们可以从书中书判的作者本身去理解。被《名公书判清明集》收录书判的作者,大多是当时的地方政府官员。他们长期在一线进行司法实践活动,经受着民众最直接的检验,因此能被称为“名公”,不仅要有相当水准的知识和修养,还需要有经得起民众检验的人格、理想和信念。在本书所录判词中,法官是指“州一级负责审理案件的专门官员”。吴势卿(雨岩先生)在《治豪横惩吏奸自是两事》一案中写道:“法官所定,系徒一年,且决臀杖二十,折徒杖十,仍编管池州。”[4]这是法官对当地恶霸骆一飞父子犯案的处罚。在卷十三中,马光祖(裕斋先生)在判文中写道:“合从法官所拟徒一年半,脊杖十三,仍加送五百里外军州编管。”在上述书判中提到的“法官”都是指宋代司法审判之专门官员。

“法官”在中国传统尽管有多种含义,但在南宋时期是指“精通法律,主管审判”的县级长官、州一级司法官、中央司法机关的官员等。由此,我们认为中国传统“法官”释义与现代“法官”释义有所相同,这也说明中国传统法官也承担着如同现代法官所承担的职责。

二、中国传统“法官”标准及其体现

(一)《名公书判清明集》中法官标准的体现

《名公书判清明集》是南宋时期的产物,当时随着商品经济的发展,民

---

[1] 葛兆光:《思想史研究课堂讲录》,三联书店2005年版,第212页。

[2] 张本顺:《宋代家产争讼及解纷》,商务印书馆2013年版,第1页。

[3] 《名公书判清明集》附录(一),中国社会科学院历史研究所、宋辽金元史研究所点校,中华书局1987年版,第563页。

[4] 《名公书判清明集》卷一二《惩恶门》,中华书局1987年版,第460页。

间交易的数量和种类也在日渐发展。这不仅对社会发展产生积极影响,与之伴随而来的消极情况是冲突的日益增加,这也导致了当时社会管理部门(官府)受理案件数量的增加。因此,法官的首要标准就是能快速公正地处理案件、化解纠纷。由于南宋时期存在重文轻武的思想,地方官员主要由文官担任,以此降低地方产生不稳定因素的可能。而这恰好使地方法官基本都具备较高的文学素养并且熟谙法律制度,其判决推理技巧、判词水平、判决效果相对以往朝代而言,层次与内涵都有所改善,这也是为现代所知的众多判词文集集中于南宋时期的原因。例如,《勉斋先生黄文肃公文集》《后村先生大全集》《文文山集》《朱文公文集》等判词文集都是当时之作,而这些文集都已被收录在中华书局点校本《名公书判清明集》的附录中。

该书中占据较大篇幅的真西山在《咨目呈两通判及职曹官》[1]提出了"四事十害"的说法。"四事":一曰律己以廉;二曰抚民以仁;三曰存以公心;四曰涖事以勤。"十害":一为断狱不公;二为听讼不审;三为淹延因系;四为惨酷用刑;五为泛滥追呼;六为招引告讦;七为重叠催税;八为科罚取财;九为纵吏下乡;十为低价买物。从字面上去理解"四事十害",可以认为"四事"即为在工作中应该保持廉洁;对待民众要有仁爱之心;处理案件要维护公正;履行职务要勤勉审慎。而"十害"则阐述了法官任职中出现滥用职权、渎职犯罪的危害,其中"六害"为滥用司法权力的后果。在此之后,真西山又写下一篇《谕州县官僚》,[2]勉励同僚"修冰蘖之规,励玉雪之操",廉吏要有守法奉公、坚守苦寒的操守,且"是非有理,轻重有法,不可以己私而拂公理,亦不可骫公法以狥人情",反映出中国传统官员对自我标准的要求是以法为据,不能因私废理。此后,真西山又写下《劝谕事件于后》,从崇风教、清狱犴等四个方面,举例说明自己在任职期间对于"十害"案件的处理情况和以"四事"自勉的就职准则。所谓正人先正己,有则改之,无则加勉,真西山在任职期间不仅劝谕他人,更是以身作则。在《名公书判清明集》中可以发现,中国传统法官标准反映在司法实践活动中的方方面面,包括判断事实、分析证据、推理方式、裁决理由、判决后的实施及效果等一系列过程。法官标准主要体现在《名公书判清明集》卷一、卷二官吏门中,但更

[1] 参见《名公书判清明集》卷一《官吏门》,中华书局1987年版,第1~3页。

[2] 同上书,第5页。

多的却是散见于文集中的各案例。法官们根据案件性质灵活采取处理方式,有些直接依律而判;而有些则通过警告、教化的方式去解决。他们摆事实、讲道理,重证据,运用灵活的手段来解决纠纷、达成和解,尽力使案件得到最佳处理结果。但最能体现中国传统法官标准的内容就是在案件审理后,法官书写对案件的分析,对自我、社会、民众的看法和规劝部分。

(二)中国传统法官的标准

1.律己以廉

无论是中国传统社会还是现代社会,大众对官员的最大期待就是能够做到廉洁。清正廉洁不仅是法官的立身之道,更对百姓的切身利益和社会的稳定有很大影响。在《名公书判清明集》中有不少案件都体现了中国传统法官“律己以廉”的标准。

如在《旌赏监税不受贿赂》[1]一案中,法官对比写到了罗监税和东尉下乡的情形。罗监税下乡体察民情,对乡民送上的布匹、丝线和两只鸡丝毫不肯收受。但东尉在常例之外,还问乡民要取革丝。对于这一廉一贪的情形,上官对罗监税奖赏一百贯钱和两瓶酒,以示认同和赞扬;对东尉则是批评,并以他为例劝诫同僚保持廉洁之心。在传统中国,官员的廉洁被视为最重要的考察标准。因此,在防治官员贪污问题上采取了“惩贪倡廉”的原则:对于廉洁律己的官员,要奖励;对于贪污的官员则是惩戒严厉;尤其是对专门从事司法工作的官员,要求更严格。如《示幕属》一文中,书判作者认为,本司是九州岛的刑狱中心,与民众利益密切相关。但在处理案件的整个司法活动中,常有其他官员及幕僚、属官进出,难以避免请托示好的情况发生。这种情况容易败坏当职法官的操守,因此,为了坚守廉洁律己的本心,要求在办案期间,其他无关人员不得进出相关佥厅,当值人员只能随行一人。防微杜渐,在一开始就将贪污渎职的可能性扼杀在摇篮中。中国传统法官为了保持廉洁,从各方面掐断贪污腐败的源头。在《狱官不可取受》一文中,县尉有私自取用职务内财物的嫌疑。但因为没有证据,疑案从无,只能告诫一番。吴势卿认为,无论县尉是否被定罪,都应自省为何他有擅自取用公物欠款的嫌疑。身为掌管狱内事务的司法官,不应辜负上级和民众的信任,要以此为戒,万万不能越雷池一步。《仓官自擅侵移官米》中提及州郡仓库出纳必须依法经过核对程序。仓官未经审核程序擅自侵占挪用公粮

[1] 参见《名公书判清明集》卷一《官吏门》,中华书局1987年版,第19页。

官米,律身不廉,行事不法。有些同僚认为,这不过是紧急情况暂借粮米的小事,但书判作者认为区区小事若不以为意传播于整个州郡,极有可能引起轩然大波。千里之堤溃于蚁穴,当职官员不廉洁,对于民众而言就无权威性可言,这是动摇国本的大事,最后以郑钧"为吏犯脏,终身废弃"[1]一言为结尾。吴雨岩更是在《汰去贪庸之官》中提出,官吏贪庸是为大害。对于这样的官员要及时拣选淘汰,维持纲纪,肃清官员的不正之风。在《任满巧作名色破用官钱》中,主管官员在判文中将巧立名目贪污的守制与廉洁律己的元德秀及赵清献相互对比,表达了以治下有如此贪污官员为耻的态度,赞美同僚任职期间不取一分一毫的廉洁品质。方秋崖在《革受纳弊幸》[2]中对任区官员、典吏的不当之处、搭揽之风都提出了改善意见。他认为,"官员洁身,自是革之第一义"。因为官员一旦贪污受贿,则将受制于人、畏首畏尾,如何能约束属官,革除民病。律己以廉并不是说说而已,对于中国传统法官来说,廉洁是立身之本,是为官之道。廉洁不仅是一名法官最基本的标准,也是传统中国所有官吏的任职标准。

2. 抚民以仁

真西山认为,要使国家长治久安,应先从天下人心开始,人人心中坚守道德仁义必使国治而天下平。从他对"四事"的论述可以看出,抚民以仁不仅是指在任职期间要体察民情,也是指法官在司法实践中要有爱民如子的赤诚之心,"上好仁,而下无不好义"。对待百姓,不能以重刑惩戒威吓为主,而要体恤民众、教化民众、推己及人,做真正为民做主的"父母官"。

从狱事方面来看,刘后村在《催苗重叠断仗》中说道:"人无贵贱,身体发肤,受之父母……此亦人之子也,可善遇之。"他认为,无论嫌犯身份如何,对他们都应有仁爱之心,在已经被实施处罚的嫌犯旧伤未愈的情况下,不应再次施刑。因为重叠施以杖刑有损宽恕仁和之道,所以劝诫同僚今后不宜如此。《治推吏不照例禳祓》中,吴雨岩认为,一路区划内,狱事多至从未见过狱室有空之时,然所及狱官不以为意。因辖区民风彪悍,故狱官经常实行株连,一人犯事,则逮捕十数人以上。监狱人满为患,时有因季节变化感染疾病而无辜枉死的情况发生,对此他深表痛心。他在调查本地狱官之后,严厉批判了苛刻对待嫌犯的这种风气,对涉及的狱官也处以刑罚张榜公

[1] 《名公书判清明集》卷一《官吏门》,中华书局1987年版,第30页。

[2] 参见《名公书判清明集》卷三《赋役门》,中华书局1987年版,第69页。

示,以平民怨。后有胡石壁亲自考察被拘禁囚犯的住所,发现房屋颓败不堪,不仅漏雨还十分潮湿,囚犯身体虚弱容易染病,服刑时期还需要劳作,苦不堪言。当地病逝的罪囚数量很多,对他们的家庭造成了很大的伤害,而这也有损国家的忠厚之泽。因此,他敦促当地尽快修整旧衙门改作新的厢牢,改善囚犯的生活条件,这一行为体现了中国传统法官朴素的人道主义观念。

从推己及人方面来看,胡石壁在《兵士差出因奔母丧不告而归其罪可恕》中,对因奔丧未告假的士兵也表达了体恤仁爱之心。他认为,吴保遇到“母卧病则不得侍其医药……闻讣之日,见星而舍,犹以为缓,尚何暇于谒告哉”[1]这种情况,于法理上固然不能宽恕,但从情理上是为人子之孝义。没有人在遇到家人病危的情况下,还能保持镇定自若。为人子女,遇到此事只恨不能腋下生双翅赶到家人身边。这是事发突然,情有可原。因此,上奏提举司,为吴保请求免刑。又对兵马司建议,士兵驻扎在外,如离家两千里以上,每四月允其探亲一次;家中有父母年老衰病时,要减少外派。又有厢巡(巡夜军警)动辄拘执百姓一事。说道蒋一与兄邻聚众饮酒,男扮女装以作玩笑。厢巡发现此事后,立即拘执全部人等。对于此案,胡石壁认为厢巡是无故生事,市井之间常有乐事,蒋一等人并非犯奇装异服之罪,也未对他人造成危害,如果连此等行为都要拘束,百姓会人人自危,当职自身也不能避免。因此,胡石壁规定除了盗窃、赌博、争闹、斗殴或者其他犯罪行为要严厉打击外,不能动辄拘捕他人,随便限制他人人身自由。这也是中国传统法官宽以待人、推己及人的体现。

中国传统依靠民众税收维持国家机器的正常运转,官吏作为国家政策的执行者,在收税过程中常接触国家财产,因而时有盘剥百姓的违法事件发生。民众遇到拖欠、盘剥不啻祸从天降,如遭晴天霹雳。还有官吏以低价买物、因公事买卖却拖欠百姓钱物。这些事件在危害百姓利益的同时,还造成了官民对抗或法官不能服众的结果。以仁爱之心对待民众的官员是中国传统法官标准之一,秉承“抚民以仁”的思想理念,有助于缓和官民矛盾和稳定社会秩序。

3. 存以公心

笔者认为,《名公书判清明集》中提出的存以公心是中国传统法官的另一个标准。存以公心——公正存心,司法官员正是审辨是非、论断对错的裁

---

〔1〕《名公书判清明集》卷一—《人品门》,中华书局1987年版,第437页。

决者。他们只有保持公正之心,依律法断案,不偏不倚,方能解决矛盾,使纠纷得到合情合理的处理。

从依律法断案的情况来看,宋代的律法形式承接于唐代的律、令、敕、格、式,在此基础上,又增添了看详(随敕说明)、指挥(临时附敕文指令)。我们通过统计《名公书判清明集》中书判作者断案所依据的法律规定,可以得到以下(见表1)数据:

表1 《名公书判清明集》断案依据统计情况 单位:篇

律	敕	令	格	看详	指挥	赦	其他	合计
60	130	29	3	5	7	2	52	288

这些律法条文所涉书判,占全书的1/5。引用法律条文的详细出处,可见于《〈名公书判清明集〉所引宋代法律条文述论》。[1] 从这些数据可以看出中国传统法官对律法的重视。举例来说,被此书收录最多内容的官员是胡石壁,其次则是蔡久轩,两人的书判共计被收录147篇。因此,这两人在此书中可算是"名公"代表,为中国传统法官公正存心、依法断案的标准起到了佐证作用。胡石壁在任期间,不畏强权,秉公办案,为当时世人所称颂,口碑极佳。文天祥曾作《祭都承胡石壁文》:"石壁之锋,神入天出,金石可摧,孰为公直。"[2] 以此来悼念胡石壁公正、正直的品格。

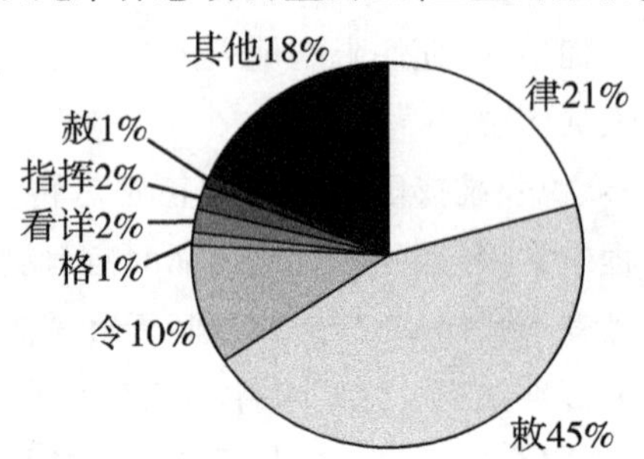

图2 《名公书判清明集》法律引用情况

通过图2,我们对《名公书判清明集》法律引用情况有了直观的了解,可以看出本书所录司法判决不仅在论证上具有合理性,而且其判决结果也以

〔1〕 参见孔学:《〈名公书判清明集〉所引宋代法律条文述论》,载《河南大学学报》(社会科学版)2003年第2期。

〔2〕 张凤雷:《〈名公书判清明集〉中民事判词的情理法研究》,郑州大学法律系2016年硕士学位论文,第10页。

符合法律规定为基本。中国传统法官在民事、刑事案件中,只要涉及法律规定,都仅会援引法律条文作为案件判决的依据。我们发现在《名公书判清明集》中,在依据法律规定判案的同时,“名公”们还引入先例或典故予以佐证。这不仅有助于法律条文的诠释,也有助于当事人理解法官判决的理由,达到公平公正、合情合理地解决矛盾的目的。

从公正不偏私的情况来看,中国法医学鼻祖宋慈《办公吏摊亲随受赂》一书中,详细说明了他对司法官亲随犯案的公正处理。首先,他要求狱官“断要分别明白,不可疑当职护短,是则还是,非则还非”。[1] 就算是当职的子弟都应大义灭亲,对于亲随仆从不能偏私凑合,含糊处理。其次,作为当职法官,出了家门,则所有亲戚都是不相干人等;进了狱室,无论远近都是罪人。一旦徇私,则纲纪毁坏;一旦偏袒,则公正无存。宋慈根据律法判决脊杖二十,刺面,配二千里州军牢城。这都是中国传统“法官”以“存以公心”标准来要求自己的体现。但中国传统法官对民间经济纠纷多依情理而断,即使有律法规定也从轻判决或只是警告而不执行。相较当前中国断罪必依法条、判决书必列举法条的情况而言,那是远远不够的。

4. 涖事以勤

笔者认为,“涖事以勤”是《名公书判清明集》反映出中国传统法官的一种工作态度,具体到司法实践活动中则是作为法官的考察标准。

一方面,从工作作风来看。在《去把握县权之吏》中,有一地名为玉山,此地受过盗贼之害,又经受水旱之灾,因此,巡检常常过问知县当地情况,好判断接下来采取怎样的抚民措施。当地知县对上级的汇报也常是与民为善,从不纵容官吏欺侮扰民。但吴雨岩则认为不能听信一家之言,对待民情要审慎用心,因而多番实赴当地考察,最终发现此地有小吏周仁,恶贯满盈,为祸乡里,把持县内权力已久,知县却敢怒而不敢言。最后,官员吴雨岩将周仁驱逐出官员队伍,处以惩罚。这个案件不仅说明了官员尸位素餐的不良后果,也说明了吴雨岩作为中国传统法官勤勉审慎的优点。又如刘后村审理《自撰大辟之狱》一案,“大辟公事,合是的亲血属有词。张惜儿之死,张千九,其父也,阿杨,其母也,张千十,其叔也。此三人自始至终无词。而事不干己人王百七、王大三輙经县,以为死有冤滥。本县察见,已将两名勘下杖责”。首先,法官认为只有她的相关血系亲属才有资格追诉张惜儿的

---

〔1〕《名公书判清明集》卷一一《人品门》,中华书局 1987 年版,第 429 页。

死亡原因,王百七和王大三并不是相关权利人,因此对受理此案的勘下予以处罚。“有张世行者,輙经州,经本司告讦弟妇姜氏闺门阴私,以致惜儿冤死……当职引上张千九面问,据称其女实以病风妄骂,五月初三日,主母姜氏唤阿杨教诲,阿杨用柴条打惜儿两下,至初五日,张千九又在姜氏家,见惜儿发热妄语,其父煮粥未熟,惜儿忽于厕屋自缢。亲莫亲于父子,再三审诘,其词坚确如此。”其次,从此处看来,法官就此案反复询问死者父亲当日情况,又对相关人士进行调查,得到张惜儿是自杀而亡的确切事实结论。此案的发生是因为王子才因旧怨妄图凭此事诬告他的叔母姜氏添福,倾覆姜氏一家。王百七和王大三则是无故编纂,罗织狱事。对于“今撰造公事人各端坐于家,而姜氏一家俱就囹圄,惜儿父母亦遭系累”[1]这种情况,法官深表愤慨。最后,对涉案人等进行处罚,放还姜添福、张千九、阿杨归家。此案的纠正,是法官勤勉查证的结果。如不是司法官详细调查,并严查张氏宗谱,发现主犯,就会因为县尉的轻忽而造成冤案。由此可见,中国传统法官的另一标准就是勤勉审慎。只有做到勤勉审慎,才能用事实、证据判案,才能避免冤假错案的发生,才能真正使民众在每一个案件中感受到公平正义。

另一方面,从案牍等文书管理及审判效率方面来看。《州官申状不谨》中,当职发现何季十一打死何亚愿一案,只有张通判与佥厅官的签字,却没有本府呈交上级的文书,也缺失判案府台的书押。“此系大辟公事,非特古来圣贤之所深谨,圣主所警示天下者,尤不轻也。”因而,该文书对查验、书押要有非常重视的态度,并举例说明吴尚书、陈侍郎及赵枢相等同僚在职位上“一系正任侍从,一系枢使督府,每有大辟申案,必明具衔位,亲书讳字,今案牍可考也”,对于他们审谨刑名的态度之分崇敬认同。作为一名官员,要“爱重民命,存国家体统”。对于这次的疏漏,他作出了如下处理:“轻民命,循吏谀,废事体,不惟本司不应含糊……人命所系,岂应轻率如此。牒张通判监承吏别具申,限一日,仍牒府照会。”[2]当职不仅写下对此案的处理方案,并要求张通判监督承接此案的官吏转交其他人员限期审理。由此案具体内容中也可以看出,中国传统法官以勤勉审慎的标准要求自己,力求每一份案件文书都符合标准,各方经手司法官员互相监督,并且采取限期审理的方式提高工作效率。

---

〔1〕《名公书判清明集》卷一三《惩恶门》,中华书局1987年版,第490~492页。

〔2〕《名公书判清明集》卷一《官吏门》,中华书局1987年版,第17页。

三、中国传统“法官”标准的功能与制度运行

(一)中国传统“法官”标准的功能

从上文对中国传统法官标准的分析可以清楚地认识到,符合标准的法官作为一股清流,在传统中国社会中发挥出了很大作用,它的功能对社会整体的力量是不能忽视的。从《名公书判清明集》来看,“四事”作为中国传统法官的标准,在司法实践中对于司法的合法性、正当性的达成有重要意义。首先,民众在司法活动中,会认真考察衡量中国传统司法官员的道德修养和人格品质。人民是朴素的,当我认同你的人品,我才会开始信任你,可以说人民的信赖是司法的生命。在中国古代司法实践中,“清官”“好官”往往出现在接受了儒家仁义思想教育的官员队伍中,如宋代的包拯、宋慈等。他们在任职期间改变了辖区内司法严酷、不公的局面,在社会大众中获得了普遍的赞誉,在历史的长河中闪现着光芒。其次,在《名公书判清明集》中,真西山、胡石壁、朱熹、文天祥这些法官,任职期间以“民本”思想为基础,兢兢业业,推己及人,以仁爱之心对待辖下的民众,造福一方。在案件处理过程中,他们以身为正,力使民众不受迫害之苦,获得正义的判决。总体来说,司法的正当性和可接受性在于满足司法活动中民众对正义和效率的诉求,给民众一个合情合理的判决结果。在古代中国,民众的生产生活受环境所限,个人见识与认知水平并不高。他们不懂什么法律条文,却知道什么是天经地义。中国传统法官在司法实践中,不仅要具备高尚的品格、专门的法律知识素养,还需要对社会有深刻的洞察力,能够说服当事人服从判决、理解判决,达成和解。

从《名公书判清明集》来看,中国传统“法官”期许在国法、天理和人情之间寻求平衡,并获得当事人与民众可接受的合理判决结果,以最终达到教化民众、释理明法的效果。无论是法官司法实践过程中的行为,还是法官对判决理由的解释,最终都实现了司法的调解与教化等职能。宋代对科举制度的完善,使一大批官员主动学习法律知识,提高法律素养。宋代对民事、刑事案件的法律规定十分严谨而全面,但这并没有使宋代成为法律严苛、重刑轻礼的时代。通过科举明经考试成为司法主体的中国传统法官,内心仍是秉承儒家与人为善、人性本善的思想,坚信通过教化能使人们弃恶从善,改邪归正。坚信仁义礼智信的儒家士大夫,是传统中国社会中行政司法的主体力量。尊重民众的生命价值、维护民众的生存尊严、保护民众的生活利

益是中国传统法官在司法判决中达成正当性和可接受性的前提。此外,达成司法正当性和可接受性还需要依靠公平有效的司法运作机制,还有立法层面上对司法价值追求的认同。法官不仅要运用知识进行分析、判断,也要运用技能进行综合推理。更重要的是,中国传统法官标准还包括法官在司法实践中价值观的体现。

在中国的现实社会中,法官的司法原则往往与其内在精神、道德追求相关。以这个观点为中心,法官在司法实践活动中需要去衡量:怎么做是符合道德价值的,怎样才能兼顾法理与情理,等等。这时,道德规范也就成了法官视为原则与规则的司法实践指南。然而,从《名公书判清明集》案例中可知:在判案过程中,法官不仅需要掌握程序性知识,同样需要掌握实体法中的具体制度(如善意取得制度)。而更为重要的是,法官对国家的司法政策以及在司法过程中需要采纳的经验法则等专门知识技能,如控制庭审秩序、促成当事人之间达成调解、促成当事人各方服判息讼、断案取证、棘手敏感案件的处理,还需要不断地更新和积累。法官的知识积累很多可以通过对理论知识的学习而达到,但对于必须通过司法实践才能获得的经验法则和专门知识技能大都是难以形成文本知识而集中推广的。只有通过不断的生活实践和工作实践,才能获得上述能力,最终达到符合社会需求的法官标准。如上文所言,虽然宋代科举对明法通经十分重视,但司法官员深受儒家经义的影响,使他们在司法实践活动中,总不免将法意与人情混为一谈。按照这种观点,法官只能依据道德准则来判断自己的行为是否正确。由此反映在司法实践层面上的情形是,中国传统法官以达到法意与人情和谐统一为目标,将符合情理作为考虑衡量案件判决结果的因素之一。正如胡石壁在《典买田业合照当来交易或见钱或钱会中半收赎》写道:"殊不知法意、人情实同一体。"[1]从这一观点出发,证明了法官认为道德规范具备实际意义上的正当性,这也是中国传统尤其是宋代以情理法为司法传统的原因。所以在案件处理中,法官在处理涉及亲属间的财产关系、继承关系、婚姻关系等民事纠纷的案件时不仅要考虑到与案件相关的法律因素,还应仔细衡量其中的情理关系。最终获得"权衡于二者之间,使上不违于法意,下不拂于人情"[2]的判决结果。

---

〔1〕《名公书判清明集》卷九《户婚门》,中华书局1987年版,第311页。

〔2〕同上书,第312页。

在此书中可以看到，中国传统法官为了达到实质性的公正，在审理中不仅根据当时的法律规定去判案，也灵活合理地应用其他方式去达到审判效果。我们知道任何法律规范和法律原则都不能脱离实际的社会关系而独立存在，一国的法律规范和法律原则的存废在某种方面也是这个国家社会需求的反映，就此可言中国传统法官标准的存在即是当时社会司法需求的反映。以中国传统法官标准为依准，法官在司法实践中考虑案件相关的情理因素、需求、法理与情理的平衡，不仅能够帮助案件当事人顺利通晓争讼事实发生的原因，也能帮助当事人更好地认可案件的判决结果，增添当事人对法官的信任，同样能以此维护和加强司法机关的权威性、无损法律规范的独立性。由于在司法实践中，中国传统"法官"重视调解与审断结合，重视人情与法意的统一，对维护家庭和睦、邻里团结等儒家传统起到了很好的作用，维护了社会的公平公正。

（二）中国传统"法官"标准实现的制度保障

对中国传统"法官"标准的研究要深入，就要探究保障和促进达成这些标准背后的法律制度。一方面，不仅要还原这些法律制度在具体的历史条件下的成因，更重要的是要去探索这些制度对于当前法治建设的价值。如前文所述，中国传统"法官"标准在当时的历史背景下，对民事、刑事活动有重要影响。要保证法官廉洁律己，不仅要加强风纪精神建设，更要制定司法官吏贪污渎职犯罪的法律制度，明确司法官员的审判责任。宋代十分注重法制体系的建设，既有周备的民事、刑事法律制度，也有相对完善的司法机构予以保障实施和监督纠错。这些法律制度涵盖了法官在诉讼审判活动中的方方面面，具体概括诉讼受理、审判、狱囚管理、对判决有出入的追究等。另一方面，司法官员的职务犯罪也是政府注重采取防范措施的地方。例如，重视法律考试以提高官员的法律素养；确定案牍标准以提升官员的专业技能；采取鞫谳分司实现审判分离；采取翻异别勘减轻冤案错案。这些举措保障了中国传统法官标准的实现。

南宋时期中央及地方司法机关"各有职业，互不相侵"[1]的行政设定保障了司法的公平公正，对中国传统法律制度有重要影响。首先是中央的司法机构：大理寺、刑部、御史台。大理寺的职责为断刑、治狱（为最高监察

---

〔1〕《朱文公文集》卷一四。转引自余英时：《朱熹的历史世界》（上册），三联书店 2004 年版，第 233 页。

机关);刑部主管刑罚、狱讼、赦免宽宥;御史台负责弹劾监察及参与重案审讯和疑案判决。其次是地方上的司法机制,地方包括路、州、县三级行政区划。路:设置提点刑狱司专管司法,定期巡视州县,监督地方官吏,负责审理(主复查)州县的疑难及其死刑案件。若地方官员不依法审判造成冤案,则要及时纠察。州:设置录事、司理(刑讯)、司法(检法)参军专职司法官员。与州同级的是府、军、监,有权判决徒刑以上案件,但死刑案件须呈报给所属路级的提点刑狱司及中央,对司法专职官员不得派遣其他职事。这些法令不仅保障了州级司法活动的相对独立性,也降低了司法官因分心外事而疏忽大意导致冤案错案的可能性。对于宋代州级司法制度,学界已有详细论述。[1] 县:负责判处杖刑以下的轻微案件、民事案件,大多无专职司法官员,基本都由县级主管行政官员兼任,即知县、县尉、主簿兼任基层司法官员。

以《名公书判清明集》的写作背景来看,南宋时期审判活动主要分为巡捕、推鞫、检断、判决四个部分。[2] 巡捕活动由巡检与县尉负责,主管侦查逮捕一事。推鞫,又称勘鞫,即调查事实,讯问案情。此项工作由狱司负责,史称"狱司推鞫",在州由司理参军或被称为"狱官"的录事参军负责。检断,又称检法断刑,由专门的法官即司法参军检出适用的法律条文,草拟判决意见,供长官最后判决时参考。掌管"推鞫"与"检断"的官员都是专职,有较高的法律素养,《名公书判清明集》中的"录事参军""司理参军""司法参军""法官"都是指专职司法活动的官员。他们协助本州司法长官的司法实践活动,又对本州司法案件的最后判决结果承担责任。南宋正是通过运行这样的法律机制达到内外相制的结果,达到维护司法公平公正的目的。

---

〔1〕 学界代表性的成果,参见郭东旭:《宋代法制研究》,河北大学出版社2000年版;戴建国:《宋代法制初探》,黑龙江人民出版社2000年版;张晋藩总主编:《中国法制通史》十卷本(第5卷《宋代法制史》),法律出版社1999年版;王云海主编:《宋代司法制度》,河南大学出版社1992年版;徐道邻:《中国法制史论集》,台北,志文出版社1979年版;朱瑞熙:《中国政治制度通史·宋卷》,人民出版社1996年版;刘馨珺:《明镜高悬——南宋县衙的狱讼》,台北,五南图书出版股份有限公司2005年版等。

〔2〕 日本著名学者,京都学派的宫崎市定对中国古代的司法多有建树,他的名作《宋元时代的法制和审判机构》,对宋代的司法进行了深刻的研究。参见刘俊文主编:《日本学者研究中国史论著选译》(第8卷),中华书局1992年版。

1. 鞫谳分司制

为了防止刑狱冤案等问题，除个别人口较少的州，其他各州及大理寺均实行审判与检法断刑相分离的制度。这种由专职官员分别负责审与判的制度，叫作鞫谳分司制。“鞫谳断罪，而使情法相当。”〔1〕鞫就是鞫讯，即审问犯人。谳就是谳问、定谳，即审判定罪。鞫谳分司意为审断分离，审讯与判决要由不同司法官员进行，各承其职，不能合为一体。在《名公书判清明集》中，“鞫谳分司”的情况并不少见。一案的审理既有“检法书拟”作为参考，又有录事参军、司理参军、司法参军作为制衡。如参军对审断存疑，可提交议状呈请上级处理。若此案之后发现有所出入，曾提出议状者免去处罚，无须承担责任。〔2〕

在宋代的司法实践中，既有州级司法官员间互相制衡而使冤狱得免的真实案例，也有州长官、司理司法参军等官员在审理案件中不履行职责，甚至共同舞弊而受处罚的事例。〔3〕 如《与贪令捃摭乡里私事用配军为爪牙丰殖归己》一案：“陈瑛安停赵知县于替满之时，赵知县作意周旋陈瑛安将安停之际。今详索到别项县案，其平白科罚，动计一千贯，名曰暂借，实则白夺。而陈瑛是时亦于此旁缘骗取物业，至于六七千缗。则毛信所诉，岂为全虚？皆缘陈瑛财力丰厚，专与县官交结，而此狱干连非一辈，营救非一人，所以前一次孔县尉财物，狱吏周旋，既脱身善去，今此奸计复行，拖延年余，追会徒繁，至今查无定论。今唤上审验，毛六四之被缧绁，犹有可言。自古岂有论人骗乞，偏受绷吊，而被执者反安然坐视之理？又岂有见在人又不勘，勒令供执已死人虚当之理？详此，则谓推吏非受情弊不可也。前此权知録者，虽曰开端差舛，然亦不过延引追会。又其时别理骗乞之讼未兴，赵知县科罚之案未出，今旁证已明，他词交至，而犹与之缚倒词人，非特诉冤者痛不能堪，而当职视其疮瘢，亦恻然不能堪矣。送都吏，选差本司人吏一名。及踏逐差款司推司二名，唤上两项诉陈瑛人及干连人，委请本司兼佥赵司法，于四景堂反复诘问，不直供者绷讯。惟实之归。及见索到及索州院未到案，发照问引，会州院见行推司拘下，先将一项案连与司法看过，今深熟，方可引上一行人勘。此狱当自赵知县移居其家内一项，科罚推寻，便

〔1〕 杨士奇等：《历代名臣奏议》，载《钦定四库全书》卷二一七（四）。

〔2〕 参见陈景良：《宋代司法传统的现代解读》，载《中国法学》2006 年第 3 期。

〔3〕 同上。

见情实。"[1]而后又有检法书拟:"陈瑛操不仁之心,贪不义之富,出入县道,以神其奸,交结配隶,而济其恶,主把公事,拏攫民财,但知为一家之肥,不知为众怨之府。今据所招情犯言之,放债取息,世固有之,然未有乘人之急、谋人之产如陈瑛者也。罗喆,始者借其钱六百贯,一入圈缋,缠磨不休,本钱已还,累息为本,逼迫取偿,勒写田契,已是违法。甚至唆使张云龙诬赖不还,告讦以兴讼,取媚县道,令纳千缗寄库以从和。操担捭阖,惟意所欲。既以此逼写膏腴之业,又以此没其寄库未尽之钱。专务行霸以自昱,乌知鬼神之所瞰。今两词对定,罗喆前后实借去钱三千一百贯,陈瑛则累本利共取八千一百八十贯,勒写田业准还,又寄库支用外,悉是白夺其四千四百余贯之业。原其设心措虑,非空罗氏之产不休。乃若主持贺八饶屋之讼,始则执毛信打夺所追人王世斌,寘之囹圄,终则受其财贿,夤缘县官,号召县吏,便可白休。惟得之求,宁顾法理。今其身罹宪纲,犹运通神之力,厚赂狱吏,拷缚词人,逼令退款,则其横行闾里,吞噬乡民,其毒岂特如蛇蝮而已哉!恶贯已盈,罪不容逭。在法:诸欺诈取财满五十贯者,配本城。又法:诸以卖买、质借、投托之类为名以取财,状实强夺者,以强盗论。欲将陈瑛决脊杖二十,配一千里。吴与系已配人,既为牙爪谋骗,又作陈瑛名折缚田业,计五百贯以上,助恶谋业,受保借钱一百贯,欲决脊杖十五,加配五百里。李三六系茶食人,行赇公事,受钱五十贯,欲决脊杖十三,配三百里,并监赃所夺钱业,送案别呈。罗喆、罗茂才且监下,毛信、毛六四先放。"最后断罪:"甚矣!陈瑛之贪黩奸狡也,上则为贪令作囊橐,捃摭乡里私事,与之推剥取财,下则用配军为爪牙,旁缘气势剔缚,因而丰殖归己。即此一项,已是白夺四千四百贯之业,其他被其嚼肤吮血,合眼受痛,缄口茹苦者,不知其几。湖南之盗贼,多起于下户穷愁,抱冤无所伸。此事自州县而至本司,将及一年,狱官则为其奇玩钓饵,推吏则为其厚赂沉迷,越历两官,托廷百计,及其终也,反将词人两手两脚缚烂终死定论。若非专官专吏,索齐干照案牍,不特豪强依然得志,而被害之家反被诬罔之刑矣。若酌情而论,情同强盗,合配远恶。送之检法,止欲抑疾恶之忿心,行酌中之公法。并引上照断,遵照拟判,逐一结断。"[2]本案详细阐述了湖南某地,有一大奸大恶之徒陈瑛,霸占田地,坑害百姓,贿赂推吏,引诱狱官,为祸一方。当职对于此案,派遣了款司、推司、司

---

[1] 《名公书判清明集》卷一二《惩恶门》,中华书局1987年版,第462页。

[2] 同上书,第463~465页。

法参军等专门官员,协同调查此案,又有检法书拟为基础,最终解决了这起恶性事件。这是鞫谳分司制在司法实践中表达得最直接的案例,这项制度的运行能使司法官员在司法活动中互相制衡,达到维护司法公平公正的目的。

2. 翻异别勘制

翻异别勘制度是宋代刑事审判过程中遇到“翻供”“上诉”等情形所遵循的一个法定程序,也是对从事狱案审判的法官加以约束的一个具体措施。司法机关在司法实践活动中存在“翻异”的法定情形有:审问时的翻供、行刑时的称冤上诉、上诉中的不服情形等。一旦发生“翻异”情形,案件就要“别勘”,改由他司重审。而他司重审又分为原审机关“移司别推”(移交其他部门审理)和上级“差官别勘”(指派部门或专人专审)两种形式。《名公书判清明集》中就存在翻异别勘的情形,如《贬知县》:“知县不能了事,以本司为推手之地。且如张琪系词人,全不责问的实,项辛一系停赌席之人,岂有不知引之至者。又如邵辛二乃被论人,全不曾与词主对实。今将枝蔓人一例具解,累累而前,可见谬政。案责付原解人管押,改委赵县丞,请着起精神,将要切人逐一对实,其无干碍人卽与着家,知县毋得泛扰,限十日了絶,违追承吏。”[1]此案因知县渎职,对案件审理全然不问,对证据一概不予核对确认,因此,上级“差官别勘”,委派赵县丞专门重审此案,要求一一核实,限期结案;又要求其他人等不得干涉审理过程,如违背规定,则要追究相关人士的责任。翻异别勘制度的特点就在于其赋予了案件相关嫌疑人或罪犯要求“异地审理”“回避审理”的权利,避免因司法官员的枉断与错判而造成冤假错案。这不仅有助于司法活动中审断分权,使其相互牵制,相互制衡,多重监督,以此减少审判程序中的弊端,而且有助于案件审判质量的提高,达到公平审理案件之目的。这种赋予当事人选择其他官员及进行异地审理的权利规则,对我们当今的司法制度改革和创新有一定的指导和借鉴意义。

从历史的背景来看,翻异别勘制度是南宋时期统治者对司法制度的一种改进,通过这种制度稳定政权。现有的研究成果表明鞫谳分司、翻异别勘、法官回避、限期结案等制度共同构成了当时最具特色的司法制度。通过翻异别勘、鞫谳分司等司法制度的设立和运行,分离司法实践活动中的审问、审断部分,维持了权力分配的平衡。这种分权措施,有利于防止司法偏

---

〔1〕《名公书判清明集》卷一《官吏门》,中华书局1987年版,第21页。

差,避免枉法裁判,减少因独断专行导致的冤案错案。对于中国传统司法制度的具体分析和研究,不仅有助于人们对不同法律体系的探索认识,而且,人们可以从这种追求程序正义的精神中得到一些启示和借鉴,也体现了中国传统法官谨慎断案的特点。翻异别勘制度作为宋代的特色司法制度,还具有“异地审理”的程序价值,使公正在整个司法活动中得到最大化的实现。

3. 冤案惩戒制

在传统中国社会,作为统治者的历代皇帝为了维护社会秩序的稳定,都在不断改善官员权力结构。《名公书判清明集》所展示的南宋时期,统治者高度重视司法官员责任制度的建立和改进。对前人已设定的有关司法官员责任制度的法律规定进行了继承和发展,吸取了历代纵容官员腐败渎职导致政权倾覆、国家动荡的教训。宋代对官员入职标准的提高和对司法行为的监督,在一定程度上促进了当时社会的发展,法官在这一时期扮演着维护社会稳定的重要角色。

在具体的司法活动中,最难避免的是司法官员违反标准,作出背弃司法宗旨的渎职行为。这不仅破坏了司法的权威,同时也侵害了民众的正当权益。例如,错放有罪之人;对无罪之人定罪量刑,造成冤案;对于犯轻罪的人处以重罪之刑,对犯重罪的人较轻的处罚。这不仅造成量刑错误,也导致了枉法裁判,这也成为宋代制定“出入人罪”的原因。依照当时的法律规定,对于这种渎职犯罪行为要进行严厉的惩治。不仅如此,对于“出入人罪”的分类,还体现了中国传统法文化中“慎刑”的理念。“出入人罪”分为故意和过失两类。因为主观恶性的不同,而量刑有所区分。这也是为了防止量刑相同导致官员故意犯罪。宋代,是中国传统法律制度较为健全的时代,也是一个变革的时代。宋朝重视司法官员的考试和遴选,且设立了相应的监察制度,对法官的司法行为进行有效的监督,对贪污犯赃、渎职枉法的行为进行严厉的打击。

中国传统法官标准以“四事”为基础,在思想上要求法官有仁爱之心;在行为上要求法官要自律廉洁;在审判中要求法官要公平公正;在工作中要求法官勤勉审慎。正因如此,在《名公书判清明集》中,渎职贪污的巡检扶如雷被审问时,才作“做官不如打劫自由”“无官更自快活”之语。可想而知,南宋时期对于官吏的管理和限制状况是多么的严格。但仅靠法律规定的强制性、法律制度的约束力及严惩违法渎职行为的威慑力是远远不够的,还必须靠官员的道德修养和自制力。

四、中国传统“法官”标准的当代价值

(一)转型时期法官标准设定的现状及其问题

现代法治国家意义上的法官是资产阶级革命以后的产物。[1] 法官的存在标志着司法权的独立,承担起对法律制度的实施和社会公正的维护职责。法官制度是审判制度的重要组成部分,包括了法官的选任资格、选任方式、任职期限、奖励惩处、物质待遇等制度。要探寻转型时期法官标准设定的情况,就要还原中国以现代司法理念为指导的司法改革,回溯中国法官制度的建立过程。

在传统中国社会,长期存在行政权和司法权不分离的情况。官员不仅要承担行政职务,也要兼顾司法职能。直到清末,随着中国近代“中学为体,西学为用”的风潮兴起,中国逐渐走上西方的法律轨道,引进西方法律制度。近代意义上的法官制度在这时才出现,孟德斯鸠“三权分立”的思想对中国的政体产生了影响。1905 年至 1910 年,清末变法运动不断开展,初步构成了现代司法制度,开始打破中国传统行政与司法不分的司法传统。历经北洋政府、南京临时政府的司法实践后,从当时法官所撰写的判词看,法官已具有相当的法律素养,而中国的司法体制也有了一定变化。“在没有知识培训的情况下,难以通过实质性条例和专业诉讼程序维持法律秩序。然而,社会具体情况的改变导致法律规范的广泛普及和司法原则变得越来越笼统。但在社会日益变化的复杂条件下,只有抽象化和一般化才能适应社会的巨大改变,适用于多种案件的处理;才能平衡社会整体各阶层的利益和价值。因此,想要增加完美有效率地解决社会矛盾的可能性,就要对相关从业人员进行专业的培训。在这个时间段,几乎所有的社会中,都有产生一个具有明确界限的群体。他们逐渐形成一个独立的阶级,也就是现在的即法律专家。”[2] 随着中华人民共和国的成立,通过借鉴苏联和其他国家法律制度,沿袭中国传统司法特点,中华人民共和国建立起了自己的司法制度,有了基本的司法组织体系。1949 年到 1956 年,中国的法制建设具备良好的开端。但 10 年“文化大革命”,将这些法制建设成果都变成了一纸空文。

---

〔1〕 参见姚莉:《中国法官制度的现状分析与制度重构》,载《法学》2003 年第 9 期。

〔2〕 [美]埃尔曼:《比较法律文化》,贺卫方、高鸿钧译,三联书店 1990 年版,第 104 页。

直到“文化大革命”结束后,中国才走上法律制度的重建之路。法律制度的建设离不开法官队伍的建设。关于法院审判人员的数量,最高人民法院通过《人民法院年鉴(1988)》对1981～1988年的数据进行了公布,紧接着又通过《中国法律年鉴(1991)》《中国法律年鉴(1992)》分别公布了1990年和1991年审判工作人员数量的数据。此后,最高人民法院就再也没有系统地公布过全国法院工作人员的详细统计数据。[1]

表2　全国法院工作人员的统计数据　　单位:人

时间	1979年7月	1979年年底	1981年	1982年	1983年	1984年	1985年	1986年	1987年	1988年	1989年	1990年	1991年
审判工作人员总数	58,000	95,255	117,585	143,941	149,372	157,974	179,554	188,825	194,388	214,930	234,000	235,420	247,420

从表2可见,全国法院工作人员总数从1979年7月的不足6万人,半年时间增长到接近10万人。我们导入表2数据得到图3。

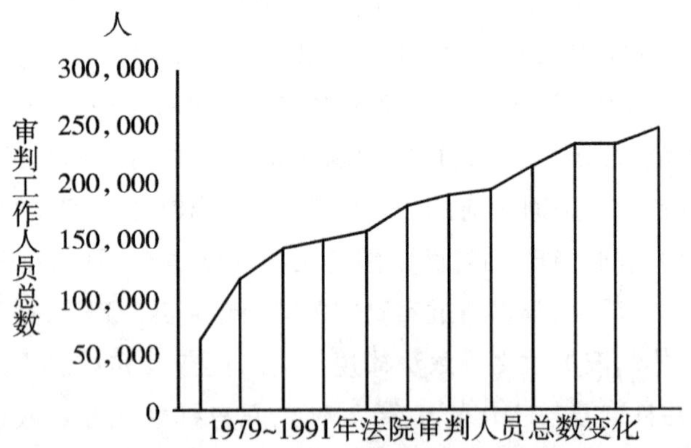

图3　1979～1991年法院审判人员总数分析

从图3可知,1979年至1991年,全国法院审判人数不断上升。13年的时间,以每年至少增长1万人的频率,由5.8万人增长到24.7万人,翻了两番。这段时期是中国法官制度开始重建的阶段。[2] 随着法院审判人员不断增加,全国审判效率得到提高,隐患也随之而来。这一时期,几乎没有标准来限制就职门槛,法院新增的工作人员主要由重返法律职业的工作人员、

---

〔1〕 参见刘忠:《规模与内部治理:中国法院编制变迁三十年(1978～2008)》,载《法制与社会发展》2012年第5期。

〔2〕 参见朱景文主编:《中国法律发展报告——数据库和指标体系》,中国人民大学出版社2007年版,第194页。

中小学教师(原因在于其文化水平较高。大学在恢复时期,无法向外输送人才)、人民团体中的公职人员和复员退伍的军人构成。[1] 因此,1979 年至 1991 年,我国法官标准形同虚设。法官的任职水平往往达不到标准,致使这段时期冤假错案的发生率高居不下。自 1992 年起,最高人民法院不再通过《中国法律年鉴》公布全国法院工作人员的详细统计数据。因此,我们只能从法院的工作报告和专家学者发表的论文中,推算 1992 年之后的人员增幅情况。1993 年法院总数约为 25 万人;1995 年法院总人数约为 28 万人,其中法官人数为 16.8 万。同年,颁布了《法官法》,法官人数开始得到控制,法官标准开始确立,法官制度的构建也开始逐渐完善。此后,1997 年法院工作人员涨幅得到控制,法官为 17 万余人;1998 年,法官为 21 万余人;[2] 至 2002 年年底,全国法院审判人员为 29.8 万人。[3] 在这一年,国家开始统一组织实施国家司法考试,提高法律职业准入标准。法官标准的提高适应了日益变化的社会情况,只有具备足够法律知识水平的人员才能跨过法官的入职门槛。2004 年开始,中国启动了大规模司法改革,全国法院总人数缩减到 29.4 万,法官总人数降至 19 万余人。至此以后到 2008 年,我国法院工作人员总数保持在 30 万人左右,法官人数保持在 19 万人左右,并且中国又开启了新一轮司法改革。虽然在 2010 年颁布了新修订的《中华人民共和国法官职业道德基本准则》,但对于当前法官队伍的风纪重整来说还是不够完善。为了整顿风纪,建立健全法治工作人员管理制度,完善职业保障体系,2015 年司法改革推出了新的举措。2017 年最高人民法院工作报告中提到员额制改革后,全国法官人数减少 4 成,共计约 12 万名员额法官。转型时期,随着司法改革提高法官标准,法官数量得到控制,但全国的结案率和案件满意率却不断上升。法官标准制度的改进不仅使法官队伍结构更合理,也使司法资源配置更优化,节约了司法资源。

司法公信力的流失和民众对法治的不信任,已成为我国无法回避的问题,这是中国移植西方法律制度,不适应本地情况的苦果,如司法程序中的取证程序方面。近现代中国要求法官依职权调查取证,调查权和取证权合一。但审判权与调查取证权集于一体,却易滋生腐败。在 20 世纪八九十年

〔1〕 参见姚莉:《中国法官制度的现状分析与制度重构》,载《法学》2003 年第 9 期。

〔2〕 参见王银胜:《面向新世纪的法官队伍:全国法院队伍建设综述》,载《人民法院报》2001 年 12 月 4 日,第 2 版。

〔3〕 参见周道鸾:《关于确立法官员额制度的思考》,载《法律适用》2004 年第 8 期。

代改革司法程序后,我国规定“谁主张,谁举证”,但法官光是判断证据的真伪就要花费很多时间,没有效率。对于这种情况,中国传统运用鞫谳分司制度分离“审权”和“判权”,这种分权保持了审判权和调查权相互制约,又有专门司法官员负责核查对照,保证了司法的公正和效率。在传统中国,仅依法律条文进行判决是不会取得良好社会效果的,只有符合天理人情、符合社会普遍价值观的司法判决才能得到社会认同和百姓传颂。正是由于意识形态上的这种共识,使中国传统“法官”倾向于作出符合“天理人情”的判决,来达成民众在社会伦理上的认同结果,最终通过争讼主体的道德认知达成化解矛盾、维护社会秩序的效果。虽然法律规范与道德规范已经随着社会发展逐渐分离,而且正显露出一种相对独立的趋势,但是,由于传统文化对我国公民的法律意识有深远的影响,民众大部分都是通过道德规范来看待和思考社会现状,以道德规范为量尺斟酌法律问题。当代中国的司法实践,时常处在一种司法工作人员与普通民众之间相互不够信任的关系中。如何设定法官的理想标准,建立法官与民众之间良性的和谐互信关系,确立司法的权威和民众对法律的信任,对于处在法治转型期的中国来说,是一个必须认真对待的问题。在我国当前的司法环境中,公民的法律意识不断提高,这是长期以来我国普法教育工作的成果。但随着法律规定范畴的持续扩大,法律变得越来越抽象化、专业化,使没有接受过法律专业教育的民众与受过专门法律培训的法官在法律规范的认知方面存在稍许偏差,但小小的偏差可能造成“失之毫厘,谬以千里”的结果,可能引起公民对法律的误解和对司法公正的不确信。所以,法官在司法实践中援引法律条文作出判决后要说清判决理由,并论说判决理由背后所体现的立法精神和法律原则。此外,对于当事人的疑问要解释清楚,对判决理由中涉及的有关权利义务的划分、责任范畴、归责原则等法律问题进行分析说明;同时,要对与案件主要争议事实相关的法律概念予以阐释,帮助当事人理解法律精神、认同法律规范,这样才能使当事人真正理解自己拥有的权利与承担的义务,才能使当事人增强对法律权威性的认同和对司法公正性的坚信。

(二)中国传统“法官”标准的价值

在中国悠久的历史文化中,中华传统文化的主流思想之一就是儒家伦理思想。中国传统将其作为官方的指导思想,逐渐发展成为整个中华民族生活方式的一部分,积淀成为整个民族的文化底蕴、信仰体系、精神财富和道德自觉。[1] 悠久深厚的优秀中国传统文化，既是历史赐予中华民族的宝贵财富，也是当代中国开拓未来的不竭动力和丰富源泉。一个民族的文化就好比一条从过去流向未来的不尽长河，其传统特质通过传承生生不息地影响着这个民族的生存和发展，熔铸着这个民族的生命力、凝聚力与创造力。

1. 理念继承

在中国司法改革时期，法官应该作为承接历史与未来的桥梁，也应该作为人民群众通往法律之门的桥梁。中国司法制度所表露的特性，是中国特色社会主义政治制度决定的，也是中国传统文化特质和社会环境造就的，这是司法制度依据国情顺势而成的结果。而中国优秀的传统文化为中国法治经验的积累和法治智慧的展现提供了基础。

中国传统“以人为本”“仁者爱人”“礼之用、和为贵”的民本思想对中国传统法律发展有极大的影响，这其中包含着中国几千年的历史文化积淀。中国的法律传统特质不仅体现在传统中国社会通行的“德治”“礼法结合”“德主刑辅”这些思想理念上，更体现在当代中国“以德治国”“为民”的思想理念中。从《名公书判清明集》的历史背景来看，中国的传统道德标准与官员的经济犯罪行为是相互抵触的。在儒家理论中，法官是代表统治者治理国家和人民的“裁判官”“父母官”，不仅要以身作则，还要在执行具体的行政、司法、经济任务的同时，宣扬传统礼义纲常以维护社会稳定，确保国家政治阶层的基础巩固，发挥道德教化的效能。南宋时期对官员的责任规定十分全面，对渎职失职行为有着严格的处罚标准。尤其在司法实践活动中，无论是接受诉状，还是在证据的收集、采纳程序中，抑或在羁押、审讯、判决、执行等任一阶段内，均有比较完善的条文律法对官员进行约束，以杜绝司法过程中滥用职权、徇私枉法、疏忽大意等行为。法律原则是一国法律演进过程中积淀固化了的法律价值精神和规范性要求。法官遵守的具体标准，就是要以法律原则为核心，贴合法律的价值和精神。

传统中国社会向来有“明主治吏不治民”的思想理念。为了达到弊绝风清的社会效果，对官员的制约制度一直都在加强。以严格的律法条文和道德素养约束官员司法权力的行使是传统中国“吏治”的一个重要特质。“徒法不能以自行”，跟法律相比，在中国传统社会，人的因素往往担当着关

---

[1] 参见俞荣根、彭彦华：《“法治中国”与儒家思想》，载《孔子研究》2015 年第 2 期。

键角色。如何探索合理的法官标准,为法官行为提供一种理想的参照约束条件是需要我们思考的问题。法官的标准不仅源于法律伦理规则的秩序内容,也源于司法实践中对法官的诉求标准。法律伦理赋予了司法过程中法律的实践价值,而实践的理念价值都需要通过法官来实现。法官在司法活动中发挥本位价值、内在价值,即国家法治价值的实践者。法官在每一个案件的判决过程中,应当实现民主、自由、平等、理性、人权、效率和合法性等多元社会主义法治价值。[1] 因此,法官作出的判决要具备长远的客观逻辑规律、法治规律和经济规律。法官的司法行为不仅是程序法和程序价值的体现,也是公民对法律产生具体认知的经验来源。法官在司法活动中,通过作出符合标准的判断,将国家的法律规范和法律精神具象化,将国家政策、法律文化和公民权利都落实到现实中。革新传统法官标准能促进国家法律制度的发展、法律传统的继承和法律价值的实现。

2. 制度借鉴

法律功能及于整个社会,再由社会及于自然。因此,法律推动社会变革的方式属于平缓的渐进改革。法律调整着人类社会的多种方面,这使社会的其他方面也能融入法律确认的社会秩序和社会关系中。[2] 为保证官员在司法活动中廉洁律己,完成肩负着的使命,维护法律的权威,我们应该采用各种措施加以督促和监控。囿于历史的局限,中国传统“法官”的裁判方法存在着很多不足。例如,审判原则蕴含着道德教化的目的,展现在实例中就是“法律不外乎人情”的判决结果。较多广泛适用的举措在当前看来不合人道主义原则,乃至于不符合法理。然则在中国悠久的历史进程中,多样性制度如遍地开花一般涌现,这些制度都赖以存在于这广阔的大地。正如《名公书判清明集》中,真西山说道:“古今之民同一天性,岂有可行于昔,而不可行于今?”既知道贪吏赃污,世不能免,那么借鉴中国传统已有的法律制度和方法去约束管理这种现象,也是同样行得通的。一国的法律需要被人遵守,才会获得权威。但是,如何保障法律的实施却是一个复杂的问题。从司法实践来看,司法活动的主要参与者是律师和法官。律师在整个法律运作中的作用是多种多样的,而法官则作为法律实施的主导者在司法活动

〔1〕 参见李滇:《论判决理由的价值本位——从社会主义法治理念出发》,载《行政与法》2013 年第 1 期。

〔2〕 参见付子堂主编:《法理学进阶》,法律出版社 2014 年版,第 227 页。

中发挥关键作用。伴随法治建设的发展，社会整体对法院和法官都提出了更多的诉求、更高的标准。为了保证法官正确履行法律赋予的职责，我国法官制度完善过程中仍有许多问题亟待解决。国家对法官经济犯罪、渎职犯罪的惩处措施已有比较明确严格的法律规定，但有关法官职业道德责任的规定却处于薄弱环节。因此，将中国传统法官标准与当前法官标准统一、系统地融合对规范和完善法官标准有至关重要的作用。要赢回民众对于司法的信任，最关键的地方在于法官的操守，而这种操守在我国的法官制度中一定要有所显露。法官职业标准是审视一个国家司法体制和社会整体的重要窗口。法官作为一项职业工作极具技术性，“常常处于自由与民主、规则与裁量、权力制约与司法独立等多种微妙的关系之中”。[1] 正是因为法官职业的专业性，我们才要对法官的标准提出超越一般职业的高要求。

法官应当具备何种素质、达到哪种标准？关于这些问题，我国法学界的专家学者们已进行了较为深入的研究，发表的研究成果也不知几何。其中有学者提出，中国法官标准应从四个方面去规范：一是知识，二是思维，三是行为，四是品格。知识方面，即法官要具备进行职业活动所需要的法律知识和法律技能，这是最基本的标准；思维方面，即要求一个法官应该具备灵活的思维方式去进行归纳、分析、推理、判断等司法活动；行为方面，即法官要在当事人和社会公众认可的范围内进行司法活动，约束法官职业行为是制定法官标准的必然要求；品格方面，即在司法活动中要抑制法官的内在欲求，设定道德标准去引导法官的精神方向，使其在司法伦理性要素的管束中运行。这四个方面要有机结合才能构成中国理想的法官标准体系。[2] 我国关于法官标准的研究角度也是各式各样的，有的从法学理论的体系下对法官职业道德的价值及必要性进行研究，有的采取比较研究的方法建议我国借鉴其他国家建立的法官标准体系。遗憾的是，很少有学者将我国传统司法实践经验中的精髓补充到当前法官法律制度建设缺失的部分中。“司法活动的专门化是一个历史的演进过程，是与社会分工的增加、社会生活复

〔1〕 左卫民、周长军：《变迁与改革——法院制度现代化研究》，法律出版社2000年版，第107页。

〔2〕 参见丁宇翔：《司法文化视野中的中国优秀法官要素》，载《人民法院报》2015年11月20日，第5版。

杂化的趋势相联系的。”[1]我们对法官设定的理想标准就是法官在司法活动中能够独立、正当、有效率地适用法律,而且还要以身作则,守法护法,维护法的公平正义,获得民众信赖。大多数国家对法官的职业标准设定都格外严谨,对法官的制度保障也日渐全面。一方面,约束法官的职业行为、强化对法官的制约,在职业之外也作出了许多规定限制法官的其他行为,防治法官职业犯罪行为;另一方面,以制度规定的方式确立了法官的职业保障,不仅使法官拥有较高的社会地位和社会威望,还对法官的职业福利、人身安全都加以保障,确保法官在司法活动中能秉持独立公正之心,不作出枉法裁判,减少渎职贪污的情况发生。从法律秩序和法律价值的视角来看,法官的司法活动肩负着维护公平正义的使命。法官通过司法裁判引导公民的行为,不仅保持着社会秩序的稳定,也促进着法律价值的达成。因此,法官标准的设定和提高是实现法律价值的基本诉求,是维护法律正当性和权威性的根本方式,是树立和提升司法公信力的关键因素。

当法律适用于单个情形时,法官具有依据自身对法律的真实理解来解释法律的责任。抽象的法律规范应用于生动的具体案件中,必须依靠法官的司法行为来具象化,人为因素在法律运行中起到的作用不容忽视。因此,对作为法律实施主体的法官,只有推进标准的提升,才能更好地用法律推动司法活动的运转,作出准确无误的判断,达到理想的司法效果。从上文可知,我国的法律制度体系已完全建立,目前在进行现代化的法治实践。国家和政府正在有序地推进着法律规则的完善和法律结构的调整。当前,我国正处于社会转型时期,要使法律的权威性和正当性得到社会整体的认可和拥护,就需要法官具备理想的职业素养。法律在司法实践中常常因为立法的延迟而无法应对社会多变的情形,这种缺陷就需要法官在司法活动中予以不断补充和改善。中国传统法官标准要求法官勤勉审慎,要在司法实践中发挥法律的规范作用、教育作用、评价作用。法官作为司法价值的实践者和司法运行的实施者,在一定范畴内,代表着司法的公正和法律的权威。这取决于法官在具体实践中是否有审慎的判断,主要展现为对事实、规范、价值的判断。这包含着复杂的推理过程、全面的分析过程、合乎法律原则的判断过程。因此,打造符合理想标准的法官队伍,才能从真正意义上保障司法公正、赢得社会信任。法官的知识水平、专业素养、实践经验、道德准则和价

[1] 苏力:《法律活动专门化的法律社会学思考》,载《中国社会科学》1994年第6期。

值观念对司法公正性的达成有重要的影响，法官的司法行为更将左右司法的公平与法律的权威。所以要赢回民众对司法的信任，最重要的是提升法官标准。法官只有提升素质能力水平，避免法律在适用过程中造成歧义，以达到职业标准规范为戒尺，贴近民心，作出公正公平的判决，才能维护法律的正当性和权威性。以人为鉴，可以明得失；以史为鉴，可以知兴替。中国传统“法官”标准对当前完善法官职业制度和健全司法体系有着借鉴作用。

结 语

法官作为司法权的执行者，承担着审判和解释法律的职责。中国自学习西方法律以来，移植了大量的西方法学理论用于法律制度的建设，这虽然使我国的法律制度极快地建立起来，却造成了一些与中国实际相脱节的状况。我国法官标准的制定深受现代西方法学理论的影响，无法很好地适应我国的社会现实，也无法使每一个具体案件的公平正义都得到实现。要完善与中国社会现实相适应的法官标准和法官制度，就要从中国的传统法文化中去发掘我们所需要的部分，摒弃传统法律制度的缺陷，汲取传统法律制度中的精粹。

对于传统法文化要去芜存菁。中国传统法官标准以“四事”为基础，即律己以廉、抚民以仁、存以公心、涖事以勤。在司法活动中，法官的知识水平、专业素养、实践经验、道德准则和价值观念对司法公正性的达成有重要的影响。尤其是在司法实践中，必须监督法官行使权力的过程。我们可以参考中国传统鞫谳分司制度和翻异别勘制度中的分权平衡措施，分离“审权”和“判权”，减少法官偏私不公造成冤案错案的可能性。还可以采纳冤案惩戒制度中的管控方法，对法官渎职犯罪进行惩罚和预防。通过还原这些法律制度在具体历史条件下的成因，发掘这些制度对当前法治建设的价值。

立法不囿于旧律，司法不囿于旧制。法官标准应该趋时更新，通过法律规定的强制性、法律制度的约束力及严惩违法渎职行为的威慑力，更重要的是加强法官自身的道德修养和自制力，使我国司法达成适应现实复杂多变状况的社会效果。随着法治建设的发展，社会整体对法院和法官都提出了更多的诉求、更高的标准。要设定综合的法官标准，使法官在司法实践中以最高的标准要求自己，努力圆满地履行法律赋予的职责。法官，既要握好辨别是非的公平之秤，也要做好民众信任司法公正的桥梁，担负起维护司法秩序、促进司法公正的重要使命。

◎理 论 探 讨

在司法过程的封闭与开放之间

——论卡多佐司法意识的统一性

◇高丽萍*

引 言

法学界存在一种关于本杰明·N. 卡多佐(Benjamin Nathan Cardozo)是否坦诚的争论,讨论他表述并解释其裁决的精确与开诚布公的程度。[1] 有人认为,卡多佐是一位蒙骗高手,他在判案时假装采用了某些准则然后又想方设法达到自己想要的结果,即想法与做法上存在不一致。丹·西蒙(Dan Simon)将这种不一致具体化为卡多佐在司法实践外与他作为法官的司法实践的不一致。[2] 他认为,卡多佐在司法实践外的演讲、著作中强调司法过程的开放性、法官在司法过程中发挥的创造性以及法律必须进步以适应社会发展,而他在作为法官的司法审判中却强调司法过程的封闭性,要求每一个案件都确定无比,严格遵循先例判案。丹·西蒙在这种不一致的基础上认为卡多佐的司法意识是分化的,认为卡多佐的司法哲学中存在一个"令人不安的冲突",并认为卡多佐的这种不一致可能是造成法律界信仰危机的一个原因。

笔者认为,这种观点割裂了卡多佐司法实践内外的司法意识的联系,是对卡多佐司法意识的误解。卡多佐在其司法实践内外都强调的是对开放性与封闭性的兼顾,而这种观点只是片面地认识到卡多佐在司法实践外的开放性追求与在司法实践内的封闭性体现。实际上,卡多佐的司法实践外的著作,就是在向人们展示他平时司法工作的内容,他在司法实践外的著作中

---

* 深圳市永联科技股份有限公司法务专员。

〔1〕 参见[美]A. L. 考夫曼:《卡多佐》,张守东译,法律出版社 2001 年版,第 445 页。

〔2〕 See Dan Simon, "The Double-Consciousness of Judging: The Problematic Legacy of Cardozo", *Oregon Law Review*, Vol. 79, 2000, pp. 1033 – 1080.

所列举的哲学的、习惯的、历史的和社会学的方法以及下意识的方法，都是他作为法官在实际判案中运用的方法，是他追求法律稳定与进步统一的有力证明。通过对卡多佐司法审判形成的意见书的分析，会发现他的司法实践其实就是他在司法实践外著作中所述的调和方法的实际应用。对于一个具体案件，运用何种方法选择何种价值，他都在他的著作中向我们一一展示了。所以，对卡多佐的司法意识的认识，必须将他的司法实践和司法实践外的表述相结合，作为一个整体看待。

笔者试图借丹·西蒙提供的这一角度，即卡多佐在司法实践内与司法实践外所体现的司法意识，通过论证其在司法实践内外都坚持的是司法过程封闭性与开放性的兼顾，以论证卡多佐司法意识的统一性，进而论证卡多佐在司法实践内外司法观点上的坦诚。当然，笔者的论证仅从这一角度反驳对卡多佐的质疑，不能从整体上、根本上论证卡多佐的坦诚。因为对卡多佐的质疑不限于这一角度，还关涉卡多佐平时的写作习惯、推理风格、个人经历等，这也是直到今天关于卡多佐是否坦诚都没有得出明确答案的原因所在。

在国内资料方面，主要集中于对卡多佐司法实践外著作的研究，对其司法意见书的研究甚少。卡多佐的两本传记，考夫曼(Andrew L. Kaufman)的《卡多佐》和理查德·A. 波斯纳(Posner. R. A.)的《卡多佐：声望的研究》都有了中文译本。同时，国内也有了关于卡多佐本人及其法律思想的著作，孙状志的《卡多佐〈司法过程性质〉的解读》、宋彬的《卡多佐司法社会学方法理论研究》、王强力的《卡多佐法官的法律哲学》等，这些都是从卡多佐的著作出发研究其法律思想，介绍的是卡多佐司法实践外的司法意识的统一，其他对卡多佐思想的介绍则散见于对国外法律史介绍的书籍中。国内关注卡多佐法律思想的论文文献主要分为两类：一是书评类文章，包括对卡多佐《司法过程的性质》《法律科学的悖论》《法律的成长》这三部代表作的评论；二是学位论文，这些学位论文都对卡多佐的司法审判哲学进行了颇为详尽的介绍，但主要涉及的还是卡多佐的“法官造法”思想、“实用主义”法律思想、社会学方法等。但有一篇博士论文，即王虹霞的《司法过程中的利益衡量——卡多佐的法律哲学研究》，有对卡多佐司法意见书的研究。

在外文资料方面：一是传记性的研究，论述最全面的是考夫曼的《卡多佐》一书，对卡多佐的生平进行了详细介绍，重点论述了卡多佐的职业生涯，对其司法实践内外表现的司法意识都有详尽的介绍，其中包括国内少见的对卡多佐司法意见书的研究。波斯纳的《卡多佐:声望的研究》则侧重于从卡多佐司法实践之外的著作和司法意见书的引证率来研究卡多佐的声望。二是相关的书评类文章,这包括对卡多佐的《司法过程的性质》《法律的成长》《法律科学的悖论》以及《卡多佐文选》的书评,也包括对考夫曼的《卡多佐》和波斯纳的《卡多佐:声望的研究》的书评。三是对卡多佐司法意见书的研究。其主要以以下两种方式展开:一是从卡多佐的司法意见书所产生的影响角度进行的研究,包括对公法、侵权法、合同法等的影响;二是部门法学者们针对卡多佐在司法意见书中阐述的部门法理论主张进行的探讨和解读,学者们大多关注的是卡多佐对有争议的或影响力较大的案件的司法意见书。另外,还有对卡多佐法庭外著作以及司法意见书的写作风格进行评析的文献。

一、关于卡多佐司法意识分化的一种误解

质疑卡多佐的坦诚的人认为,在卡多佐的司法意识中,存在于司法实践外追求开放而在司法实践内强调封闭的冲突,[1]即卡多佐在司法实践外的著作中认为司法过程充满不确定性,需要法官综合考虑各种因素及其背后的价值,有时甚至需要法官创制法律以达到法律的进步。而卡多佐在其实际案件的司法意见中,却体现出明显的确定性,并没有"司法立法"的概念。

(一)卡多佐司法实践外的开放性

卡多佐写了很多关于司法程序的文章,他比任何其他的法官都敢于捕捉法官作出决定的心理过程。由于他罕见的反省,他留给我们对这个复杂的活动一个丰富的解释。

1. 法律的进步

我们生活在一个变化的世界之中,"没有什么是稳定的,也没有什么是绝对的,一切都是流动的和可变的"。[2] 只要社会在变动,法律就不可能始终如一。法律应与现实生活相挂靠,随着社会需求的变化而变化。

社会处于不断的发展与变化中,而法律具有一定的滞后性,它通常走在社会发展的需要之后。"我们可以非常接近地达到它们之间缺口的接合

---

〔1〕 See Dan Simon, "The Double-Consciousness of Judging: The Problematic Legacy of Cardozo", *Oregon Law Review*, Vol. 79, 2000, p. 1045.

〔2〕 [美]本杰明·N. 卡多佐:《司法过程的性质》,苏力译,商务印书馆2017年版,第13页。

处,但永远存在的趋向是要把这缺口重新打开来。"[1] 卡多佐从一些例证中,得出了一个有效的规则——"使法律适应行为的对应性原则",即"当行为举止或商业的变化,致使与之前既有行为规范或标准相吻合的法律规则不再具有呼应性,相反却偏离它们时,那些曾促使法律与旧有规范及标准相适应的相同力量或发展趋势开始起作用,不是通过立法,而是通过司法过程的内在力量来恢复其间的平衡"。[2] 法律不是总在固定的点之间来界定一种关系,而是经常在变动的点之间进行界定。需进行规制的行为具有自身的运动性,法律要与行为相适应,就必须保持进步。

卡多佐从商业、道德习俗、政治与社会科学三方面论证了它提出的"使法律适应行为的对应性原则"。卡多佐论述了涉及海运提单的法律发展以及关于印章的法律规定与商业贸易需求变化之间的关系的案件,作为商业领域法律进步性的例证。[3] 卡多佐选择从礼仪和习俗开始,论述道德领域的运动变化。在卡多佐看来,礼仪与习俗,即便不能称为法律本身,也可以说是法律的渊源,同样,礼仪与习俗也是道德的来源。在这里,卡多佐大量引用了霍布豪斯(L. T. Hobhouse)的《进化的道德》中的很多理论,[4]论证习俗随文明进步,随后,这种进步又体现在道德法则中。卡多佐认为,有时,离开科学家或者社会工作者有记录的观察、收集到的事实和统计数字以及成体系的研究,我们就无从了解规则的运作情况。为此,卡多佐引用了格拉汉姆·沃伦斯(Graham Warrens)的理论,"任何职业团体最重要的职能之一,就是不断修正和充实其领域中的知识和思想遗产,这种职能在法律职业中尤为重要"。[5] 法律乃社会机体的框架,若那些接受了高端教育、富有想象力与创造力的有思想的人,能运用现代的经济学、政治学等知识,追问与探索法律的目的以及达成目的的方法与途径,对改善人类关系将大有益处。

---

[1] [英]梅因:《古代法》,沈景一译,商务印书馆2015年版,第17页。

[2] [美]本杰明·N.卡多佐:《法律科学的悖论》,劳东燕译,北京大学出版社2016年版,第17页。

[3] 同上书,第15~16页。

[4] 同上书,第19~20页。

[5] [美]本杰明·N.卡多佐:《法律的成长》,李红勃、李璐怡译,北京大学出版社2014年版,第132~133页。

2. 法官造法权

卡多佐得出了“使法律适应行为的对应性原则”。他认为,要使法律在司法过程中与社会发展相适应,则需要赋予法官法律创制权,这便是他的“法官造法”思想。

在司法过程中,大部分案件法官都只需区分静态的先例和流变的先例并进行搜索和比较,或者对确定的法律规则在适用问题上予以思考,很少有其他的工作,他们认为自己的职责就是一个简单的色彩匹配工作。[1] 当宪法或者制定法对案件适用的规则已予以规定,法官的职责就是服从这种规定,无须也不能再做其他的工作。法官必须服从立法者制定的法律。而正是在色彩不相配时,在没有决定性的先例时,存在需要填补的空白和需要澄清的疑问,解决这些问题需要法官对法律进行解释。此时,法官的工作才刚刚开始。对某个法律的解释会出现困难的原因在于,立法机关在制定该法律的时候完全预想不到它在今天会被人们质疑,这种结果出乎立法机关的预料。此时,法官要做的不是去寻求这个问题在立法者心目中的含义,而是假想立法机关若预料到了如今的这种情况,会怎么做。[2] 制定法有时候是考虑不周的,法官既然担任着解释法律含义的职责,就必须弥补法律中被忽略的因素,将司法的不确定性予以适当纠正,使审判结果与正义相符。这类案件虽数量不多,但这类案件的决定对未来具有很大价值。在这些案件中,法官对逻辑、社会效果等因素予以综合考虑并检验,进而进行平衡的判决,此时,法官扮演着立法者的角色。

具体案件情况复杂多变,法官需要发挥其创造性,才能让原则、规则适用于多变的事实。卡多佐不否认立法机关能够矫正一些长久以来的积弊,但他认为立法机关蔑视那些微弱的补救、区分和法律推定,可这些在司法过程中比比皆是。立法机关也确实能不时地总结和简化法庭得出的结论,并赋予它新的效力。但即便如此,它的作用也是短暂的、有条件的。正义的获取不是一蹴而就的,它需要从缓慢而长期的进步中不断争取。“以法规代替判决,转移了权威的中心,却并未增加受灵感启迪的智慧。”[3] 若立法机构取代法院进行创造性的活动,将法官手中的试错过程换成立法委员会手

---

〔1〕 参见[美]本杰明·N. 卡多佐:《司法过程的性质》,苏力译,商务印书馆 2017 年版,第 8 页。

〔2〕 同上书,第 4 ~ 5 页。

〔3〕 同上书,第 141 页。

中的试错过程,每次庭审的背后都会有立法委员会扮演着高等法院的角色,没人能保证立法机构的选择比法院的选择更明智,但这种形式会使它面临不可能退却或妥协的局面。法官会把这种试错过程视为终身事业,而立法机关只是从烦琐的要求中节省出时间来用于此过程。

总而言之,卡多佐将司法程序描绘成一个充满空白和含糊不清的过程。不幸的人被要求解决这些复杂的,看似棘手的问题,并没有明显的解决方案。决策的制定不可避免地需要法律的创造,过程的结果必然是主观的,有些不准确的。卡多佐认为,“司法过程的最高境界并不是发现法律,而是创造法律”。[1] 所以,质疑者认为,卡多佐作出司法判决的过程可以被描述为具有开放性的。[2]

但卡多佐在其司法实践外的著作中,不仅强调了司法过程的开放性,即法律的不确定性与进步性,更明确提出了在司法过程中对法律确定性与稳定性的追求,他强调的是在司法过程中对封闭性与开放性的兼顾与调和,这些将在下文进行详细论述。

(二)卡多佐司法实践内的封闭性

质疑者认为,卡多佐作为一名法官的工作出现了与司法实践外的论述截然不同的特征,这种特征可以被描述为封闭性。

1. 司法工作的确定性

卡多佐的司法意见最显著的特点之一,就是明显的正确性。[3] 他的推理典型地被塑造成形式主义,[4]根据已建立的学说进行推理被认为是必要的事情。[5] 即使法律不明确,他的结论也是常规而且令人信服的。[6] 卡多佐的意见很少留下未解决的问题,他的朋友和前职员约瑟夫·劳赫(Joseph Rauh)形容说,卡多佐在作出决定时,将“探索和打破通往公平结果

---

〔1〕［美］本杰明·N. 卡多佐:《司法过程的性质》,苏力译,商务印书馆2017年版,第101页。

〔2〕See Dan Simon, “The Double-Consciousness of Judging: The Problematic Legacy of Cardozo”, *Oregon Law Review*, Vol. 79, 2000, p. 1050.

〔3〕See H. V. Evatt, “Mr. Justice Cardozo”, *Columbia. Law Review*, Vol. 39, No. 5, 1939, p. 5.

〔4〕See Shirley S. Abrahamson, “Commentary on Jeffrey M. Shaman's The Impartial Judge: Detachment or Passion?”, *DePaul Law Review*, Vol. 45, 1996, p. 633.

〔5〕See Bernard Schwartz, *Main Currents In Americal Thought*, Carolina, Carolina Academic Press, 1993, p. 478.

〔6〕See Robert Jerome Glennon, *The Iconoclast As Reformer: Jerome Frank's Impact on American Law*, Ithaca, Cornell University Press, 1985, pp. 46 – 47.

道路上的障碍”。[1] 据悉，利恩得·汉德(Learned Hand)认为卡多佐的意见“准确无误”。[2] 卡尔·卢埃林(Karl Llewellyn)说：“没有法官强烈要求与当局保持和谐的意见。”[3]

卡多佐的司法工作的另一个显著特征是，他所作出的决定毫无疑问。伊瓦特(H. V. Evatt)观察到，卡多佐“提出了一个奇怪的观点，一个法官写的每一句话都表明，他已经彻底地寻求公正的判断，且最终解决了所有的疑问”。[4] 哈伦·菲克斯·斯通(Harlan Fiske Stone)法官评论说，当卡多佐达到他的决定，他的不确定性被抛在一边代之以“安详和合理的信心”。[5] 如利恩得·汉德的观察，在解决问题时，他似乎是“僵化的”。[6] 卡多佐的职员之一安布罗斯·多斯科夫(Ambrose Doskow)所讲述的以下故事是真的。布兰代斯(Brandeis)大法官走近多斯科夫(Doskow)说：“卡多佐的麻烦是他认为，他必须是100%准确，他并没有意识到51%的准确就足够了。”卡多佐在得知布兰代斯的评论后回答说：“麻烦的是，当你只有51%的准确，它可能是49%的准确。”[7]这种渴望达到高水平的准确性和确定性是卡多佐司法工作的一个鲜明特征。

正如前文所述，卡多佐实际的司法意见描绘了司法程序完全有能力为法律问题提供明显正确的解决方案。这些解决办法可以在现存的法律学说中找到。那么，这个过程是非人格化的，它只需要很少的司法创造力。总体来说，质疑者认为卡多佐的实际司法实践的这种表征可以被描述为具有封闭性。[8]

---

[1] Joseph L. Rauh, Jr., “A Personal View of Justice Benjamin N. Cardozo: Recollections of Four Cardozo Law Clerks”, *Cardozo Law Review*, Vol. 1, No. 5, 1979, p. 7.

[2] Learned Hand, “The Nature of the Judicial Process”, *Harvard Law Review*, Vol. 35, 1922, pp. 479 – 480.

[3] Karl N. Llewellyn, *The Commanlaw Tradition: Deciding Appeals*, Boston, Little, Brown and Company Press, 1960, p. 443.

[4] H. V. Evatt, “Mr. Justice Cardozo”, *Columbia. Law. Review*, Vol. 39, No. 5, 1939, p. 5.

[5] Harlan Fiske Stone, “Mr. Justice Cardozo”, *Columbia. Law. Review*, Vol. 39, 1939, p. 2.

[6] Learned Hand, “The Nature of the Judicial Process”, *Harvard Law Review*, Vol. 35, 1922, p. 131.

[7] Ambrose Doskow, “A Personal View”, *Cardozo Law Review*, Vol. 1, No. 16, 1979, pp. 18 – 19.

[8] Dan Simon, “The Double-Consciousness of Judging: The Problematic Legacy of Cardozo”, *Oregon Law Review*, Vol. 79, 2000, p. 1060.

2. 相关司法实践的分析

1927年的艾伦诉艾伦案(Allen v. Allen)(以下简称艾伦案)中,丈夫无端指控妻子犯罪致使妻子被监禁后,妻子以丈夫诬告为由提起诉讼。[1] 初审法官批准丈夫的申请,以妻子不能告丈夫诬告为由驳回她的起诉,上诉分庭维持了这一裁决,其依据是1882年纽约上诉法院对舒尔茨诉舒尔茨案(Schultz v. Schultz)的裁决。在这一案件中,该法院在没有发表多数意见的情况下,撤销了妻子获得的逮捕令,那是为逮捕一位与侵犯人身之诉相关的丈夫而签发的。[2] 艾伦案中的妻子向上诉法院提出申请,要求准许就上诉分庭的裁决提起上诉。该申请被分发给卡多佐,由他来作案情汇报。

卡多佐向法官磋商会建议批准那位妻子的申请。他提到全国各地在这一问题上的观点针锋相对,且仅从妻子有指控丈夫诬告的行为能力的角度来发表对这一问题的看法,尽管在纽约州丈夫显然不可以告妻子。然后,他着重强调两种制定法在措辞上发生的变化,尽管他接着说他对"强调文字上的差异"感到犹豫不决。这里说的两种制定法是舒尔茨案件裁决时有关妻子起诉的行为能力的制定法与时下的制定法。但他认为妻子起诉的行为能力的问题"既十分可疑又极为重要,需要本院就当前有关法律的情况作出说明"。这不只是一个对制定法进行解释的问题。

"即使这两种制定法文句相同,今天也未必就应遵循舒尔茨诉舒尔茨案。自本院45年前作出裁决以来,流年似水,因时而变。如今,已婚妇女得与其夫立约……得转让土地于夫……显然,得以侵犯财产诉夫或为夫所诉……随着如此之多的陈旧法律推定被抛弃,我怀疑现在他是否还可以免除侵权责任"(参见奥本海姆诉克里德尔,[3]236N. Y. 156)。[4]

卡多佐只是要说服同事受理上诉,不必在此时就表明立场。但卡多佐报告中的措辞让人想到他似乎已准备好遵循奥本海姆案的先例,或者推翻舒尔茨案,或者可以因制定法的修改而甄别它。卡多佐在使法院受理此案

〔1〕 Allen v. Allen 246 N. Y. ,1927,p. 571.

〔2〕 Schultz v. Schultz 89 N. Y. ,1882,p. 644.

〔3〕 Oppenheim v. Kridel,236N. Y. 156,reargument denied,236N. Y. ,1923,p. 643. 该案是由一位妻子控告与其丈夫通奸的一位妇女"通奸"(其实是因第三者插足而引起的感情疏远)的案件。普通法允许丈夫而不允许妻子提起此类诉讼。卡多佐加入克兰法官的意见书裁定:只要纽约州认可因通奸提起的诉讼,就应该让妻子与丈夫享有同等的起诉权。

〔4〕 参见[美]A. L. 考夫曼:《卡多佐》,张守东译,法律出版社2001年版,第438页。

上取得了成功，但多数法官却拒绝推翻或甄别它。尽管这一问题很重要，但法院却决定不写意见书。其仅用一句话驳回妻子的上诉，宣称“纽约州议会后来的法案并未改变舒尔茨诉舒尔茨案所采纳的准则”。[1] 值得注意的是，卡多佐加入多数人，驳回了妻子的上诉。

对卡多佐思想上的变化，很难给出解释。极有可能是因为他认为制定法上的变化微不足道，不足以为甄别舒尔茨案提供依据。[2] 但从他的报告中可以看出他已准备彻底推翻舒尔茨案，因为包含在普通法夫妻一体中的政策，已为现代社会变迁和法规修改所取代。卡多佐也许还认定，普通法惯例可以从这一点得到印证：婚姻存续期间，夫妻之间的诉讼会使未来婚姻和睦的任何希望化为泡影，故不应得到准许。卡多佐先前已显示出他不大了解婚姻生活的实际情况；也许，他对有关政策无所适从，才决定把这一问题留给立法机关去处理。[3] 然而，他的报告却没有就此进行任何推敲。卡多佐为抛弃旧的普通法惯例，为采纳与现代社会政策一致的新规则奠定了基础。他的两位同事庞德法官和安德鲁斯法官已准备这样做了，但卡多佐没有参加。

卡多佐对他的做法未作解释，没有暗示，也没有留下令人信服的依据供我们推测其缘由。卡多佐没有按照他报告上的理论推翻舒尔茨案，采纳与现代社会一致的新规定，而是遵循了舒尔茨案这一先例。所以，他的这种做法招致了各种非议，引起了学界对他的坦诚的质疑。单就该案而言，卡多佐的这种做法确实易引起这样的误解，认为他在司法实践内完全追求确定性。但若将此案与其他类似案件进行对比分析，就会发现卡多佐在具体案件中的抉择，都有因可循。

卡多佐确实在其司法实践外论述了司法过程的开放性，也确实在其司法实践内的个别案件中有封闭性的体现。但质疑者忽略了一点，即卡多佐在司法实践外也强调司法过程的封闭性，在司法实践内也有开放性体现，他在司法实践内外始终强调的是对封闭性与开放性的兼顾。质疑者的这种片面化的认识，割裂了卡多佐司法实践内外司法意识的联系，导致了对卡多佐司法意识分化的误解。

---

〔1〕 Allen v. Allen 246 N. Y. ,1927,p. 571.

〔2〕 参见[美]A. L. 考夫曼：《卡多佐》，张守东译，法律出版社2001年版，第439页。

〔3〕 同上。

二、对卡多佐司法意识分化误解的反驳与成因分析

卡多佐司法实践外的司法过程开放性与封闭性的调和观与调和之法，将在下文予以论述。本部分着重通过对体现其封闭性追求的案例分析与对质疑者猜想的反驳，论证卡多佐司法意识分化是一种误解，并对造成这种误解的成因进行了分析。

(一)对卡多佐司法意识分化误解的反驳

卡多佐在个别案件中的做法确实让人无法理解，他本人也并未给出任何解释，因此引起了质疑。质疑者对卡多佐司法意识的分化言之凿凿，甚至将一些自我的猜想作为卡多佐司法意识分化的原因。通过对引人误解的个别案件的分析与对这些猜想的反驳，会发现卡多佐根本不存在司法意识上的分化。

1. 司法实践案例分析

上文以艾伦案为例，可以看到，卡多佐在该案的一开始就采取了创造性的公共政策方法，向法官磋商会建议批准那位妻子的申请，但结果却投票支持遵循先例。卡多佐这样的做法引人非议，招致误解也可以理解，但若能与其他相似案件进行对比分析，就能发现是什么因素导致卡多佐在相似的案件中却得出不同的结论，而不是简单的欺瞒。与艾伦案作对比分析的两个案子是索伦蒂诺案(Srrentino v. Sorrentino)[1]与舒伯特案(Shubert v. August Shubert Wagon Company)，[2]这3个都是涉及家庭法方面的侵权案例。

(1)索伦蒂诺案

在艾伦案后一年，卡多佐向法官磋商会报告索伦蒂诺案，涉及一位未成年人是否有权因他在由其父的过失引起的事故中受损害而控告其父。[3]初审法院驳回了这个孩子的起诉，理由是他不能以过失为由控告其父，上诉分庭维持了原判。此案上诉到上诉法院，卡多佐用整整一张纸的篇幅写下要求改判的意见稿，声称他“无论在形式上还是在内容上”都对原判不满意，并敦促有不同见解的同事写下异议，“以便帮助我们得出公平的结论”。[4] 卡多佐在草拟的意见书中回顾了先例，并指出不存在与本案相关

[1] Srrentino v. Sorrentino, 248 N. Y., 1928, p. 626.

[2] Shubert v. August Shubert Wagon Company, 249 N. Y., 1928, p. 253.

[3] Srrentino v. Sorrentino, 248 N. Y., 1928, p. 626.

[4] [美]A. L. 考夫曼:《卡多佐》，张守东译，法律出版社2001年版，第440页。

的英国案例;有几个近期的美国案例,否定了父母的责任,但有人持异议;学界意见不一。卡多佐的结论是,"仅以先例为依据解决一个问题,则必须有一系列数量可观的相关先例,而有关子女不能向父母主张损害赔偿的先例不符合这一要件"。[1]

他认为,只有在下列情况下家庭关系的性质才可以免除父母的责任:父母的过失属于消极的不作为;虽父母的过失属于主动,却属于父母对其负有责任的另一人的过失,如仆人,但应让父母对其本人积极主动的过失承担责任。父母免责"有一必要条件:州有责任维护家庭作为共同生活的形式、作为聚居的制度。抚养、培育(未成年子女)期间,家庭成员应共同生活,家庭应保持完好……主张(子女在控告父母一事上)无行为能力的背后原因,是担心一旦未成年人还依靠父母生活就获得控告父母的权利的话,家庭结构将会受损"。[2] 卡多佐不同意这种见解,"家庭法史充斥着没有应验的关于家庭将遭到破坏的种种预言,它们为事实所否证……这里也同样必须有利益的平衡,谁说过错即使得到证实,受害者也只能承受,不能获得补偿,谁就要说出理由"。[3] 卡多佐还讨论了该案与保险的关系,针对所有有关孩子状告父母的谈论,他指出,在"现代生活的经济结构中,要求父母进行赔偿的裁决,极有可能属于那一大批由保险公司赔付的案子"。[4]

这样,卡多佐排除了反对父母承担侵权责任的多种理由,但最后他不得不面对他在艾伦中加入多数意见,不准妻子起诉丈夫侵权的做法。卡多佐是这样甄别艾伦案的。"妻子无权诉其夫,乃是古老准则的残余,即在法律上,(夫妻)二人实为一体……父母与其子女之间则不存在这种关系。"但卡多佐也承认,人们可以辩解说确实存在父母与子女一体的关系。"在那种关系中彼此一体的唯一痕迹,要从推定过失的准则——孩子因年纪太小而其行为本身不算过失——中推断。人们还远不能同意把这一准则当成可以按其逻辑无限推广的概念……推定过失侵权责任的准则如今属于反常现象,多少有点不可接受……这一类推太薄弱,无法将我们带到安全的岛屿。"[5] 因此,卡多佐得出结论,孩子的起诉,应该予以准许。

---

〔1〕 [美]A. L. 考夫曼:《卡多佐》,张守东译,法律出版社 2001 年版,第 440 页。

〔2〕 同上。

〔3〕 同上。

〔4〕 同上。

〔5〕 同上书,第 442 页。

卡多佐对索伦蒂诺案的备忘录表明,他仍努力使法律规则与社会发展保持一致,这又使他之前在艾伦案中的做法更扑朔迷离。但可以看到,在这两个案子之间有一个区别,即在索伦蒂诺案中比在艾伦案中更容易认可一个新的诉因,索伦蒂诺案不必推翻纽约州以前的任何先例,也不涉及制定法早先的解释,艾伦案看起来更不合常规。或许我们可以考虑卡多佐在法理学上的顾忌,把这解释为卡多佐对先前立法政策的尊重的阐释倒是有道理的,但考夫曼认为他的尊重用错了地方。[1] 禁止夫妻互诉的原则并非来自立法机关,而是由法院确定的。笔者认为,这正好说明了卡多佐在艾伦案中选择遵循先例,更是符合常规的做法,对卡多佐来说,遵循先例本就是原则而不是例外。

(2)舒伯特案

舒伯特案提出的问题是,若加害人为公司雇员,在因受害人是该雇员之妻而不能起诉的情况下,公司如何就雇员的过失承担责任。[2] 陪审团判原告即该受害人赢,而初审法官却依据艾伦案中认可的婚内豁免权取消了这一裁定,并驳回了原告的起诉。上诉分庭恢复陪审团的裁定,上诉法院予以维持。在写意见书时,卡多佐拒绝遵循其他州限制替代责任原则的判例,因为在本案中他并未发现替代责任原则与婚内豁免之间存在冲突。卡多佐辩称,若雇员的行为不合法,公司对原告的责任就已经确立,无论原告与雇员之间有什么关系。公司可以根据雇员的过失从他那获得赔偿,这种诉讼并不与任何一条豁免政策相抵触。虽然事实上,妻子从雇主那获得的赔偿,是雇主从其雇员即该妻子的丈夫那获得的等额赔偿,那么这会是一种冲突。[3]

但卡多佐对该案有一个辅助的论点:倘若有冲突,那么,婚内豁免作为"多少有些例外"的情况,必须让位于公司的责任,因为后者是通则。在任何情况下,对已婚妇女享有的法定起诉权的禁止范围,都不得以"模棱两可的解释"予以扩大。[4] 相比以婚姻关系为依据的抗辩,卡多佐更赞成替代责任的政策。

同样是一个家庭成员被另一个伤害,为何卡多佐认为在舒伯特案与舒

---

〔1〕 参见[美]A. L. 考夫曼:《卡多佐》,张守东译,法律出版社2001年版,第443页。

〔2〕 Shubert v. August Shubert Wagon Company, 249 N. Y., 1928, p. 253.

〔3〕 [美]A. L. 考夫曼:《卡多佐》,张守东译,法律出版社2001年版,第444页。

〔4〕 Shubert v. August Shubert Wagon Company, 249 N. Y., 1928, p. 258.

伯特案中应获得赔偿，而在艾伦案中却不行呢？在艾伦案中卡多佐是出于对先例与立法机关的尊重，并战胜了他想更新法律以保护家庭成员权利的愿望。索伦蒂诺案与舒伯特案显示，卡多佐若未被先例与法规的合力所困，又有保险公司或者雇主可以支付赔偿金，他愿意让一个家庭成员因另一个成员的过失伤害受到赔偿。从对这3个案件的对比分析可以发现，卡多佐在其司法实践中，在有先例可循的情况下遵从先例，在可以使用其他方法更新法律的场合中也能果敢作出决定追求公平。这是卡多佐兼顾封闭性与开放性的有力证明，也说明了卡多佐司法意识的统一。

2. 对质疑者的猜想的反驳

质疑卡多佐的坦诚的人认为，在卡多佐的时代，法官为了取得司法工作上的成就、遵守政体的期望、解决怀疑的旁观者的担忧，在以法官的身份进行司法审判时，法官在其司法意见中接近于利用封闭性，而法官在他的司法外活动中提供的准确的和反省的陈述，则暴露出其开放性。为论证卡多佐的这种不一致的分化意识，分化理论者给出了以下两种论据支持。

一种解释认为，卡多佐只是一种欺骗，因为他故意误导我们相信其中一个陈述，而他明知道这个陈述是错误的。[1] 虽然他认为审判是一个复杂的过程，容易出现人为错误，需要司法创造和选择，并导致主观不精确的结果，但他仍然有意识地在他所写的意见中否认了这一切。或者，他所相信的审判是一个非个人化的过程，法官只是从中找出法律的必然结论，但他把这个过程描述为一个开放的过程。存在这种欺骗的理由在于，司法意见是法官的官方陈述，他的同事会读，法学院的学生将研究，案件的当事方将以最大的关心细读。简言之，法官不仅面临作出决定的任务，而且面临公开辩解的任务。在考虑某个特定案件中他想要达成什么样的决定时，法官不得不考虑他所写的意见的形式，以证明结果的正确性。如果他预见到一个概念上的障碍会使他觉得很困难，他自然会想到改变他的决定，以支持他原本并不认为他会赞成的一方。他会考虑改变这个案子的决定，因为写这个意见会比较容易。他不是试图克服概念上的障碍，而是把它作为一个规则或原则来简单地规定新的结果。[2]

---

〔1〕 对于撒谎的传统定义，see Sissela Bok, *Lying: Moral Choice In Public And Private Life*, N. Y, Random House, 1978, p. 6。

〔2〕 Anthony D' Amato, "Judicial Legislation", *Cardozo Law Review*, Vol. 1, 1979, p. 98.

对这一点,考夫曼给出了合适的解答,他认为从整体来看,卡多佐的意见书表明了他在裁决结果方面是坦率的。[1] 卡多佐奉行的是自己的信念:正义要求不偏不倚地运用准则。他不会为了避免无法接受的结果而找借口。只要法律规定了死刑,且案件落在了要求死刑的规则内,即便他本人不赞成,他也认为自己有这样的义务维持死刑判决。同样,当他要改变某一准则但又提出一些限制条件,而一个案子涉及了这些限制条件时,他的结论就不一样了。"卡多佐的意见书基本上是诚实的。他所说的就是他要说的,他要说的就是他所说的。"[2] 而且,坦率并不代表着需要卡多佐将判案时影响其价值抉择的因素说出来,这种分析过程的完全公开并不是司法意见书写作的必需部分。

另一种解释认为,这是一种自我复杂化和心理分化。这种理论建立在自我理论的基础上,主要通过自我概念的构建来检验人格和人的行为。帕特里夏·林维尔(Patricia Linville)提供了一个基于大型关联网络的自我模型。她解释说:"并不是所有的自我方面在任何时候都是激活的,而是根据情境和相关的想法,它们与当前激活的自我方面的关系,以及它们激活的新近性和频率相关。"[3] 在这样的联想网络中,自我方面越强烈,它们越相互影响。用林维尔的话来说,它们"溢出了对另一个人的想法和感觉"。一种由大量自我意识组成的不相关的或弱相关的自我结构,林维尔认为其特点是自我复杂性高。同样,卡罗琳·希奥尔斯(Caroline Showers)将这种自我结构称为高度分化的结构。分隔的自我是一个在自我方面有较高程度的隔离。当一个自我概念被划分时,其自我的方面往往不会蔓延到自我的其他方面,而不会受到它们的影响。[4] 自我方面的这种分化能帮助人协调有差异的意识,避免意识观念上的不兼容。这种自我分化模式适用于自欺欺人的问题,也就是说,持这种解释论的人认为,是卡多佐的自我欺骗导致了他司法实践内外关于司法过程性质的不一致。

---

〔1〕 参见[美]A. L. 考夫曼:《卡多佐》,张守东译,法律出版社2001年版,第445页。

〔2〕 同上。

〔3〕 Patricia Linville, "Self-Complexity as a Cognitive Buffer Against Stress-Related Illness and Depression", *Journal of Personality and Social Psychology*, Vol. 52, 1987, pp. 663 – 664.

〔4〕 See Caroline Showers, "Compartmentalization of Positive and Negative Self-Knowledge: Keeping Bad Apples Out of the Bunch", *Journal of Personality and Social Psychology*, Vol. 62, 1992, p. 1036.

笔者认为,这种观点最大的错误在于,将关于卡多佐在何时运用何种方法、偏向开放或者偏向封闭的抉择看作自我意识的一种分化。卡多佐的意识观念并不存在不相容的情况,而是现实生活中存在着不同的对立。法律中一直存在对对立命题的吸收与调和,对相反意见的综合分析。卡多佐用迪莫克的话论述了自己的观点,“司法工作的目的,不是逻辑性的综合,而是妥协”。〔1〕 正因如此,卡多佐为了协调司法过程中的开放与封闭,列举了四种方法(这些方法将在后文具体论述)以应对纷繁复杂的案件,争取能够最大限度地调和矛盾。现实中错综复杂的矛盾与对立不代表卡多佐司法意识上的分化,卡多佐自始至终都认识到了这种复杂,并以利益衡量之法决定在何种情况下倾向于何种价值、选择何种方法,虽不能完全精确化,却是卡多佐身为法官的真实做法。因此,卡多佐不存在司法意识上的不相容与分化,自我欺骗更是无从谈起。

(二)对卡多佐司法意识分化误解的成因分析

卡多佐司法实践内外的不一致,引起了法律界对卡多佐是否坦诚的热烈讨论,在这一问题上,一直都争论不休。从认为卡多佐是坦诚之楷模,到把他看作蒙骗高手,可谓众说纷纭。

就像其他没有达到他这个高度的法官一样,卡多佐的观点被认为已经被“潜伏的偏见”所破坏。〔2〕 泰德·怀特(Ted White)形容卡多佐的司法技术为“退回到司法诡计的传统技术之后”;〔3〕怀特补充说,他的决定可能“接近于不诚实”;当时的评论家约翰·诺南(John Noonan)认为,卡多佐的观点掩盖了他的决定的实际运作;〔4〕卡多佐的支持者亚瑟·科尔宾(Arthur Corbin)认为,“波斯纳发现了抑制细节和不公正的事实陈述的事例,并指出了卡多佐平滑创新和隐瞒变革的才能”。〔5〕

---

〔1〕 [美]本杰明·N. 卡多佐:《法律科学的悖论》,劳东燕译,北京大学出版社 2016 年版,第 7 页。

〔2〕 参见[美]理查德·A. 波斯纳:《卡多佐:声望的研究》,张海峰、胡建锋译,中国检察出版社 2010 年版,第 115 页。

〔3〕 G. Edward White, *The American Judicial Tradition: Profiles of Leading American Judges*, Oxford, Oxford University Press, 2006, p. 259.

〔4〕 See Noonan, John, *Persons And Masks of The Law*, California, University of California Press, 1976, p. 150.

〔5〕 Arthur L. Corbin, “Mr. Justice Cardozo and the Law of Contracts”, *Columbia. Law. Review*, Vol. 39, no. 56, 1939, p. 86.

然而与此同时,卡多佐也被认为特别坦诚。评论《司法过程的性质》时,斯通和汉德等明确地宣告了卡多佐的坦率和诚意。[1]在一个名为"卡多佐的坦率"的章节中,杰罗姆·弗兰克(Jerome Frank)赞扬卡多佐是"在现实中面临着法律不可避免的不确定性以及司法制定的现状"的那些人的最前线。[2] 伯奇(Burch)法官描述卡多佐的工作是"剥夺神秘的司法程序神圣的服装"。[3] 之所以法律界对卡多佐有这么多不同的看法,我认为可以从以下两方面分析原因。

一是卡多佐提出法官所具有的人的局限性。[4] 法官司法审判的公正性与权威性,似乎因其所具有的人的局限性而大打折扣,甚至消失殆尽。人们一直保持对法官的庄严而又伟大的理解,但法官不可能达到人们眼中那种完全理性、不受任何可能引起偏斜的因素影响的高度。卡多佐对司法过程的实实在在的分析,都不是凭空矗立于这些让人难以接近的高峰。司法过程永远不是人们想象那般完全理性客观,摆脱任何可能造成偏斜的因素的影响,这只是一个理想而已。"马歇尔自己的法官生涯就是一个明显的例证,它说明了这样一个事实,即这一理想超越了人的感官所能达到的境地。"[5]法官也会犯错误,也不能保证每一次审判都是完全正确的。但不断的训练可以减少这种错误,最后像"熟练的工匠可以运用来自其经验的直觉确保他们的活动"。[6] 卡多佐作为一名法官,可能他在司法实践中的错误就被认为是一种欺瞒,从而使其受到了质疑。

二是卡多佐的推理风格。卡多佐的推理有时并不好懂,他的裁决往往

---

〔1〕 See Learned Hand, "The Nature of the Judicial Process", *Harvard Law Review*, Vol. 35, 1922, pp. 479 – 480. (book review); C. M. Hough, "The Native of the Judicial Process", *Cornell Law Review*, Vol. 7, 1922, pp. 287 – 288. (book review); Harlan F. Stone, "Mr. Justice Cardozo", *Columbia. Law. Review*, Vol. 39, 1939, p. 384.; John Van Voorhis, "Cardozo and the Judicial Process Today", The *Yale Law Journal*, Vol. 71, 1961, pp. 202 – 205.

〔2〕 Jerome Frank, *Law And The Modern Mind*, Defunct, Transaction Publishers Press, 2009, p. 252.

〔3〕 Rousseau A. Burch, "The Nature of the Judicial Process", The *Yale Law Journal*, Vol. 31, 1922, p. 677.

〔4〕 参见[美]本杰明·N. 卡多佐:《司法过程的性质》,苏力译,商务印书馆 2017 年版,第 102 页。

〔5〕 同上书,第 103 页。

〔6〕 Roscoe Pound, "The Theory of the Judicial Decision", *Harvard Law Review*, Vol. 36, 1923, p. 952.

取决于综合因素,但他又不认为需要指明哪些因素至关重要,这似乎一直是他思想上的一个习惯。他希望自己的写作能"别具一格",这影响了他在许多案子中对事实的表述。他喜欢简练表述案情细节,但有时候他略去的一些事实,在今天看起来对全面了解案情很重要。这种情况其实不常发生,也没有证据表明卡多佐在捣鬼。考夫曼猜测卡多佐之所以有这种情况,可能是因为他的文学爱好使他迷失,或者他可能只是犯了一个错误,想当然地认为自己已为读者了解清楚案情说清了一切。〔1〕在绝大多数的情况下,卡多佐的事实陈述能让读者明白他在作出裁决时认为什么重要。

通过上文对卡多佐招致质疑的缘由分析,我们可以发现卡多佐并不存在质疑者所说的司法意识的分化,而是在司法实践内外都坚持开放与封闭的统一。那么,卡多佐在其司法实践内外是如何做到司法意识的统一的呢?

三、卡多佐司法实践外的司法意识统一性

卡多佐司法实践外有关其司法哲学的表述主要集中在他的几次演讲中,即之后被编辑成书的《司法过程的性质》《法律科学的悖论》《法律的成长》这三部代表作。从这三部著作中,我们可以发现卡多佐强调的是司法过程的开放性与封闭性的兼备,即法律的不确定性与确定性的统一、稳定性与进步性的调和。

(一)司法实践外的调和观

卡多佐引用了利顿·斯特雷奇(Lytton Strachey)在其论述诗人蒲柏的文章中的表述,"基本的对立,彼此冲撞,又相互调和",〔2〕来表述他对稳定与进步这一对立命题的基本态度。但是,在对卡多佐著作进行系统阅读后会发现,卡多佐对稳定与进步这一基本的对立命题,重点不是在对立,而是在调和。

1. 卡多佐对法律确定性与稳定性的追求

"由于法律力图增进社会的秩序价值,因此它就必定注重连续性和稳

---

〔1〕 参见[美]A. L. 考夫曼:《卡多佐》,张守东译,法律出版社2001年版,第446页。

〔2〕 [美]本杰明·N. 卡多佐:《法律科学的悖论》,劳东燕译,北京大学出版社2016年版,第7页。

定性的观念。"[1]"对于先进的法律体系而言,法律确定性的价值无需多述。"[2]法律的稳定程度直接影响社会公众对法律的整体信仰,而公众的整体法律信仰是衡量法律权威性的一个重要指标。亚里士多德说过:"法律不能强迫人们服从,必须通过长时间以来形成的习惯来贯彻,也即法律的频繁变更会降低法律的权威性。"[3]"一种源于过去的权威性渊源,会以一种重复的方式被用来指导私人的或官方的行为。遵循规则化的行为方式,为社会生活提供了很高程度的有序性和稳定性。"[4]

卡多佐认为,在司法过程中,一旦法官在此案中以一种方式进行了判决,相似案件的诉讼人会期待获得与该案相同的判决,会对判决结果产生一种预期。[5] 如果判决不同,人们心中会有愤怒和不公的感觉,继而会产生一种不安感,人们无法根据现有的行为状态作出有效的预期和判断,也不知道明天的行为将会产生什么样的后果。法律规范体系频繁变动的直接后果就是造成人们心理上的紧张和行为上的混乱。坚持先例会让诉讼人确信法院司法活动是公平的,也能避免人们产生不安感。而且,如果抛弃支持先例,对之前的每一个案件都可以重新开庭,法官的劳动成本会大大增加,以致无法承受。

卡多佐认为,在司法过程中,维持法律确定性与稳定性的保障就是遵循先例。"遵循先例应当成为规则,而不是一种例外。"[6]"遵循先例是维持法律稳定的力量,也是维护法律稳定性和确定性的保障。"[7]先例并非只是先例,在它们的背后是一些基础性的司法原则,在更后面的是风俗习惯、社会观念。"没有什么东西能够取代昔日智慧的先贤们所积累和发展出来的严谨、精确而深刻的法律研究成果。"[8]卡多佐将这些研究成果比喻成铸造

---

〔1〕 [美]E.博登海默:《法理学:法律哲学与法律方法》,邓正来译,中国政法大学出版社1998年版,第341页。

〔2〕 [美]本杰明·N.卡多佐:《法律的成长》,李红勃、李璐怡译,北京大学出版社2014年版,第15页。

〔3〕 [希腊]亚里士多德:《政治学》,陈虹秀译,台海出版社2016年版,第68页。

〔4〕 [美]博登海默:《法理学:法律哲学与法律方法》,邓正来译,中国政法大学出版社1998年版,第239页。

〔5〕 参见[美]本杰明·N.卡多佐:《司法过程的性质》,苏力译,商务印书馆2017年版,第17页。

〔6〕 同上书,第90页。

〔7〕 [美]本杰明·N.卡多佐:《法律的成长》,李红勃、李璐怡译,北京大学出版社2014年版,第16~17页。

〔8〕 [美]本杰明·N.卡多佐:《司法过程的性质》,苏力译,商务印书馆2017年版,第8页。

器物的原料、雕塑家需要的黏土,可见卡多佐对遵循先例的重视。但是,卡多佐也承认,“尽管不应当放弃遵循先例规则,在某种程度上应当放松这一规则”。[1]

2. 卡多佐对法律不确定性与进步性的追求

前文已论述了卡多佐寻求法律进步性的相关内容,在这一部分笔者想强调的是,卡多佐在司法实践外的著作中对追求法律进步性作出的限制。

亚瑟·L. 柯宾用了一句话来概括卡多佐在耶鲁的第二次演讲,“法律是鲜活的生命,而非僵化的规则”。[2] 人们基于对常规性的追求,会对先例形成一种原则性的要求:在过去与如今相似的案件中,以相同的判决方式进行裁决。但是,过去与如今相同的判决不等于是正义的判决。[3] 卡多佐意识到了法律的进步性要求,而同时也坚持遵循先例,卡多佐开始了对法律稳定与进步的调和。

对稳定与进步的调和,不是在稳定与不受制约的运动之间作出选择,而是在稳定与为职业化技术的古老传统所调和的运动之间作出选择。法律的进步并不是完全脱离传统与先例的,而是以传统与先例当原料,以这些为基础的进步。没有任何东西可以取代昔日先贤们所积累和发展出来的法律研究成果,没有这些研究成果,如今的法律将处于无本无源的状态,更谈不了进步。

显而易见,卡多佐坚持的是法律稳定与进步之间的调和,那么,他具体的调和方法是什么呢?

(二)卡多佐的调和之法

法官在判决案件时,他会将哪些信息纳入参考范围?这些信息对结果有多大的影响力?在有先例可循的情况下,法官在何种情况下会不予遵循?在无先例可循的情况下,法官如何适用新的规则从而为将来创制先例?这些都需要法官进行一个判断与选择,卡多佐在他的演讲中介绍了具体的考虑因素,包括有意识的方法和下意识的方法。[4]

---

[1] [美]本杰明·N. 卡多佐:《司法过程的性质》,苏力译,商务印书馆2017年版,第91页。

[2] [美]本杰明·N. 卡多佐:《法律的成长》,李红勃、李璐怡译,北京大学出版社2014年版,第1页。

[3] [美]博登海默:《法理学:法律哲学与法律方法》,邓正来译,中国政法大学出版社1998年版,第341页。

[4] [美]本杰明·N. 卡多佐:《司法过程的性质》,苏力译,商务印书馆2017年版,第2页。

1. 有意识的方法

有意识的方法更容易被人所识别,人们轻而易举就能将它们认出来。它们通常接近表层,因此更易区分,它们会作为人的行动指导准则而被人们接受。卡多佐的有意识的方法分为四种,哲学的方法、历史的方法、习惯的方法和社会学的方法。

(1)哲学的方法

卡多佐又将其称为"类推的规则",[1]是指从先例中抽取出来的原则的指导力量也许可以沿着逻辑发展的路线起作用。哲学的方法应该获得比与之相对的其他原则更多的尊重,这是历史、习惯、正义都无法比拟的。先例有沿着逻辑发展路线自我延伸的倾向,人们在智识上也强烈爱好司法的逻辑性,爱好形式与实质的对称,哲学方法这样的倾向更符合人们的爱好。

一些法官曾有过质疑,他们认为,在法律中依照逻辑发展而来的原则根本不应该在法律中占有一席之地。卡多佐也赞同不能将一种真理推理至极致,但逻辑一致并不因为它不是一种至善就不再是一种善了。霍姆斯的"法律的生命是经验而不是逻辑"[2]也并没有说在无经验可用时就忽视逻辑。但确实有例外为卡多佐所承认,即只有在具备足够理由的情况下,他才会引入与先例不一致的、人为的例外来破坏对称的法律结构,否则,判决必须合乎逻辑。

卡多佐在最开始论述哲学的方法时就说明,他将此方法放在最前面进行论述,并不代表在他眼中哲学的方法是所有规则中最有价值的,恰恰相反的是,这种方法经常为其他方法所替换。[3] 卡多佐认为,对哲学的方法的正确态度是,将其看作众多推理工具之一。大多数人对哲学的方法都存在一种误解,他们把哲学的方法置于一种至高无上的地位,并且是终极性的。一个同样的原则或先例,当按其逻辑推理到极致,可能指向的是这个结论。对另一个原则或先例遵循同样的逻辑进行推理,可能指向的是完全不同的另一个结论。我们必须在它们之间作出选择,或者说开辟出第三条道路。

[1] [美]本杰明·N. 卡多佐:《司法过程的性质》,苏力译,商务印书馆2017年版,第15页。

[2] [美]霍姆斯:《普通法》,冉昊、姚中秋译,中国政法大学出版社2006年版,第1页。

[3] 参见[美]本杰明·N. 卡多佐:《司法过程的性质》,苏力译,商务印书馆2017年版,第16页。

(2)历史的方法

一个原则的指导力量沿着历史发展的路线起作用,这样的方法为历史的方法,又称为进化的方法。在某种程度上,一些法律的概念能拥有目前这种特定的形式,基本上完全与它们的历史相关。在一些法律概念的发展历程中,历史相对逻辑而言,对它们更具影响力,此时,我们只有在特定的历史条件下才能弄明白它们的概念。对于目前存在的很多法律,若我们欲探求其存在以及拥有如今特定形式的原因,需要寻求历史的帮助。[1] 卡多佐列举了不动产法和森林法领域的诸多例子,来证明历史的重要性。历史构建了封建的土地占用制以及与该制度相伴随的法律,但如今,对该制度的构想不会出现在任何一位立法者思索制定一部法典的过程中。土地转让的限制、绝对所有权的暂停等,都只有放进那个时代的框架中才能理解。这些具体的法律概念所体现的更多是特定的时代的思想,脱离特定的时代来理解这些法律概念是无用的。"我们已经埋葬了这些诉讼形式,但它们仍从坟墓中支配着我们。"[2] 所以,法律的发展也要充分关注它的起源,这样才能真正地合乎逻辑。

但是,即使是在历史影响最大的地方,历史的指导力量并不是完全限定未来的。虽然我们除了视某些概念为历史的产物外,便无其他理解之法,可是存在其他一些法律概念,它们的形成和发展更多的是受了其他因素的影响。对历史的作用的正确解读,用卡多佐的话来讲,应该是,"历史在照亮昔日的同时也照亮了今天,而在照亮了今天之际又照亮了未来"。[3]

(3)习惯的方法

当一个法律原则沿着社区习惯的路线起作用,则称为习惯的方法,又可称为传统的方法。在卡多佐看来,习惯在过去的年代,创造力非凡。伴随着过去的伟大发明的出现,一些新的规则与新的习惯也建立了。而如今,习惯在新规则上的创造力已大不如之前。在一般情况下,我们寻求习惯更多地是为了找到一些有助于我们适用既定规则的检验标准,而不是为了创制一个新的规则。有关正确与错误一般性标准基本已经确立,此时,习惯必须决定坚持何种标准。因为法官手握的是这一行业中通常具备的那些权力,且

---

〔1〕 See Oliver Wendell Holmes, Jr., "The Path of the Law", *Harvard Law Review*, Vol. 10, 1897, pp. 457-469.

〔2〕 [英]梅特兰:《普通法的诉讼形式》,王云霞等译,商务印书馆2009年版,第34页。

〔3〕 [美]本杰明·N. 卡多佐:《司法过程的性质》,苏力译,商务印书馆2017年版,第30页。

这些权力为人们所知晓,所以法官在行使这些权力时会经过慎重的考虑。

当一个论题自然地适用哲学的方法,也同时适用历史的方法或者习惯的方法,此时,法官会怎么决定呢?法官最终会将哪种方法置于支配地位呢?卡多佐认为,历史、习惯、社会效果,甚至是法官的直觉、经验、偏好都会影响方法的选择。习惯其实并不自成一体,稍微对习惯加以延伸,会发现它与社会大众主流观念、正确的行为标准没有多少区别,甚至是可以画等号的,这便是传统的方法与社会学的方法之间的连结点。

(4)社会学的方法

"一个原则的指导力量沿着正义、道德和社会福利、当时的社会风气的路线起作用,称为社会学的方法。"[1]在社会学的方法中,我们能让社会正义的力量得以展现,成为最大的力量。

哲学、历史、习惯这三种法律的指导力量都会有可能取胜的时候,但我们应该如何从它们之间作出选择?在某一部门中,历史对法律的发展给予了指导,某个法律概念可以看作历史的产物。在另一个部门中,某些更基本的法律概念,我们应给予逻辑性和对称性以更大的活动范围。又或许在其他部门中,习惯才是影响最终选择的决定性力量。最后,当社会需求在众多方法中选择的是这种而不是那种时,此时为了达到对其他更大目的的追求,我们就必须"扭曲对称,忽略历史和牺牲习惯"。[2]

卡多佐认为,"法律的终极原因是社会福利"。[3]是否达到目的是对一个规则的合理性的考量。社会福利是社会学方法的重点,而卡多佐并没有给"社会福利"这个术语下一个明确的定义,而是以描述的方式来涵盖与之在性质上有联系的一些概念。在一方面,它可以指人们通常所说的"公共政策,集体组织的善"。[4]在这类案件中,社会福利一般要求的是便利或审慎;在另一方面,它可以指"由于坚守在社会风气中得以表现的正确行为标准而带来的社会收益"。[5]在此类案件中,社会福利的要求便等同于宗教的要求或者社会正义感的要求,而无论它们的表述形式是信条还是大众的普遍观念。卡多佐坦言,因为这些关系之间存在不易察觉的差别,且重合

〔1〕[美]本杰明·N.卡多佐:《司法过程的性质》,苏力译,商务印书馆2017年版,第38页。
〔2〕同上。
〔3〕同上。
〔4〕同上书,第42页。
〔5〕同上。

度高，所以要找到一个能涵盖所有这些关系相近的术语实属难事。因此，他使用了“社会福利”这一术语，对法官适用该过程来说，已经具有足够的确定力与包容力了。

社会福利已成为一个具有十足说服力与重要性的检验标准。庞德也认为，“现代法律科学已经从以分析性态度转向以功能性态度对待法律，重点也从戒律的内容转向实践中戒律的效力”。[1] 格梅林也认为，司法判决在相对立的利益之间进行抉择时，应该维护的是更值得的利益，并且与生活实际需要相吻合，当然，在制定法上被禁止的情况除外。[2]

在这个领域内，社会学方法与其他方法相互对立，但这并不代表社会福利是最优原则，在这些原则中没有原则居于主导或至上地位，不存在永远优于其他原则的原则。社会福利虽代表终极性的检验，但社会福利除考虑社会正义与效果外，包括统一性、连续性与确定性等在内的其他因素皆属于其组成部分，发现它们也是法官的职责所在。在某种程度上，对社会学方法的运用，也体现于将统一性、连续性与确定性视为更高的社会价值予以追求。在这里，对哲学的、习惯的、历史的方法来说，社会学的方法所起的作用与它们是吻合的。

在一个具体的案件中，逻辑、传统、习惯、社会效用等因素都可能单独或共同对案件判决产生影响，具体何种因素起决定性作用，取决于这个决定得以增加或者减损的社会利益的价值大小以及重要程度。此时，依据哲学的或者传统的方法所维护的社会利益就必须通过用社会学中所保护社会利益的方法来保持一定的平衡。“若把司法过程看做是混合、调配的工序，那么调和各种材料的配方暂时还没有被发明出来。或许，本来就无法制作出这样一种配方，它最多也不过是某种提示、说明或建议。”[3] 正确地理解和运用这几种方法，可以使它们互相纠正和印证。我们须学会使用工具、运用方法，并把它们综合加以使用，用其他方法来检测一种方法，补充及加强薄弱环节，以便能在我们需要时提供每种方法中最好的一面，成为前进的手段。若不能把这些工具加以结合，而将它们看作互相排斥的方法，且只对其中一种加以运用，它们将会成为很多错误的根源。

---

〔1〕［美］本杰明·N. 卡多佐：《司法过程的性质》，苏力译，商务印书馆 2017 年版，第 43 页。

〔2〕同上。

〔3〕［美］本杰明·N. 卡多佐：《法律的成长》，李红勃、李璐怡译，北京大学出版社 2014 年版，第 77 页。

2. 下意识的方法

还有一些力量存在于意识的深处,这些力量是一种被詹姆斯称之为"植根于每个人心中的生活哲学的力量",[1]多年形成的习惯、对事物的喜爱或者厌恶、植根于心灵深处的偏见、深藏于内心的情感,这些复合体构成了一个具体的人,诉讼者和法官都是这样一种具体的人。每个人都有一种生活的哲学和倾向,法官也不能挣脱这种倾向。先天遗传的本能、后天获得的确信、对事物的喜爱或者厌恶,这些都是法官在他们的职业生涯中一直与之斗争的因素,且对他们的识别与命名超过了法官的能力限度。事实上,这些就是法官对生活的一种理解与看法,对社会需要的一种态度的表达,在逻辑、习惯、社会效用等有意识的因素处于一种完全平衡的状态之际,这些力量将帮助法官作出选择。"一个时代为人们感受到的需求、主流道德和政治理论、对公共政策的直觉——无论是公开宣布的还是下意识的,甚至是法官与其同胞们共有的偏见,在决定赖以治理人们的规则方面的作用都比三段论推理大得多。"[2]

一直以来的相关讨论中,都存在一种将法官置于完全理性、无任何错误的高度,但这只是一个客观的理想,是每一个法律体系都追求的理想。事实上,在任何领域中,我们都会难以避免地依据直觉去判断甚至作出决定,它在一定程度上甚至超越了其他因素的影响力,法律也在这些领域之中。法官会有多层面但并未系统化的知识积累、社会观念与信仰,甚至他的爱好与偏见,这些因素一起形成了法官独有的特征,并对司法过程产生影响。卡多佐以孟德斯鸠与马歇尔的观点为例,论述了在他看来很极端的观点。"一个民族的法官,只不过是宣布法律之语词的喉舌,是无生命的人,他们既不能变动法律的效力也不能修正其严格性。"[3]马歇尔也认为,司法部门"在任何案件中都没有自己的意志……行使司法权的目的从来也不是为了赋予法官意志以效力,而总是为了赋予立法机关的意志或者——换言之——法律的意志以效力"。[4] 卡多佐认为,这种观点只是部分的真实。马歇尔大

---

〔1〕［美］威廉·詹姆士:《实用主义》,陈羽纶、孙瑞禾译,商务印书馆1979年版,第5页。

〔2〕［美］霍姆斯:《普通法》,冉昊、姚中秋译,中国政法大学出版社2006年版,第1页。

〔3〕［美］本杰明·N.卡多佐:《司法过程的性质》,苏力译,商务印书馆2017年版,第102~103页。

〔4〕同上书,第103页。

法官虽反对法官在案件中体现自己的意志,但他的实际做法并非如此。马歇尔在美国宪制仍具备可塑性之际,加入自身意志与信念,美国如今才有了宪法性法律的形式。这说明了一个事实,即这一理想超越了人的感官所能达到的境地。卡多佐眼中持另一极端观点的是法国法学家萨莱勒斯。萨莱勒斯认为,是因为人在结果一开始时就拥有了意志,进而发现了原则,从而产生了司法解释。被接受后的这种解释会以相反的表现形式出现在法律学说中。而人们对此会有一种颠倒的认识,会以为先有的原则,且是依原则而得出的结果。其实不然,是先有了人的意志,才发现了原则,进而有了结果。[1] 卡多佐认为前者过分限制了法官的自由意志,把无限选择的范围限制在狭窄的限度内,而后者则过分夸大了法官的自由意志,忽视了决定论的因素。在卡多佐看来,更接近真实的是处于这两个极端之间的话,即罗斯福总统在 1908 年 12 月在美国国会发表的咨文中的话。在这段发言中,罗斯福将立法者与法官视为最后的权威,但他认为法官更经常是最后的权威。在他们每一次解释法律的过程中,都必定会将某种社会价值或者信念带入法律,且因为这种解释是根本性的,所以他们的解释就是在指导法律制定。[2] 哈奇森一开始关注的也只是法律本身,但在其成为法官接触司法实践之后,他开始意识到"在准备案件事实时直觉、情感也会发生作用"。[3]

值得注意的是,虽然卡多佐列举了有意识的因素以论述支配方法的选择,也说过在有意识的诸因素处于完全平衡的状态之际,下意识的因素将会影响最终的决定,但卡多佐并不是在告诉法官们应如何进行判决,也并非要为法官们提供具体的操作程式以解决法官们在案件判决上的困扰,他只是将他作为一名法官的实际做法说了出来。卡多佐提供的只是一些建议,具体案件中选择何种因素作为支配性因素都必须交给法官自己来判断,但这并不意味着卡多佐认为法官在判案时仅依靠直觉。

综上我们可以看出,卡多佐并未如质疑者认为那般,在司法外只强调司法过程的开放性,仅追求法律的进步。卡多佐在司法实践外的表述中,依然坚持法律稳定与进步的调和观,他追求的是司法开放性与封闭性的兼容。

---

〔1〕 [美]本杰明·N. 卡多佐:《司法过程的性质》,苏力译,商务印书馆 2017 年版,第 103 页。

〔2〕 同上书,第 104 页。

〔3〕 Joseph C. Hutcheson, Jr., "The Judgment Intuitive: The Function of the 'Hunch' in Judicial Decision", *Cornell Law Quarterly*, Vol. 14, 1928 – 1929, pp. 274 – 275.

四、卡多佐司法实践内的司法意识统一性

卡多佐在司法实践外的调和观,在卡多佐的司法实践当中亦有所体现。卡多佐司法实践的哲学,主要体现于他的司法意见书中。

(一)卡多佐司法意见书中的开放性

本部分将通过列举几个著名的司法案例,探讨卡多佐在其司法意见书中的开放性显现。前文已举例论述卡多佐司法实践中对先例的遵循,故本部分的论述重点是卡多佐司法意见书中体现的他对司法过程开放性的追求。当然,本部分虽侧重于其开放性,但我们仍可以从卡多佐的司法实践中看到其对开放性与封闭性是兼顾的态度,并无任何偏倚。

1. 海因斯诉纽约中央铁路公司(Hynes v. New York Central Railroad Company)〔1〕

在此案中,16岁的男孩哈维·海因斯(Harvey Hynes)在哈莱姆河游泳,其位置与一条铁路用地相邻。相邻土地上的孩子把一块固定于该铁路护堤、伸到河上的木板当作跳板,铁路公司未予制止。海恩斯爬到岸上,而后走上木板。在他做跳水姿势时,铁路电线杆上的高压线掉下击中他,并使他落水而死。下级法院一致认为海恩斯擅入铁路公司的土地(木板),并根据针对土地侵权人的有限责任规则,以铁路公司并未有意损害他为由,驳回赔偿的请求。纽约上诉法院以4∶3撤销原判,下令再审。〔2〕

卡多佐不愿像下级法院那样简单地看待案情,他拒绝因海恩斯站在从铁路土地伸出的木板上而在将其视为侵权人的基础上作出裁决。“本案引人注目地证实了‘概念法学’的危害:不顾一切后果,将原则或定义推向‘冷冰冰的逻辑极限’。近似、相对成了确定、绝对。”〔3〕“活生生的法律体系中的权利、义务并非建立在这样的流沙之上。”〔4〕卡多佐强调:该男孩的行为,其性质属于在公共水域游泳;木板非法伸入公共水域(木板周围的空间和水域);该男孩无论是站在木板上还是站在木板下面或者靠着木板,只要该电线掉下,男孩都存在被该电线电死的危险。在发生冲突的两个规则中,一个“过于僵化生硬”,更符合实际的规则是,“他在行使公共权利时仍在公共

〔1〕 Hynes v. New York Central Railroad Company,231 N. Y. ,1921,p.229.

〔2〕 参见[美]A. L. 考夫曼:《卡多佐》,张守东译,法律出版社2001年版,第285页。

〔3〕 Hynes v. New York Central Railroad Company,231 N. Y. ,1921,p.235.

〔4〕 Ibid,p.233.

水域”。[1]

从海因斯案可以看出卡多佐是如何运用他演讲中提到的办案技巧。他在海因斯案中的言辞回应了他的演讲：“我们认为，从类比、便利、政策、正义的角度进行推敲，被告被排除在豁免范围之外，须承担责任。”[2]卡多佐解释道，在这里，“类比”是指如果男孩是斜靠着跳板或者站在跳板之下被掉下来的电线电死，被告无疑必须承担责任。而“便利”“政策”“正义”，则指的是“在运用与土地使用人概念相关的规则时有必要灵活处理、要保护为公共目的使用公共水域的权利”。[3]

无论卡多佐的表述有多大胆，它仍旧是有限的判决，其结论受到限定。卡多佐没有说清楚他在政策和正义方面的主要考虑因素，甚至没有提出一个通则：只要铁路公司对擅入其土地者造成损失的高压线的维护存在过失，就必须承担责任。卡多佐只是将原判中男孩作为土地侵权人的身份改为公共水域中的游泳者，而具备这种身份的人有权获得不受铁路公司电线伤害的合理保护。根据他对铁路公司在这一实际情况下的相应责任的衡量标准，他认定，在使用公共财产的过程中越界进入私人土地，不应成为免除铁路公司谨慎义务的理由。他愿意略微扩大铁路公司的责任范围，但无任何迹象表明他想违背对土地侵权人的免责通则。

卡多佐的海因斯案意见书引起了许多论者不同角度的、相当大的关注，波斯纳在一定程度上关注的是该意见书中的政策分析与语言技巧，[4]理查德·韦斯伯格(Richard Weisberg)以海因斯案论证卡多佐在个案中篡改规则来行使正义，“无视先例、挑战既定规范，除了他那令人赞叹的价值体系，别无其他依据”。[5] 如果真是如此，则该意见书并非卡多佐典型的意见书，卡多佐并不总是在个案中篡改规则。由此，考夫曼认为卡多佐虽对通则进

---

[1] Hynes v. New York Central Railroad Company, 231 N. Y., 1921, p. 236.

[2] Ibid.

[3] [美]A. L. 考夫曼：《卡多佐》，张守东译，法律出版社2001年版，第286页。在这里，考夫曼认为卡多佐本可以在海因斯一案考虑的因素中加入他在《司法过程的性质》中列举的习俗(根据传统判案的方法)，因为关于保护公共水域中洗浴的人的讨论依据的是他们的传统权利。

[4] See Richard A. Posner, *Cardozo: A Study in Reputation*, Chicago and London, The University of Chicago Press, 1990, pp. 48–55.

[5] Richard H. Weisberg, “Judicial Discretion, or the Self on the Shelf”, *Cardozo Law Review*, Vol. 10, 1988–1989, p. 108.

行了修改,但改动幅度小,“卡多佐致力于从实用的角度渐进地更新法律准则”。[1]

如前文所述,卡多佐基于对法律目的的理解,拒绝按照逻辑无限推进,而是对不同的方法予以综合的考虑和运用。本案中,通过类比,卡多佐得出的是被告必须承担责任的结论,通过对正义的运用,通过衡量主观上无害的土地入侵者的生命权与被告对土地的支配权这两种权益。卡多佐认为,就社会观念而言,不同于早期认为的对土地的支配权重于人的生命权,目前的社会观念将人的生命权看得更重。卡多佐基于这种解读,得出了有利于被害人的结论。

2. 麦克弗森诉别克汽车公司(MacPherson v. Buick Motor Company)[2]

麦克弗森案意见书是卡多佐最著名的意见书之一。[3] 在该案发生之前,纽约上诉法院已探讨过有关制造商、零售商以及服务部门对第三人承担的谨慎义务。麦克弗森案牵扯到的是同样的问题。卡多佐的事实陈述简明扼要:被告是汽车制造商,它将它所制造的一辆汽车卖给了零售商。零售商又将这辆汽车卖给了原告麦克弗森。在原告驾车外出途中,轮胎出现问题,车突然塌了下去,他被摔出车外且因此受了伤。经检查确定,其中一个轮胎的用料存在瑕疵,有一个轮胎用的是有瑕疵的木料。被告虽是该汽车的制造商,但其轮胎是从另外的制造商那购买而得,并非由被告所造。然而有证据显示,被告通过对该汽车轮胎进行适当检查可以发现这一大瑕疵,但被告并未进行这方面的检查。这里需要进行确认的是,制造商是否需要对直接购买人之外的、无直接合同关系的第三人承担谨慎义务。别克公司声称让它“承担责任将严重阻碍世界贸易、限制商业”。[4] 陪审团裁定原告麦克弗森获得5025美元赔偿,上诉分庭维持原判。卡多佐认为,已经有了别克公司存在过失的证据,支持了原判,事实上已不存在任何问题,接下来要解决的是纯法律问题:别克公司对原告麦克弗森存在何种义务。[5]

---

[1] [美]A. L. 考夫曼:《卡多佐》,张守东译,法律出版社2001年版,第287页。

[2] Mac Pherson v. Buick Motor Company, 217 N. Y., 1916, p. 382.

[3] 波斯纳是通过计算MacPherson案被引用次数得出这个结论的。他指出该案被被纽约州法院引用了179次,纽约以外的州法院引用了381次,被联邦法院引用了267次。See Richard A. Posner, *Cardozo: A Study in Reputation*, Chicago and London, The University of Chicago Press, 1990, p. 41.

[4] Mac Pherson v. Buick Motor Company, 217 N. Y., 1916, p. 385.

[5] [美]A. L. 考夫曼:《卡多佐》,张守东译,法律出版社2001年版,第287页。

到1916年为止,法院与学界处理这类案件的一个通则是,只有在满足了一定条件的情况下,制造商才对与其无契约关系的第三人因使用有瑕疵商品而引起的损害承担责任,否则不承担任何责任。卡多佐代表6位法官撰写意见书,决定不遵循这一通则。卡多佐回顾先例,从托马斯诉温彻斯特(Thomas v. Winchester)案〔1〕入手,认为从该案中可以得出这样的原则,即当因卖方的过失给他人造成了相当紧迫的生命危险,且卖方对这种危险具有可预见性,此时,卖方应尽到避免伤害的义务,并对造成的伤害承担责任。〔2〕此后,此原则在纽约州的所有判例中都得到了很好的遵循。在托马斯案后发生的德文林(Devlin)案、〔3〕斯塔特(Statle)案、〔4〕托格森(Torgeson)案〔5〕扩大了危险商品的例外范围,达到了几乎要吞噬免责通则的程度,而纽约州法院支持这样的扩展。〔6〕然后,卡多佐又求助于英国法,他引用了西文诉彭德尔(Heaven v. Pender)案〔7〕中伊舍(Esher)勋爵的意见书,它让卖主对可能受损的任何人都承担广泛的注意与谨慎义务,如果经他手卖出的产品对使用者造成了任何伤害,则使用者可以对此提起诉讼,且将这种起诉权的享有范围扩充至直接买方以外的所有使用该产品的人。〔8〕虽然伊舍勋爵的司法意见书并未获得其他法官的一致赞同,甚至受到了批评,〔9〕但是卡多佐采纳伊舍勋爵的论述作为责任标准,然而值得注

---

〔1〕 Thomas v. Winchester,6 N. Y. ,1852,p. 397. 在该案中,毒药被贴错了标签,一位药商将它买走之后又转卖给一位消费者。最终,消费者从贴错标签的卖主那里获得了赔偿。

〔2〕 像Loop v. Litchfield(圆形锯上安装了有瑕疵的平衡轮)与Losee v. Clute(蒸汽锅炉爆炸)这类的案件也采纳了该原则,尽管它们采用了狭义的解释并因此认为危险微乎其微。Loop v. Litchfield,42 N. Y. ,1870,p. 351. ; Losee v. Clute,51 N. Y. ,1873,p. 494.

〔3〕 Devlin v. Smith,89 N. Y. ,1882,p. 470. 在该案中,被告为画家制造了一副脚手架,由于脚手架存在瑕疵,画家的仆人们因此而受伤,被告被认为应承担责任。

〔4〕 Statle v. Ray Mfg. Co. ,195 N. Y. ,1909,p. 478. 在该案中,作为被告的生产商为一家宾馆制造了一个咖啡壶,咖啡壶在加热时发生爆炸并使原告受到伤害,生产商被认为应承担责任。

〔5〕 Torgeson v. Schultz,192 N. Y. ,1908,p. 156. 在该案中,被告是汽水瓶的卖主,由于被告没有对汽水瓶进行适当的检验,买方的仆人因汽水瓶爆炸而受伤,卖主被认为应承担责任。

〔6〕 Mac Pherson v. Buick Motor Company,217 N. Y. ,p. 387.

〔7〕 Heaven v. Pender,L. R. 11 Q. B. D. ,1883,p. 503.

〔8〕 Mac Pherson v. Buick Motor Company,217 N. Y. ,pp. 388 – 389.

〔9〕 波伦是批评者之一,他批评伊舍勋爵的意见书为"要求每一个人都采取积极的防预措施来保护他的邻人,同时也使他们自己不受伤害"。Quoted in Mac Pherson v. Buick Motor Company,217 N. Y. ,p. 389.

意的是,卡多佐指出了在特定的情况下,这种原则需予以限制。

卡多佐对自托马斯案之后相关原则取得的进展的讨论与重新表述适用于该案,即买方应尽避免伤害义务的产品涵盖了所有可以“合理断定”为有瑕疵、存在危险的产品。如若制造商知道在零售商之外不会再有其他人对产品进行使用前的再次测试,因产品瑕疵发生的任何损害,制造商都必须承担责任。在当时,卡多佐已经准备把经他重新表述的新规则适用于本案,并进行了案件的具体情况分析:购买者从零售商处购得别克汽车,并因汽车瑕疵受到了损害,别克公司却只承认对最不具备使用这台汽车可能性的零售商负有责任,排除了对其他使用者的责任。卡多佐认为这样的立场是有问题的,且认为他新确立的规则将汽车购买者纳入了其保护范围。卡多佐维持了麦克弗森案胜诉的裁决。

卡多佐意识到了先例必须与社会发展变迁相适应,但他并未就印证本案结论的新的条件作任何说明。他似乎并不关注新的法律理论或社会理论,而只关注实际情况的变化。但不存在任何迹象表明,卡多佐创设的是比目前的过失侵权理论范围更广的责任。卡多佐认定的是别克对所有可能受到有瑕疵汽车损害的受害者承担法律责任。这种责任在一般的侵权法中就有了规定,如同前文阐述的纽约州的一系列判例,其中已有了相关规定。在麦克弗森案的意见书中,卡多佐表示没有任何重要原则因为新规定的适用受到了威胁。对于与本案相反的先例,卡多佐或解释为存在于这些判例中的过失十分罕见,或认为这些相反的先例只是对同一规则的不同运用。所以说,考夫曼说,“卡多佐是以最为温和的方式推出新规则”。[1]

虽然卡多佐的麦克弗森案意见书根据过失损害的可预见性扩大了制造商对消费者的责任,但他没有以这一概念扩大对所有被告人的责任,甚至没有为从责任角度分析一切过失侵权案件确立一条规则。在纽约州,上诉法院已逐步对旧规则进行修改,所以存在于先例中的规则并不会使卡多佐的创新像在其他州那样显眼,虽然这次小修补以一个新的规则代替了旧的规则,但这是以往多次修改融会贯通的结果。

(二)正确认识卡多佐的司法实践

1. 调和观的司法实践

关于卡多佐在司法实践中的司法意识,笔者在第一大部分论述了卡多

〔1〕［美］A. L. 考夫曼:《卡多佐》,张守东译,法律出版社2001年版,第279页。

佐在艾伦案中遵循先例,体现了他在司法实践中对法律稳定的追求。前一部分的海因斯案和麦克弗森案则都是卡多佐追求司法过程开放性的显现。但我们也应该注意到,在海因斯案中,卡多佐的表述虽然很大胆、很突破,但它仍是有限的判决,它的结论是受限制的。在麦克弗森案中,卡多佐虽扩大了制造商对消费者的责任,但卡多佐的创新是有保留的创新。在笔者看来,卡多佐的司法实践,实质上就是他的调和观在司法工作中的实际运用,是对法律稳定与进步的调和。

以卡多佐最著名的意见书之一的麦克弗森案的意见书为例。虽然他的意见书在制造商对消费者的责任上进行了一定的扩大,但其程度却不至于免去制造商承担责任的条件限制。他的制造商对乘客的注意及谨慎义务伴随其在轿车中增设座位的做法而产生的说法,并不代表将受保护范围扩展至受有瑕疵轿车损伤的业主或行人。[1] 在本案中,他并未对零配件制造商的责任予以确认,而是留待将来解决。[2] 最后,卡多佐还强调,别克公司需要承担责任的关键不在于作为制造商的别克公司与零售商之间的契约关系,而在于侵权法;这样,即便依据该案的新规则也不能肯定,在零售商与消费者之外是否还有其他人可以从制造商的瑕疵担保中获得利益。考夫曼认为,这般的小心谨慎,正是卡多佐推理过程的特征。[3] 就该案意见书的影响而言,法院与评定者普遍接受麦克弗森案。普罗瑟(Prosser)教授在40年后称它"在美国几乎是普适法",[4]卡多佐的司法意见书不是以说服或者争辩的方式改造人的想法,而是他对社会潮流的掌控对人们具有极强的说服力。[5] 无论事情是否真如此处说的这般必然发生,卡多佐都会因为这段话感到欣慰。他在后来司法实践外著作的表述中,论及了一个重要的前提:特别是在这种社会变迁加快的时代,普通法裁决的精髓在于洞察"势不可挡的思想潮流"。

可以看出,卡多佐的司法意见强调法律与社会发展的适应,这正是其

---

〔1〕 Mac Pherson v. Buick Motor Company, 217 N. Y., p. 392.

〔2〕 Ibid, p. 390.

〔3〕 参见[美]A. L. 考夫曼:《卡多佐》,张守东译,法律出版社2001年版,第280页。

〔4〕 Prosser, *Handbook of the law of Torts*, St. Paul, West Publishing Company Press, 1955, p. 500.

〔5〕 See Lawrence M. Friedman, *A History of American Law*, New York, Touchstone Press, 1985, p. 685.

“使法律适应行为的对应性原则”[1]在司法实践中的运用。但他不是仅关注法律的发展与进步,在无须法官发挥创造性的场合,遵循先例是规则,而不是例外。卡多佐的司法实践是由各种方法综合作用的,而不是单一的只考虑其中一种方法,他必须将所有纳入考虑范围的因素加以平衡。[2] 这些方法是他处理实际案件逐渐形成的总的处理方法,是他别具一格的司法技艺。

2. 有限的司法立法权

前文已论述过,卡多佐将司法过程描绘成一个有空白和含混不清的环境,为了追求此过程的开放性,保持法律的进步,卡多佐认为法官具有造法权,即司法立法权。但法官的自由是有限度的自由,他不能只依自己的意愿随意创新。多个世纪发展下来的先例、形成的习惯以及法官的实践为普通法确定了一些界限,法官的创新必须在这些界限内。

法官是法律的解释者,在对制定法的合法性进行判断时,法院会依据关于正义与理性的看法作出判断,但这种看法不是法官自己的,而是客观的,是每一位具有正常思考能力与良心的普通人都会这样认为的看法。法官的信仰与追求必须与时俱进,即当下大众的信念与追求客观化并将之纳入法律。如若仍停留于已经过去的时代,就不能很好地尽到法官的义务,法官在对法律进行判断时,依据的必须是客观的标准,不是所有法官认定为不符合立法目的或者因与法官自身信念不符而不认同的立法都是不合法的、无效的。[3] 法院不可能对每个具体案件的情况都能透彻地了解,所以对各种不同的看法与观点,法院应允许并接纳其存在。卡多佐还引用了布鲁特的观点,法官身负解释法律的职责,他必须保持一个中立且客观的立场,摆脱个人观念与政治立场的影响,以社区内公认的社会价值为依据作出判断。[4]

法院具有对制定法合法性的审查权,一些人认为应当取消这种权力。其理由在于,一方面,行使这种权力的弹性太大,若是对其行使不予以限制,法官则可以将自己的个人观念与信仰强加于其他政府部门,它就会引起人

---

〔1〕 [美]本杰明·N. 卡多佐:《法律科学的悖论》,劳东燕译,北京大学出版社2016年版,第17页。

〔2〕 参见[美]本杰明·N. 卡多佐:《司法过程的性质》,苏力译,商务印书馆2017年版,第98页。

〔3〕 同上书,第52~53页。

〔4〕 同上书,第53页。

们对法院的不信任,降低法院的权威性,阻碍法院的进步。另一方面,除非是制定法的压制和专断非常明显,一般情况下制定法都会得到法院的支持,但仍有人认为这种监督权会有滥用的危险。他们认为法官的这种审查权完全没有存在的必要,因为立法机关很少会颁布这样的法律,即适用最宽泛的标准仍会引起不满的法律。即使有这种情况存在,立法机关可以通过采取相应的措施来纠正这种失误。卡多佐不赞同这种观点,认为它忽略了那些"无法估量的因素"的价值,而且法院的制约作用并非仅体现于立法机关出现失误的这种少数情况中。恰恰相反,法院的司法审判权的主要价值在于让人们听到理想的声音,并赋予这些理想十足的生命力,进而指导价值判断与选择。但法院只有在行使该权力时,洞见社会观念、顺应社会变化、满足社会需要,才能一直保持这种权力。但他也并不否认,法官行使司法审查权也有起反作用的时候。立法机关将本属于自己的这份责任移至法院,有时也会带来危险。

卡多佐认为,对法院创造性活动存在的怀疑和敌视,归因于一种普遍的假设:立法者制定的法规才是典型的法律,法官的工作是在找到一条只能阅读和理解的命令后,把它运用于事实。〔1〕 用弗兰克·福特(Frank Furter)教授的话说,法院"变成了一些词语的解释者,这些词语的含义是其本身决定的,内容固定不变,它们在无情的推理过程中就能彰显其含义"。〔2〕 卡多佐不赞同对司法过程的这种见解,即便法规确实构成了法律中的很大一部分,更何况事实中它只是很小的一部分。普通人在日常生活中,受到的是州法律而不是联邦政府即国家法律所规定的限制。我们也可以说,在日常交往中,普通人并不是受着法规的统治,而是受普通法或者至多是以普通法为根据、只在细节上对普通法基础作了修正的法规的统治。不能充分认识这一事实,就导致了对本来应被视为正常的创造性活动的不信任。一个规则,在起源上是由法院创造的,假定在制定时体现了当时的风俗习惯,而随着风俗习惯的变化,如果此时遵守最初的规则会违背当下的社会良知,那么,法院就可以废除这个规则。但这里必须考虑的是,如果人们是善意地在该规则继续有效的假设下行事,那么,原来为获得以某种方式行事的允许而诉诸的

〔1〕 参见[美]本杰明·N. 卡多佐:《法律的成长》,李红勃、李璐怡译,北京大学出版社 2014 年版,第 143 页。

〔2〕 Frankfurter,"Mr. Justice Holmes' Constitutional Opinion", *Harvard Law Revier*, Vol. 36, p. 912.

社会良知,也许会禁止那种改变。

在卡多佐的那个时代,卡多佐有进步法官的名声——通过鼓吹法官的创造职能而帮助更新司法思想,又由于愿意抛弃过时的准则而为法律准则的现代化做出了贡献。然而,有许多学者强调卡多佐工于心计、善于弄虚作假的一面,说他作为法官偷改法律准则,为了达到目的,佯称他新的表述是早已被采纳的规则,或者对一个规则给出严格的除外条件,然后删去他用以为之辩解的限定条件,从而将此除外条件转换为新的准则。其实,卡多佐并不真的完全毫无保留地支持进步党运动。他是一名稳健的革新者,他的目标也仅仅如此而已。当社会环境的变迁与他的意愿方向一致,当要偏离准则的幅度较小、对其他政府部门的影响也不大时,卡多佐最愿意更新法律。他十分尊重其他政府部门的角色,对涉及那些最好由其他政府部门、尤其是立法机关斟酌的问题的准则,不愿作出大的改动。当立法机关已采取措施指出了方向,卡多佐更愿意创新。

3. 卡多佐的实用主义司法哲学

卡多佐致力于从实用主义角度渐进地更新法律准则。[1] 卡多佐结合具体的案件情况对影响判决的相关因素的重要性进行判断,进而针对个案得出判决结果。这些因素包括社会价值、主流观念、公共政策等,他的工作就是对这些因素进行斟酌并作出选择。在公共政策因素运用不明时,甚至许多法官都感到困惑时,卡多佐为之大声疾呼。虽然,读者,特别是后来的读者,不会对卡多佐在所有案件中选择的公共政策或者社会价值因素中得出的案件结论都表示赞同。

从某种意义上说,实用主义是一种教人运用理论的理论,它不是一种提供具体办法解决实际问题的理论。一方面,实用主义的弱势之处就在于它无法为解决实际难题提供明确、具体的方法;另一方面,正是实用主义偶尔的"无用",成为其一大优势。也就是说,虽然实用主义不能提供给我们一个依其操作就可以解决问题的程式,但它可以为我们对方法的选择与运用提供指导,为我们在各种具体方法的衡量上提供帮助,从而达到一个最接近完美的选择。

而且,卡多佐处于美国由农业社会过渡到工业社会的转变时期。在这个时期,卡多佐提出了创造性的司法理论,从而将法官与法理学家两种身份

---

〔1〕 参见[美]A. L. 考夫曼:《卡多佐》,法律出版社2001年版,第286页。

很好地集于一身，在其司法实践内外自由切换两种角色，向世人介绍他的司法哲学。卡多佐的司法哲学与当时的社会转变有关，具有极强的现实指向性。卡多佐一直十分关注社会现实，所以他能第一时间感受到社会的急剧发展变化，并因此主张法律应随社会发展而变化。卡多佐对法律的目的比法律对社会的效力给予了更多的关注，并提出法律的改革与更新需要围绕社会实效作为目的来逐步实现。

卡多佐坚持司法实践内与司法实践外表述的统一，坚持司法过程开放性与封闭性的统一。他在任何场合都坚持他统一的司法意识，而统一的实质，是他的实用主义司法哲学。

结　语

卡多佐是一个非常中庸的人，他没有极端的观点，无论是政治上的还是方法上的，也没有激进的信仰。他是一个谨慎的自由主义者、中庸的改革论者[1]以及稳健的革新者。卡多佐在司法实践内外一直都坚持开放性与封闭性的调和。在他的司法实践外，他反思并向法律界和公众明确解释了司法审判的要素：根据先例进行逻辑推理，考虑历史、习俗、社会因素，提供司法内的调和之法。在他的司法实践中，他将这些调和之法运用于实际，坚持司法意识上的统一。然而，质疑卡多佐的坦诚的人，片面地认为卡多佐在司法实践外追求开放而在司法实践内固守封闭，认为卡多佐的司法意识是一种基于欺骗或自我欺骗的分化。其实不然，质疑者割裂了卡多佐在司法实践内外的法律思想表述，而没有予以综合的考虑与分析。

卡多佐在司法实践外大胆追求司法过程的开放，认为法律必须随社会发展而进步，充满不确定性，进而提出需要赋予法官法律创制权以使法律在司法过程中与社会发展相适应。而在其司法实践内，质疑者认为卡多佐追求的是司法工作的确定性，是与其在司法实践之外的表述中截然不同的封闭性。质疑者以此为由，认为卡多佐是不坦诚的，其在司法实践内外的司法意识也是分化的。单个的艾伦案会让我们偏向质疑者，不理解卡多佐何以在最后选择遵循先例。与索伦蒂诺案、舒伯特案的对比分析会让我们明白，卡多佐在后两案中未受先例与制定法所困，即能大胆行使法官之权追求司

---

〔1〕 参见［美］理查德·A. 波斯纳：《卡多佐：声望的研究》，张海峰、胡建锋译，中国检察出版社 2010 年版，第 12 页。

法的开放。卡多佐不是简单、一味地遵循先例,他有他的考量与抉择。质疑者认为卡多佐是在欺骗他人或者自我欺骗,而卡多佐的意见书表明了他的坦率,他奉行的是自己的信念:正义要求不偏不倚地运用规则。卡多佐之所以招致质疑,与他认为法官具有作为人的限制性的观点以及推理风格有关。他认识到法官犯错的不可避免性,但人们趋向于将法官置于完全理性的理想领域。他的推理风格让人难懂,喜欢简练表述案情细节,有时候省去的对事实的表述对全面了解问题很重要,故而容易遭受误解。

在司法实践内外,卡多佐司法意识的统一有其具体的体现。在司法实践外,卡多佐区分有意识的方法与下意识的方法,为法官应对纷繁复杂的案件提供方法上的指导。这些方法中既包含对封闭性的追求,如哲学的方法中的遵循先例,也包括对开放性的追求,如社会学的方法。在司法实践内,卡多佐将上述的方法运用于法官的实践中,海因斯案中卡多佐结合多种方法加以运用,致力于从实用角度渐进地更新法律准则。在麦克弗森案中,虽然这次小修补以一个新的规则代替了旧的规则,但这是以往多次修改的结果。可以看出,卡多佐的司法意见强调法律与社会发展的适应,这正是其"使法律适应行为的对应性原则"在司法实践中的运用。但他不仅关注法律的发展与进步,在无须法官发挥创造性的场合,他认为遵循先例是规则,而不是例外。

卡多佐发出的只是描述性的信息,他并没有构建出一套复杂难懂的理论体系,甚至他的法律思想也不具备多少原创性,他说的只是他日常工作中所做的事情而已。正如宪法学者托马斯·里德·鲍威尔所言,卡多佐"告诉我们,比起确认混合物的各种成分所占的比例,仅确认其要素,则要容易得多……像一般的哲人那样,卡多佐并无放之四海而皆准的标准"。〔1〕卡多佐并未告诉法官做什么;相反,他描述了他们应牢记的不同要素。卡多佐知道,各个法官在疑难案件中会对各要素作出不同的权衡,得出不同结论,而这其中重要的是小心谨慎地斟酌各要素。

〔1〕[美]A. L. 考夫曼:《卡多佐》,张守东译,法律出版社2001年版,第569页。

司法裁量基准研究:一种规则控制模式

◇刘　亮*

引　言

在司法活动中,法官充当"会说话的法律"的角色,法官不仅通过解释法律将书本上的法转变为"活的法",而且通过能动司法的方式阐释法律条文背后所蕴含的法的精神,用社会生活中的情理来辅助阐明法之法理。此外,法官在进行司法活动、适用法律的过程中除"以事实为依据,以法律为准绳"外,还离不开对司法自由裁量权的行使和运用。可以说,在司法活动中法官合理地行使自由裁量权审理案件是实现法律效果和社会效果统一的重要保证。

然而长期以来,无论是在法学理论研究中还是司法实务界都对法官如何正确、合理地行使裁量权缺乏充分的研究与认识,相关制度规范的缺失往往导致法官在行使自由裁量权时有僭越社会公众底线之嫌。比如,司法实践中不时出现的一些令人颇为尴尬的情形,即上下级法院之间、同级但管辖区域不同的法院之间,同一法院内部不同审判庭之间,乃至同一审判庭不同合议庭之间对同类型案件作出不同判决结果的情况。这些现象的存在不仅严重影响和损害了司法的权威性和公信力,也一次次刷新了社会公众对法律和司法的认知底线。因此,如何合理有效地规范法官裁量权的行使已经成为法学理论研究以及法律实务部门共同关注的焦点和亟待解决的问题。

从法学理论的角度专门研究关于司法裁量基准问题,目前在国内还是相当缺乏的。如果从"规则控制模式"这个角度来看,葛洪义、李旭东[1]在这方面有较为精彩的论述。但应当指出的是,他们在文中所指的"规则模

---

* 中交天津航道局有限公司海外事业部职员。

〔1〕 参见葛洪义、李旭东:《法制现代化:规则模式及其指向》,载《法制现代化研究》1997 年第 00 期。

式”,其内涵指向的是“法律规则”这种形式,希望通过构建理性化的“法律规则”的形式最终实现“法治”的目的。但他们所要构建的理性化的“法律规则”,毕竟还不是“司法裁量基准”这种规则形式,后者的制定主体是法院,约束主体是法官,目的在于控制法官自由裁量权的合理行使。葛洪义、李旭东在其文章中始终还是没有跳脱出“法律规则”的范围,他们所阐述的“规则”还是围绕法律展开的,并没有研究出其他新的规则的形式。应该看到,能提出“规则治理”本身已经是迈向法治的进步,只是在“法治”的概念范围中,并不是只有“法律规则”一种规则治理的形式,“司法裁量基准”这种规则控制模式目的也是在于“限权”,同样也体现了“法治”的一定意义——约束权力的滥用。有鉴于此,本文希望在这方面作出初步有益的探索,即为了约束法官自由裁量权的恣意,提出了一种规则控制模式——司法裁量基准。

国内在部门法中对“裁量基准”的研究还是颇有建树的,如在行政法部门、刑法部门中。目前,国内的行政法研究中对“行政裁量基准”的研究可谓建树颇多,著作及期刊方面如周佑勇、〔1〕王锡锌、〔2〕邓可祝〔3〕等,论文方面如陈悦禹、〔4〕李晓飞〔5〕等。无论是在行政法的理论研究还是行政法实务中,“行政裁量基准”的研究与应用都呈现繁荣与争鸣的态势。虽然部门法的研究并不能实际解决法学理论中的问题,如本文提出的控制法官自由裁量权的问题,但行政法部门对于“行政裁量基准”的研究理论对法学理论中“司法裁量基准”的探索与研究有一定的学习和借鉴之处。如周佑勇教授认为,“行政裁量基准”是源于实践——行政机关在实际执法工作中发现问题、积累经验,从而主动创造出解决问题的办法——行政机关制定行政

〔1〕作者指出,行政裁量基准源于中国本土执法实践,最早推行的是浙江金华,金华市公安局于2004年2月率先在全国推出《关于推行行政处罚自由裁量基准制度的意见》。随后,全国各地各级行政机关在执法实践中也纷纷推出各自的裁量基准。作者分别从“本土实践”、“制度定位”、“技术构造”、“制定程序”和“司法审查”五个方面系统阐述了行政裁量基准理论。参见周佑勇:《行政裁量基准研究》,中国人民大学出版社2015年版。

〔2〕参见王锡锌:《自由裁量权基准:技术的创新还是误用》,载《法学研究》2008年第5期。

〔3〕参见邓可祝:《规则控制、程序控制抑或类型化控制——基于裁量基准与执法案例对自由裁量控制的分析》,载《法治研究》2017年第5期。

〔4〕参见陈悦禹:《行政自由裁量基准问题研究》,山西财经大学法学系2015年硕士学位论文。

〔5〕参见李晓飞:《行政裁量基准效力研究》,首都经济贸易大学法学系2017年硕士学位论文。

裁量基准,以此来约束行政执法人员的执法不当或是滥用行政执法权的问题。同样的道理也可以为“司法裁量基准”所借鉴和学习。“司法裁量基准”也是源于一线审理案件法官行使审判权的问题。首先应该明确的一点是,现代司法普遍承认法官在审理案件时享有一定的裁量权。那么,法官在实际审理案件时如何行使裁量权以及行使裁量权的适度问题就有待进一步探讨。正如“行政裁量基准”是行政机关在执法实践中总结经验并创造出来约束执法人员合理行使执法权一样,“司法裁量基准”也是法院在司法实践中总结法官审理案件的情况和经验制定出来的控制法官自由裁量权的规则控制模式。王锡锌教授则较多地从理论层面分析了裁量基准,其中一些分析对从法理学角度来看“司法裁量基准”有一定的借鉴意义。[1] 邓可祝教授认为裁量基准本身就是对行政执法裁量权的控制模式之一,这对从法学理论角度分析司法裁量基准是非常有借鉴意义的。换言之,“司法裁量基准”就是控制法官自由裁量权的有效控制形式。

理论研究上的匮乏并不等于司法实践中并不存在这类问题。司法实践中如江苏省泰州市姜堰区人民法院于2003年就率先推广了在刑事司法领域量刑均衡操作的方法以及广东省高级人民法院于2009年出台的《关于规范民商事审判自由裁量权的意见》,都是对在司法实践中产生的问题作出回应进而制定司法裁量基准的范例。可以说,中国的“司法裁量基准”是以一种实践“倒逼”理论的方式产生的,因此,也具有鲜明的实践性和本土特色。

综上所述,在法学理论研究中,从法学理论的角度研究司法层面“裁量基准”问题的,国内目前研究还是很缺乏的。虽然有学者从“规则控制模式”角度来看待司法裁量基准,而从“司法裁量基准”本身来看,国内鲜有学者研究。相对而言,在部门法领域,如在行政法学领域对于“行政裁量基准”问题进行了一定程度的研究。例如,陈悦禹对于行政裁量基准的基本

[1] 王锡锌教授从裁量基准的“目标期待和功能障碍”“合法性和有效性”“控制技术:模型描述与效用评估”“从规则控制到结构控制”等几个方面较为全面地考察了自由裁量权基准,这些从理论层面对于“裁量基准”的考察对于本文从法学理论的角度考察“司法裁量基准”有非常重要的借鉴意义。参见王锡锌:《自由裁量权基准:技术的创新还是误用》,载《法学研究》2008年第5期。

理论分析。[1] 在刑法学领域如韩光军、[2]胡学相[3]等分别对量刑基准以及量刑情节的研究。这些研究对从法学理论的角度研究“司法裁量基准”是非常有意义的。而司法裁量基准又在实践上有巨大的理论需求。在这种情形下，司法裁量基准的理论研究就越发显得重要和紧迫，这也正是本文写作的出发点，即从法学理论的角度，努力在理论研究上探索出“司法裁量基准”这样一种新型的控权规则模式来更好地回应司法实践，并最终指导实践，以此推动法治社会的发展，建设法治国家。

一、司法裁量基准：一种新型控权模式的兴起

（一）司法裁量基准存在的前提

法官自由裁量权是司法裁量基准存在的基础。正是由于法官自由裁量权的失范与滥用才使对它有规制的必要，二者是一种对应的因果关系。在司法实践中，法官自由裁量权是否充分、合理行使，对个案审理的结果具有重要影响。法官自由裁量权是否合理行使关系能否实现个案正义，进而实现司法正义。因此，对法官自由裁量权的理论分析就尤其显得重要和必不可少。虽然这一术语被国内外学者及司法实务部门广泛采用，但就其定义本身却远未达成共识。概念理解若不准确不仅会导致学术研究出现偏差，而且也妨碍了法官自由裁量权的正确行使及其合理规制路径。因此，正确理解和认识法官自由裁量权就显得非常重要。

从研究来看，传统中华法文化中几乎罕见“法官自由裁量权”一词，因此可以断定，当今中国法学研究及司法实务中提到的“法官自由裁量权”这一特定术语应是西方法学用语，英文表达是“judicial discretion”。此外，国

---

〔1〕 作者从“行政裁量基准概述”“我国行政裁量基准发展现状和存在问题”“行政裁量基准之完善”等几个角度分析了行政裁量基准，这些分析对本文从法理学角度考察“司法裁量基准”具有借鉴意义。参见陈悦禹：《行政自由裁量基准问题研究》，山西财经大学法学系2015年硕士学位论文。

〔2〕 参见韩光军：《量刑基准研究》，法律出版社2010年版。

〔3〕 参见胡学相：《量刑的基本理论研究》，武汉大学出版社1998年版。

内的学者也纷纷提出了自己的不同观点和看法。[1] 笔者认为,“法官自由裁量权”是指法官在审理案件过程中,在法律固有的滞后性、局限性与案件事实之间的张力无法消弭的情况下,法官根据法的价值及精神——正义、公平、理性对案件作出裁判的权力。

1. 法官自由裁量权存在的必要性

社会在不断变化发展,法律以社会为基础,因此,作为上层建筑的法律也在不断变化。众所周知,法律的滞后性、局限性以及僵硬性使法律与现实社会之间的张力总是无法消弭。与此同时,我们无法期待国家的立法机关不停地修改法律,这破坏了法律的稳定性与权威性。因此,当法官在处理司法案件时,能动地运用自由裁量权审理案件就显示出了其存在的必要性和社会适应性。在我国,一般情况下司法解释以及最高人民法院发布的指导性案例,除有为审理案件提供指导的作用外,还有为法官根据具体案件情况行使自由裁量权预留空间的作用。法官自由裁量权的行使克服了成文法的局限性,弱化了法律与实际社会生活之间的冲突,体现了法官自由裁量权的存在价值和必要性。

(1)法的稳定性与社会生活复杂性之间的冲突

法的稳定性是法的特征之一,因此,法律可以提供给个体一个可以预测的行为模式,个体可以按照既定的模式去安排好自己的行为,法律也通过这种模式的调整从而实现规则治理的预期目的。在司法实践中,法官审理案件往往会遇到法律规定与具体个案的不协调之处,即一些案件的审理有时会发生“于法无据”的尴尬情况。那么,如何让相对稳定的法律能够适应不断变化的社会形势,司法实践中有两种方式:一是通过立法机关的立法;二是通过法官行使自由裁量权。然而,立法自身的特点决定了不能用频繁的立法活动来修改法律以适应社会的变化发展,反观法官自由裁量权则有更大的比较优势。法官行使自由裁量权裁判案件,既妥善解决了矛盾又节约

---

[1] 陈兴良教授对法官自由裁量权的定义为“在法律没有规定或者规定有缺陷时,法官根据法律授予的职权,在有限范围内按照公正原则处理案件的权力”。参见陈兴良主编:《刑事司法研究》,中国方正出版社 1996 年版,第 443 页;杨开湘教授认为法官自由裁量权是指“法官或法庭在诉讼活动中依法自由斟酌以确定法律规则或原则的界限的一种权力”。参见杨开湘:《法官自由裁量权论纲》,载《法律科学》(西北政法学院学报)1997 年第 2 期;沈岿教授认为,“法官自由裁量权是指法院或法官在司法活动中合法合理地进行自由选择的权力”。参见沈岿:《超越成文法律规则的有限选择》,载《行政法学研究》1995 年第 3 期。

了因不断修改法律消耗的司法资源,同时也取得了案结事了和良好社会效果的统一。可以说,法官自由裁量权的行使对当前我国建设和谐社会和法治国家具有重要意义。

(2)法律条文的抽象性与案件的具体性之间的冲突

在司法实践中,由于法律的稳定性与滞后性,抽象的法律规定与实际生活之间可能会产生一定的距离,这就给法官审理案件、适用法律带来困难。在这种情况下,法官很有可能从同一个法律条文中得出相互冲突的处理意见。对此,一个有效的解决问题的办法就是法官行使自由裁量权。法官行使自由裁量权对抽象的法律规定予以解释,赋予其在个案中的具体含义,这样法律规定才能适用于具体个案,纸面上的法才能转化为“活法”,法律规定才具有实际可操作性。

(3)语言的有限性与社会事务复杂性之间的冲突

法律需要通过语言加以表述,需要以语言为载体存在。表达明确的法律语言方便人们准确理解立法者的立法意图,从而根据法律来安排自己的行为;表述模糊的法律语言对普通民众来说很难理解。由此可见,语言是有局限性的,而社会中的事务是相当复杂多样的,语言究其本质只是一种表达有限的符号。因此,法律条文借助语言表达内涵,但语言的局限性决定了很难穷尽社会所有事务,这也正是成文法的缺陷和弊端。

2. 关于法官自由裁量权的理论之争

(1)法律形式主义与法律现实主义的争论

法律形式主义是美国19世纪后期和20世纪早期的主流法律思想,代表人物是曾任美国哈佛大学法学院院长的兰德尔(C. C. Langdell,1826—1906)。法律形式主义认为,法律本身就是一个“自给自足”的逻辑体系,主张法律在程序和体系上的完整性。法官犹如一台自动售货机,只要遵循先例或根据公平正义等法原则或精神,就可以得出案件的判决结果。因此,法官自由裁量权的存在就显得不必要和多余。在法律适用方面,法律形式主义坚持法律适用的“逻辑三段论”模式,法官只能通过机械的三段论演绎推论出法律的适用情况。法律推理仅依靠客观现实、明确的规则和逻辑进行,排除社会、政治、习惯和法官自由裁量权等因素的干扰。

然而,法律形式主义的缺陷是显而易见的。法律形式主义将法律极端化为一个自给自足的封闭体系,完全无视法律的局限性以及“法律以社会为基础”的本质特征。法律以社会为基础就意味着法律规定并不能穷尽社会关系的方方面面，因此，就需要法官在审理具体案件时行使自由裁量权以实现个案正义，进而也实现了司法的公平公正。

兴起于美国20世纪30年代初的法律现实主义，曾一度在美国法学界占据支配地位。尽管或许法律现实主义不构成一个完整意义上的法学学术流派，甚至至多只是一场法学思潮的运动。然而不可否认的是，这场运动对美国后来的法学研究和司法实践都产生了广泛而深刻的影响，实用主义哲学是其理论基础。

法律现实主义强烈批判法律形式主义将法官当作纯粹的法律推理的逻辑机器，批判把法律当作没有缺陷的、体系封闭的“荒唐的理论”。法律现实主义强调法律的滞后性与局限性，并汲取了霍姆斯实用主义法学的有益成分，法律现实主义者们以怀疑的态度——所谓的“规则怀疑论”，试图以法律事实来检验法律规则本身，并试图使这些法律规则与法律事实保持一致。

法律现实主义认为法官审理案件除依据法律外，还主要依据政策、道德、社会公共利益等因素。法律现实主义强调法律的社会适应性和个案正义。因此，法律现实主义认为法官行使自由裁量权使法律具有很好的社会适应性，克服了法律形式主义僵化封闭的法律调整模式。但也应该看到，过于夸大法官自由裁量权的作用也会产生滥用和异化的消极影响，因此，在强调法官自由裁量权行使的同时也要注意对其进行合理的规制。

(2)德沃金与哈特关于“司法裁量”的争论

法官享有自由裁量权是独立行使审判权的体现，也是司法独立和公平正义理念的体现。当然，法官行使自由裁量权并不是随心所欲的，也必须受到合理的规制。[1] 因此，从这个意义来说，法官行使司法权力，一直试图在严格的法律规则与自由裁量之间寻求一种平衡。20世纪美国著名法学家、新自然法学派的代表人物之一的德沃金与同为享誉世界的英国法学家、新

---

〔1〕 正如庞德所言：“法律必须稳定，但又不能静止不变。因此，所有的法律思想都力图协调稳定必要性与变化必要性这两种彼此冲突的要求。更为具体地讲，有关稳定必要性与变化必要性之间的协调问题，从某个方面来看，变成了一个在规则与自由裁量权之间进行调适的问题，变成了一个在根据确定的规则（或至多根据从严密确定的前提所做出的严格的推论）执行法律与根据多少受过训练的、有经验的司法人员的直觉进行司法之间调适的问题。”参见［美］罗斯科·庞德：《法律史解释》，邓正来译，商务印书馆2013年版，第4～5页。

分析实证主义法学派的代表人物哈特,就“法官自由裁量权”之间有过一段在法学界产生重大影响的争论。

哈特的“规则模式论”认为,尽管规则构成了法律的一个整体系统,但是由于法律的局限性,规则也无法穷尽所有的社会事实,因此,法律总是存在一定的漏洞,此时法官应该行使自由裁量权弥补法律的漏洞。[1] 哈特所指的法官自由裁量权并不是完全没有限制的,法官行使自由裁量权必须要有更强理由才能行使,绝不是恣意而行。

哈特认为法官自由裁量权是有存在的必要性的,而德沃金的观点则是在批判哈特观点的过程中表现出来的。[2] 德沃金将自由裁量权区分为“弱意义上的自由裁量权”和“强意义上的自由裁量权”,而弱意义上的自由裁量权又可分为两种:第一种是在非常弱的意义上使用的,“仅仅是说,为了某种理由,官员们必须适用的标准,不能机械地加以适用,而要求使用判断”;[3]第二种是指另外一种弱意义上的自由裁量权,“只是说某些官员有权作出最终决定,其他任何官员无权监督或者撤销”。强意义上的自由裁量权是指“在某些问题上,他不受权威机关为他确定的准则的约束”。[4] 德沃金认为,两种弱意义上的自由裁量权的情形并不是真正的法官自由裁量权,严格说来,更像是一种法官的司法责任或义务,法律上的法官自由裁量权应该指的是强意义上的自由裁量权。

哈特与德沃金最大的争议在于,法官在审理案件时是否拥有自由裁量权。哈特认为,当法律规定不完善时,法官自由裁量权有存在的必要,以此来弥补规则的不完善。而德沃金认为,“自由裁量的理论和实践会严重损

---

〔1〕 “法律的空缺结构意味着,存在着某些行为领域,这些领域如何规范必须由法院或官员去发展,也就是让法院或官员依据具体情况,在相互竞逐的利益(其重要性随着不同的个案而有所不同)间取得均衡。”[英]哈特:《法律的概念》(第2版),许家馨、李冠宜译,法律出版社2011年版,第123页。

〔2〕 德沃金认为:“自由裁量权这个概念只有在相关的情况下才是准确的,这就是某个人在通常情况下根据特定权威设定的标准而作出决定的时候。自由裁量权,恰如面包圈中间的那个洞,如果没有周围一圈的限制,它只是一片空白,本身就不会存在。所以,它是一个相对的概念。”参见[美]罗纳德·德沃金:《认真对待权利》,信春鹰、吴玉章译,上海三联书店2008年版,第53页。

〔3〕 [美]罗纳德·德沃金:《认真对待权利》,信春鹰、吴玉章译,上海三联书店2008年版,第53页。

〔4〕 同上书,第54页。

害民主政治和法治",[1]在他看来,法律不仅是由规则构成,还包括法律原则、政策和其他评价标准。这就是他提出的"规则—政策—原则模式论"。德沃金认为,在司法实践中如果法官遇到疑难复杂案件,但是又没有具体规则可以依据,此时法官就可依据法律原则或政策来进行审理。但有一点要注意,无论依据原则还是政策,它们都要受到自然法上公平、正义精神的约束。哈特与德沃金对司法裁量观点的不同归根究底是因为他们各自法学理论体系构建的基础不同。哈特是新分析法学派的代表人物,传统分析法学强调法与道德的决然分离,而哈特则温柔许多,认为法与道德也存在一定的关系。德沃金是新自然法学的代表人物,新自然法学依然认为法律中蕴含着永恒的自然法精神,如法应该是正义的和符合道德的。他们在构建自己的法学理论体系时所关心的问题和目标完全不同,哈特的目标是要提供一个一般性及描述性的关于"法是什么"的理论,而德沃金所构建的法学理论是部分地评价性和证立性的。

综上所述,本文采取折中的立场,即认为在司法实践中法官应该享有自由裁量权,但同时法律不仅是由"规则"构成,还应该包括原则、政策等其他因素,二者并不是矛盾的。一方面,本文支持哈特的观点,即当法律出现漏洞时,法官享有自由裁量权去审理案件,这也体现了法治目标中形式正义与实质正义的统一。然而,这也并不意味着认同哈特的法律的"规则模式论",法律并不是只有"规则"一种形式构成。另一方面,本文虽然也认同德沃金的法律的"规则—政策—原则模式论"说,即法律并不是如哈特所言只有"规则"一种形式构成,而是也有"原则""政策"等因素构成,这也符合法学发展的历史潮流,20 世纪兴起的社会学法学也认为法律并非只是一个封闭的"规则系统"而不受其他任何因素的影响。然而,本文却也并不认同德沃金的观点即不存在法官自由裁量权,法律构成形式的多样性并不排斥法官自由裁量权存在的合理性。因此,笔者认为,法律的构成形式应该是多样的,不仅包括规则,也包括原则、政策等因素,同时,在这种情形下,法官自由裁量权也有其存在的合理性,二者并不是矛盾的。当然,对于法官自由裁量权的存在,其作为一种权力也需要合理规制,因此,如何有效控制这种权力,或许本文研究的对象——"司法裁量基准"会给出答案。

---

[1] 张文显:《二十世纪西方法哲学思潮研究》,法律出版社 1996 年版,第 626 页。

(3)司法裁量基准的定性

司法裁量基准作为一种控制法官自由裁量权合理运行的规则控制模式,在阐述这一特定理论之前有必要对"司法裁量基准"以及它的表现形式——"规则控制模式"进行解释。关于"裁量"的内涵,国外学者的研究较为成熟。[1] 从国外学者的研究可以看出,所谓"裁量"即是指一种判断选择的权力,具体到司法裁量上来,则是指法官的审判权,法官享有的一种在合法性及合理性前提下选择什么标准和依据来审理案件的权力。但是,法官行使的这种权力——自由裁量权,并不是随心所欲的,法官行使裁量权审理案件也要受到一定的合理控制。于是,在这种预设与前提下,笔者提出了"裁量基准"这样一种规则控制的模式来约束法官裁量权的合理运行。那何为"基准"呢?从"司法裁量基准"的角度来看,这里的"基准"是"准则""标准""规则"的意思,目的在于限缩、控制和规范法官自由裁量权的行使。国内司法实践中,许多地方法院为了防止法官自由裁量权的滥用,在司法实务中出台了一些"限制"、"规范"、"意见"或者"规定"。以广东省高级人民法院的规定为例,广东省高级人民法院于2009年3月24日公布了《关于规范民商事审判自由裁量权的意见》,该意见明确了法官可以自由裁量的五种情形。[2] 此外,河北省、江苏省、安徽省、山东省高级人民法院等也都先后提出或制定了规范法官自由裁量权的意见或者规定。这里的"意见"或者"规定"就是"基准",具体就是指司法裁量基准,制定主体就是法院,法院通过制定司法裁量基准以达到控制法官合理行使自由裁量权的目的。

关于"规则控制模式",这里的"规则"是指裁量基准,即由法院作为制定主体、具体地从司法实践经验中总结提炼得出的一套控制法官自由裁量权合理行使的规则体系。这里的"规则"不是指"法律规则",二者无论在制

---

〔1〕日本法学家田村悦一认为,"裁量的本质在于为实现国家目的所作的合目的性、必要性考虑";"法官的裁量是以法为前提,以维持法秩序为第一目的";"法官的裁量是以法为前提,以维持法秩序为第一目的"。参见[日]田村悦一:《自由裁量及其界限》,李哲范译、王丹红校,中国政法大学出版社2016年版,第9~11页。美国法学家肯尼斯·卡尔普·戴维斯认为:"只要公职人员权力的实际界限允许其在可能的作为或不作为方案中自由做出选择,那么他就拥有裁量。"参见[美]肯尼斯·卡尔普·戴维斯:《裁量正义》,毕洪海译,商务印书馆2009年版,第2页。

〔2〕这五种情形为:一是法律明文规定由法院根据案件事实的具体情况进行裁量;二是法律规定由法院从几种法定情形中选择其一;三是法律规定由法院在法定的范围、限度内裁量;四是法律规定不具体或没有明确规定;五是法律规定的其他适用自由裁量权的情形。参见田永卫:《谁主宰了法律》,线装书局2009年版,第85页。

定主体、性质上等都有根本区别。无论是庞德的“律令—技术—理想模式论”,还是哈特的“规则模式论”,抑或是德沃金的“规则—政策—原则模式论”,他们所讲到的“规则”都是指“法律规则”,但这并不意味着他们关于“规则”的论述就对裁量基准的“规则”没有任何可借鉴之处。〔1〕就司法裁量基准这样一种规则体系而言,它的制定目的在于规范和控制法官自由裁量权的合理行使。而对于接受裁量基准约束的法官来说,裁量基准不仅提供了一套裁判行为的标准,同时也显明了当法官违反裁量基准则会承担怎样的责任及后果,并说明理由。

综上所述,所谓“司法裁量基准”,是指由法院制定的、目的在于控制法官自由裁量权行使的一系列具体的、细化的、具有实际可操作性的规则体系。其本质是法院试图在控制法官自由裁量权合理行使从而制定裁量基准的基础上,对裁量基准在给定的幅度内对其进行“情节的细化”,从而为法官合理行使自由裁量权设定明确详细且具有实际可操作性的标准。司法裁量基准的存在有效约束了法官自由裁量权的恣意行使,防止法官滥用权力从而导致司法腐败现象的发生。司法裁量基准植根于中国本土实践,是司法实务的典型经验和实践创造。司法裁量基准在制定之初便被赋予了一定的功能期待。

首先,司法裁量基准的制定有利于克服法官行使自由裁量权的随意性。法院制定司法裁量基准,就是根据法院内部一线的实际司法审判经验,集合法院集体智慧来试图解决法官行使自由裁量权恣意的这个难题,防止法官审理案件的随意化,真正实现司法的公平正义理念和个案正义。

其次,司法裁量基准的制定也体现了形式正义和一致性。通过裁量基准的制定这一体现形式正义的方式实现法官自由裁量权行使的合理化,是建立裁量基准的一个基本目标。在司法实践中,法官运用自由裁量权审理案件时,往往容易受到上级等的不合理干预、个人情绪、个体能力素质甚至是经济利益等因素的影响,再加之自由裁量本身的弹性就大,于是可能导致出现“同案不同判”、虽合法但不合理等不良现象的产生。而司法裁量基准的提出和制定的目的就在于抑制这些违背形式正义的情形,并由此进一步

〔1〕 比如,哈特认为:“规则的特点在于,它不仅规定人们应当做什么,而且对于接受规则的人来说,它提供了依照规则行为以及批评反规则的行为的理由。”参见张文显:《二十世纪西方法哲学思潮研究》,法律出版社1996年版,第375页。

实现实质正义。

最后,司法裁量基准的制定有力地抑制了“权力寻租”和其他司法腐败现象的发生。此外,司法裁量基准增强了法官裁判结果说理的正当性。法院通过制定司法裁量基准,从而使法官行使自由裁量权审理案件的结果得到当事人更高程度的认同。因此,从这个意义上说,司法裁量基准也被赋予了对法官裁判结果说理的正当化的期待。

总之,司法自由裁量基准所承载的这些功能,也正是指向了司法实践中法官行使自由裁量权审理案件所暴露出来的核心问题——法官自由裁量过于自由,缺乏应有的审慎和合理性。正是基于这些问题,司法自由裁量基准的引入在这种层面的意义上,可以被看作面对存在的问题而进行的一种技术创新的努力与尝试。如果司法裁量基准的制定能够有效抑制法官自由裁量权的失范,且同时又能保留法官自由裁量“审慎而又合理”的裁量空间,那么,司法裁量基准的制定完全可以称得上是一种重要的控制法官自由裁量权的技术。

法院制定司法裁量基准发挥了两方面的作用。一是减少了法官办理案件的困难,由于一线法官的工作量非常大,在面临复杂的案件事实和法律适用时,要最终确定合法合理的裁判结果需要花费巨大精力。此时,司法裁量基准可以方便法官在行使自由裁量权审理案件时依据一定的标准,这样就可以相对地减少法官的工作量,同时也有利于确保个案正义。二是裁量基准也是向案件当事人说明裁判理由的较优方式。法官结案制作司法文书时,可以在文书中写明参照了一定的裁量基准,而不仅是“以事实为依据,以法律为准绳”。这样既尊重了当事人的知情权和案件的主体地位,也减少了当事人对案件判决结果的抵触情绪,从而有效地维护了法律的权威性和司法的公信力,同时也体现出了司法裁量基准的相对公开性与作为一种特殊“规则”的相对普遍性。

司法裁量基准作为法院内部制定的一种规则体系,具有相对公开性,并没有独立的对外效力,但作为上级法院或本级法院制定的规则,对本院或是下级法院具有拘束力。此外,这与法学理论上的“上下级法院是监督与被监督关系”是没有关系的,二者互相并不矛盾。众所周知,我国法院系统上下级是监督关系,这也是为了保证司法独立的需要。对一审案件当事人可以上诉,检察院也可以抗诉,必要时,法院也可启动审判监督程序予以再审,这些法定程序设计的共同目的都是保障当事人的诉权,维护当事人的合法权利。而这里所说的“司法裁量基准”在我国目前立法层面上并未有明确规定,因此,可将其视为一种新的规制法官自由裁量权滥用的模式。法院制定司法裁量基准,这里的司法裁量基准相当于公司法中公司的“公司章程”,只是一种对内约束法官自由裁量权的模式,对外并不当然具有约束力。此外,法院应当采取措施保障司法裁量基准的制度刚性。一是规定了执行裁量基准的问责制。司法机关在制定裁量基准要明确规定法官行使自由裁量权审理案件时必须遵守制定的裁量基准,否则追究相关法官的责任,甚至是追究其法律责任,如以渎职来追究其责任。二是规定控制司法裁量基准脱逸的严格程序。想要脱逸司法裁量基准,需要非常充分的事实和理由,否则一般不允许法官随意脱离司法裁量基准的约束。

(二)司法裁量基准的特征

1. 司法裁量基准的自律性

司法裁量基准是由法院主导制定和贯彻执行的,其约束的对象指向法官,其目的在于制约和限制法官审理案件的“司法随意、裁量不公”现象的发生,从而达到对法官自由裁量权的有效控制。法院通过制定司法裁量基准,使法院内部体系的效率性、灵活性和专业性等功能优势得以最大限度地发挥。此外,法院制定裁量基准也带有“他律”的色彩。如果以权力理念来考察法院系统内部,那么存在横向上同一法院内部的规则制定者与审理具体案件的法官之间、纵向上上下级法院之间的分权。在这种规则的制定权与适用规则权相分离的情况下,裁量基准对审理具体案件的法官和下级法院来说就是来自规则制定者和上级法院的“他律”控制。因此可以说,如果相对立法这种外在控制而言,司法裁量基准代表的是一种司法上的“自律”;而在法院系统内部,对于直接受到裁量基准约束的法官来说,司法裁量基准作为一种法院整体生成的控权模式则更多地体现出一种“他律”的功能色彩。司法裁量基准的生成正是融合在这种自律与他律的架构之间。

2. 司法裁量基准的实践性

司法裁量基准是处于司法审判一线的法官的集体智慧的经验总结和实践创造。同时,我国司法裁量基准具有很强的“本土性”,所以一般也不存在与国外相关制度的相似关系。法院在制定司法裁量基准的过程中,只是借鉴了理论上的“裁量基准”这一概念,而具体的规则制定则主要来自法院一线司法实务审判经验的探索和总结,因此,司法裁量基准是一种典型的以实践为基础和主导的制度设计。

3. 司法裁量基准的社会适应性

在司法实践中,如果对法官审理案件行使自由裁量权不加以控制,则会造成不良的社会负面影响。一是法官滥用自由裁量权审理案件,极有可能导致权力的"异化",出现"权力寻租"现象,从而导致司法腐败。法官"司法随意、裁量不公"的不合理行为最终会导致冤假错案频发的恶果,这不仅会引起当事人的强烈不满,也损害了司法公信力和法律的权威性。而司法裁量基准的制定,使法官严格按照基准行使自由裁量权审理案件,从而大大保证了司法公正。二是司法裁量基准的制定是一把衡量法官办案的"标尺"。司法裁量基准为法官合理运用自由裁量权审理案件提供了一个明确而又具有可操作性的"标尺",给他们的工作带来了便利,提高了法官的工作效率、办案质量、办案的透明度和可操作性,当事人也获得较满意的审理结果,实现个案正义。三是司法裁量基准是法官考评的"参照体系"。法院制定司法裁量基准,除了用于控制法官自由裁量权的合理行使外,同时也明确规定了法官办案情况的考评和责任追究的具体标准。总之,司法裁量基准是对抗各种社会复杂因素给法官自由裁量带来干扰的一种有效手段和方式。

二、司法裁量基准的理论与现实基础

(一)理论基础:对"规则控制模式"的阐释

司法裁量基准作为一种控制法官自由裁量权合理行使的规则控制模式,除对裁量基准本身进行阐释外,还有必要对"规则控制模式"这一概念内涵进行分析。

1. 规则控制模式的理性构建

所谓"规则",一般是指一种规范社会生活中人的行为和人际关系的准则、标准。"规则控制模式"中的规则,是指规范法官自由裁量权行使的准则、标准、规定。"模式"一词有两个基本含义,[1]"规则控制模式"中的模式,由于它指向司法裁量基准,所以是指"司法裁量基准"这种规则化的形式,即为了说明或解释"基准"是什么或由什么要素构成而使用的概念。

---

〔1〕 一是指一种简单的事物与另一复杂事物在结构和关系上有相似性和同构性,可以用简单的事物来解释复杂的事物,如把法及其运作比作系统;二是指简化了的形式——要素或者元素,或者说一个整体的组成部分。参见张文显:《二十世纪西方法哲学思潮研究》,法律出版社1996年版,第369页。

作为控制法官自由裁量权行使的一种形式,“规则控制模式”这一概念的提出突出了“裁量基准”对社会的创设和建构作用,突出了人的理性——裁量基准制定主体法院的集体智慧,因而从其制定之初就带有深刻的理论预设色彩。规则控制模式主要由三部分构成:价值取向、理性逻辑和规则因素。

首先,“价值取向”是规则控制模式的核心和灵魂。作为一种理性化的治理工具,随着社会价值观念的变化,规则控制模式的价值取向也随之发生变化。以西方资本主义发展的不同时期的价值观念为例,在资本主义发展的早期,社会普遍的价值观念倡导的是“个人本位”,相应地,规则控制模式也以其作为价值导向,适应时代的价值需求,与特定时代协调同步,促进社会和谐发展。当西方社会的价值取向从“个人本位”转变为“社会本位”时,规则控制模式的价值取向也相应发生变化,并通过积极地调整理性逻辑和规则因素,从而更好地适应了社会主流价值取向。因此,一定的价值取向能够使规则控制模式得以同社会发展保持协调,也保证了司法裁量基准——这种规则控制模式,在社会及其价值取向不断变化的情况下仍然能成为控制法官自由裁量权合理行使的重要形式之一。

其次,在使规则控制模式成为一个普遍性、确定性、合理性、体系化的规则体系的过程中,“理性逻辑”起到了非常重要的作用。追求治理规则的普遍性、确定性、合理性是现代法治社会的必然要求,而规则控制模式正好充分体现了这一点。这里的普遍性是相对普遍性,因为毕竟司法裁量基准这种规则模式主要在法院系统内部适用,且不同区域、不同层级的法院裁量基准可能会有些许差异,这也是根据各自的司法实际情况所决定的。

最后,“规则因素”是指在价值取向的指引下和理性逻辑的构造下,对社会关系理性化构造的具体形式。规则以语言为载体,以文字为其表现形式,因此,具有普遍性和可预测性的特征。规则适用于所有接受它约束的个体,对他们具有同等适用的效力;只要他们理解规则的语言含义,规则就对他们的行为具有规范性。同时,规则又具有明确性和公开性,个体可以认识规则、学习规则并受到规则的指引。规则又是可预测的,因此,个体可以安排好自己的行为。总之,“规则因素”是规则控制模式作用于社会关系的中介。

2. 规则控制模式的精神内涵

当我们在分析规则控制模式的精神内涵时,应着重对其“理性化”这一重要内涵作出分析。规则控制模式是一个高度理性化的控权规范形式,当然,只有这样的规则体系的建构,才能使控制法官自由裁量权这个司法实践中的难题落到实处。另外,为了克服规则控制模式的刚性,法院在制定裁量基准时可适当引入一些原则、道德因素;法官在适用裁量基准审理案件时可适当赋予其较大的解释权,这里的解释不仅包括对适用法律的解释,也包括对适用的裁量基准的解释,这些措施有利于实现个案正义。

法院在制定裁量基准引入原则要素时,应当注意的是这些原则要素一般应规定在裁量基准的总则部分。原则要素的引入有利于规则控制模式运用的灵活性。在一些特殊情况下,在规则模式的现有范围内不能合理地控制法官自由裁量权的行使,引入原则要素可能是解决这一难题的有效方式。此外,还可引入道德因素。虽然在一般情况下道德因素并不具有规范人的行为的作用,但结合司法实际,道德因素的积极作用也是不可忽视的。

规则控制模式实现了对法官自由裁量权行使的理性指引和合理调控。对于法官行使自由裁量权的理性指引,由于司法实践中复杂多样的案件又充满极大的不确定性,因此,理性化的规则控制模式并不是将各种形形色色案件纳入其中,而恰恰相反,规则控制模式只是对法官审理案件的一种理性指引,对法官审理案件的非理性行为的一种必要限制。此外,规则控制模式具有“自律”性。符合理性要求的法官不会感到这种模式——司法裁量基准对他审理案件的束缚与限制;相反,会认为是对案件审理合理性的一种制度层面的保障。而面对法官在运用自由裁量权审理案件时有失理性的行为,司法裁量基准——这种规则型控制模式则会以其规范性的内在力量促使法官重返“理性”审案的必然要求。

(二)现实基础:立足于当下中国的司法实际

公正合理行使司法权是我国建设法治国家和法治社会的必然要求,也是司法裁量基准存在的合理性基础。随着人们认识事物能力的不断提高,对规则制定与完善也有越来越理性化的认识。规则的一些细节逐渐朝着更固定化、制度化的方向发展。这是司法机关根据自身对法律精神和法律规定的理解,对司法自由范围的判定范围逐步理性认识的过程。在此过程中,法院根据本院实际司法审判情况和相关法律法规为依据,合理划分针对不同法律问题的不同类型的司法裁量权。同时,根据法官行使自由裁量权不符合规定的裁量基准的实际情况,作出相应的处罚。其目的是限制法官自由裁量权的范围,减少司法活动的随意性,促进司法行为的规范化,实现司法公正。法院制定司法裁量基准正好满足了社会公众对实现法律公平正义和个案正义的心理需求。随着社会的不断发展和进步,法治理念的深入民心和法制的日臻成熟,构建完善的司法自治参照体系是我国建设法治国家和法治社会的题中应有之义。

司法裁量基准的提出,不仅可以在事先将大量的裁量要件加以明确,限缩了法官行使自由裁量的空间,有效制约了法官行使自由裁量权的恣意,且这些裁量基准具有相对公开性,有利于当事人对法官的裁判行为予以监督,从而可以更有效地约束法官自由裁量权的行使。然而,我国法官自由裁量权依然存在"失范"现象。虽然我国的立法工作取得了长足的发展,但是当前制定的一些法律依然存在条文表述模糊、适用弹性过大、难以实际操作等诸多问题。这些缺陷导致我国法官实际上拥有较大空间的自由裁量权,法官自由裁量权经常处于"超自由"的运行状态。

1. 法官自由裁量权失范概述

首先,因为一些成文法的制定较为粗陋,导致法官在客观上存在较大的自由裁量空间,法官在审理案件时经常出现"无法可依"的尴尬困境。另外,裁量方面缺乏定量的参照标准,很多法官法学基本素养欠缺及法律水平不高,对法律条文的准确含义及法律原则和精神把握不足。这使法官行使自由裁量权的随意性扩大,同一个案件在同级不同管辖区域的法院,甚至是同一法院的不同审判庭之间因为法官行使自由裁量权的差异而导致出现了不同的判决结果,正所谓"同案不同判"就是这个原理。

其次,法官行使自由裁量权缺乏应有的独立性。司法的独立性体现在法官独立行使审判权审理案件,不受其他外在因素的影响。虽然当下在司法改革大背景下司法独立一般是会得到保证,然而在司法实践中法官对案件的最终裁判结果有时候会受到法院的审判委员会、法院院长等因素的干扰,这也是客观存在的问题。如此,则对法官行使裁量权产生了负面的作用,法官独立行使裁量权能动司法的积极性也会大大受挫,久而久之,使法官行使裁量权偏离了正常轨道,直至导致失范的异化状态。

最后,法官的个人综合素质也影响着法官自由裁量权的正常行使。法官被称为"会说话的法律",被视为司法公正的守护者,社会公众对法官群体寄予了较高的社会期待。司法作为维护社会公正的最后一道防线必须坚守,司法权的合理行使是维护社会公正的可靠保证,而作为司法权重要组成部分的法官自由裁量权是不可忽视的一部分。法官自由裁量权的正确行使对实现个案正义与维护司法公信力都有着重大意义。然而,现实情况却并不乐观。虽然当前我国选拔法官都需要通过"国家统一法律职业资格考试",不可否认,统一的资格考试选拔制度在一定程度上体现了从事法官职业的基本法律素质,但是单凭一场考试、一张资格证书就能完全符合法官职业的需求吗?本文对此持谨慎态度。美国著名大法官、实用主义法学的代表人物霍姆斯有一句广为流传的名言:"法律的生命不在于逻辑而在于经验。"法官适用法律审理案件是一个综合的过程。其中,法律知识是基础,但不是全部。法官的个人法学素养、道德品质、社会经验等都对案件的审理有着重要意义。法官行使自由裁量权是弥补法律缺陷和漏洞的一种有效方式,如何合理地行使这种权力,最终达到让当事人满意的判决结果,实现个案正义,很难想象一个虽然有法律知识但道德品质败坏、社会经验缺乏的法官能作出一个"完美"的判决。诚然,司法活动的专业性要求必须是由经过专门系统的法律学习的人来从事,但由于司法活动的特殊性也决定了司法者必须要具备高于一般公权力行使者更高的职业伦理道德和道德品质修养,否则自由裁量权也有失范的可能。

2. 失范的表现

失范表现之一,是不合法的自由裁量权。法官行使自由裁量权必须要有一定的限度,这种限度就是必须在法律允许的范围内。越过了法律规定的"底线",就是不合法的行为。然而,在当前的司法实践中,法官行使自由裁量权不合法的现象屡见不鲜。

一是法官滥用司法自由裁量权,不符合立法目的。立法目的是立法者立法的最初意图和最终目标。从某种意义上讲,法律就是不同利益综合、协调和妥协的结果。当法官审理案件遇有法律没有明确规定时,法官行使自由裁量权审理案件应当以立法目的为指导,而不是恣意妄为,滥用裁量权。

二是法官对法律条文含义的误读导致其错误地行使自由裁量权。比如,法官量刑时超出法定刑的限度和范围;当法律没有明确规定时,法官自由裁量权的行使不符合法的原则、精神和价值取向;抑或是虽然在法律规定的范围内,但法官裁量的目的不正当而恣意横行等。此外,程序正义也不容违背,违背了程序正义的要求,法官的自由裁量权就违背了合法性要求。

另外一种失范的表现指不合理的自由裁量权。其主要体现在以下两点。一是考虑相关因素不当。这指的是法官在行使自由裁量权审理案件时未考虑相关因素或是忽略考虑相关因素,导致最终作出的裁判错误或不恰当,那么这样的裁量是不合理的。二是不行使或疏忽行使自由裁量权。对于法官不行使自由裁量权来说,必须分清楚是法官自由选择不作为和不行使自由裁量权的区别。在法律允许的范围内,法官可以选择作为或不作为,这也是其行使自由裁量权的结果。法官疏于行使自由裁量权可能会使案件判决结果明显违背常情和常理,无法实现个案正义,最终损害了法律的权威性和司法公信力。

3. 失范原因分析

首先,权力的本质决定了权力存在"异化"的危险,权力的存在犹如一把"双刃剑"具有两面性。在肯定权力一定的合理性与必要性的同时,也要看到权力还天然地伴有恶的一面。一是权力具有天然的扩张性。权力的扩张性表现在权力不断扩大的欲望。二是权力又具有易被腐蚀性。权力的存在总是与一定的利益相关联,权力与利益的交换从来都是不可否认的存在。正是权力本质中这种天然的恶性注定了不仅是法官自由裁量权,包括任何形式的权力都存在"异化"的潜在危险。

其次,人性的弱点增添了权力滥用的可能性。不可否认,法官的个性特质对自由裁量权的行使有重要的影响。"人性中一半是天使一半是魔鬼",人性中除了有"善"的一面,也有诸如偏见、武断、冲动等缺陷,法官也概莫能外。普遍存在的人性弱点也决定了掌握权力的人总是喜欢根据一己好恶来随心所欲地行使手中的权力。

最后,自由裁量权的灵活性增加了它有被滥用的可能性。一是我国司法实践中缺乏具体的指导原则。由于没有统一的标准和规范,"同案不同判"的现象时有发生。二是法官素质的参差不齐也造成自由裁量权的行使更恣意与专横。有些法官想当然地认为自由裁量权就是"不受任何约束的法官的特权"。在这些严重错误的思想的主导下,有些法官不但不说明行使自由裁量权的依据和理由,随意将个性化因素渗入到案件审理中,甚至将行使自由裁量权办理案件演变成办"金钱案""人情案"的筹码,这不仅使正常的法律运行遭到破坏,还让法的公信力和权威性受到严重损害。

4. 失范的危险

失范的法官自由裁量权违背了法律授予法官职权以达到能动司法的目的,不符合实现公平正义的法的精神,导致出现诸多的司法危机。

首先,法官自由裁量权的失范导致法律的不确定性和司法的随意性,损害司法公信力和权威性。因此,自由裁量权的不当行使削弱了人们对法律的敬畏之心,严重损害了法律的权威性与司法公信力。

其次,失范的法官自由裁量权容易滋生司法腐败,导致出现“权力寻租”现象。法官在进行司法活动时具有一定的自由,这种自由可以为案件当事人带来一定利益,这就促使案件当事人不惜采用“权力寻租”来换取更大的经济利益。

最后,失范的法官自由裁量权对新生成的法律理念及规则的负面作用。社会在不断发展变化,以社会为基础的法律也在不断修正以适应社会的变化。不断修正的法律也形成了新的调整社会关系的法律规则。然而,新规则的形成并不能立即深入人们的思维中,而是需要一个逐渐发展和适应的过程。然而在这一过程中,失范的法官自由裁量权会对新的法律理念及规则的形成及发展产生负面作用,从而不利于法律的发展和司法的进步。

5. 应对:合理规制法官自由裁量权

现实司法实践中不可否认的是,法官个体之间诸如个人素质、法律专业水平和法学素养等存在一定的差异。这些因素在很大程度上影响法官对法律的理解以及运用自由裁量权审理案件的能力,进而也将不可避免地影响法律的适用,从而影响司法的公平正义。因此,法官的个体差异必将会在司法过程中体现出来。这对法官正确合理地行使自由裁量权会产生一定的作用,这种作用既有可能是正面的,也有可能是负面的。

正是由于司法裁量基准的存在,我们才能通过规则分析来寻求解决自由裁量权合理运用的问题。建立全面合理的裁量基准是完善裁量功能的必要条件。司法裁量基准的存在有效约束了法官自由裁量权的恣意行使,防止法官滥用权力从而导致司法腐败现象的发生。当前社会处于快速发展变化之中,各种社会关系往往比较复杂。因此,层出不穷的新问题与相对稳定甚至略显滞后的法律规定形成强烈反差。然而,法律也并不是束手无策的。我们应该从基本立法精神的角度出发,通过有效地解决法律基本问题来解决快速变化的社会问题。

当然,法律的局限性导致发生法律制定时无法预见的新情况时,法律则无法针对具体个案作出有效规定。此时,法官就要根据自己的生活经验和理性作出判断,以符合法的公正价值和个案正义的需求。由于没有相关的法律制度,在某些特殊情况下法官应该保留适当的自由裁量权。比如,法律规定了以下几种自由裁量权:一是规定裁量的空间和范围等没有明确的界定,即使作出界定,也只是规定了一些比较简单和比较可行的内容,法官只能按照自己的权利和义务范围内的有关规定作出相应的决定;二是法官要根据实际情况作出选择;三是紧急规定,即在特殊和紧急的情况下,法官应当在维护社会公共利益的前提下,在合理处置权的范围内行使权力,特别要注意特殊和紧急事件的范围。司法裁量权的出现是立法的滞后和不确定性与现实复杂性之间矛盾的结果,也是必然性的。

但应该看到,随着法官法律素养和公众法律认识的普遍提高,法官自由裁量权可能将会逐渐消失。如果法律明确规定了一些具体问题,那么我们就应该遵循法律规定来处理。法律细化后,立法部门还要明确界定法官自由裁量权的使用标准。立法中不可预见的问题会在后来的法律实践中不断出现,因此,在司法实践中积累的大量问题可以使法律的制定和修改的方向更明确,有利于司法裁量基准的制定与细化以及与现实社会发展相适应。

三、司法裁量基准的技术构造

对法官行使自由裁量权的约束,必须关注控制技术的问题。对于法官自由裁量权的控制,一方面,并不是简单地将法官自由裁量的空间压缩到越小越好。事实上,法官行使自由裁量的范围既可能过于宽泛,也可能过于狭窄。如果自由裁量的范围过于宽泛,那么对于案件当事人来说或许就要承受由于法官的恣意行为而导致个案非正义的苦果;如果自由裁量范围过于狭窄,个案正义或许就会因为缺乏必要的个体化考量而无法实现。当然在司法实践中,法官的自由裁量范围在大多数时候呈现的是过于宽泛的现象,但也应当看到,有时候司法机关也可能基于某些自认为“合理”的理由而限缩了法官自由裁量的范围,这一情况也是确实存在的。另一方面,法院更不是通过制定裁量基准去“消灭”法官的自由裁量权。如果控权的目的是消灭裁量,那么这一目的应该由立法者去实现,而不是作为司法机关的法院。事实上,控制法官自由裁量权合理行使的关键在于寻求人与制度、规则的普遍正义与裁量的个别正义之间的平衡,显然,这是一个颇为复杂的目标。

庞德对“法”的独到见解或许可以为司法裁量基准的技术构造问题提供可借鉴之处。[1] 庞德指出,关于“法是什么”这一争论往往集中于“法是一批决定争端的权威性资料”这一意义上。这种意义上的法包含了各种律令、技术和理想要素。然而,人们总是只看到了“律令”要素,而忽视了其中的“技术”要素和“理想”要素,仅将这种意义上的“法”理解为一批律令的集合。事实上,作为“法”的构成要素的技术要素和理想要素对理解和适用法律同样至关重要。三要素之间的关系是,“律令从发展和适用它们的技术中获得全部生命;技术从法的理想得到其精神和方向;律令从理想中得到其形式和内容”。[2] 司法裁量基准虽然不是这里所讲的由国家立法机关制定的“法律”,但其作为一种特殊的“规则之治”,也可以借鉴“律令—技术—理想”模式来阐释其自身的构造。在“律令—技术—理想”的模式中,司法裁量基准更多地体现出来的是一种“技术”——平衡于法律与个案之间、控制法官自由裁量权合理行使的技术。可以说,“技术”要素是司法裁量基准的灵魂,而技术要素的合理性和科学性也构成评判司法裁量基准优劣的核心标准。

(一)“一元论”或“二元论”

在阐述司法裁量基准的技术构造前,有必要对司法裁量的内在构造有一定的认识,司法裁量的内部构造是进一步探讨司法裁量基准技术构造的基础。而对于司法裁量的内部构造即裁量存在于何处的问题,则存在“一元论”和“二元论”两种不同的看法。“一元论”者认为,裁量问题与法律问题并非是各自独立的,所有的裁量应该以合法性作为前提,不存在不受法律拘束的自由裁量。比如,美国法学家戴维斯就认为:“只要公职人员权力的实际界限允许其在可能的作为或不作为方案中自由做出选择,那么他就拥

---

[1] 在庞德看来,“法”是由律令、技术和理想三个要素构成的。在“律令—技术—理想”模式中,“律令”是指由规则、原则、概念、标准和学说组成的复杂体系;“技术”是指解释和适用法律的规定、概念的方法和在权威性法律资料中寻找审理特殊案件的根据的方法;而“理想”则归结到有关那个社会秩序是什么以及社会控制的目的是什么的法律传统。参见张文显:《二十世纪西方法哲学思潮研究》,法律出版社1996年版,第370～371页。

[2] 张文显:《二十世纪西方法哲学思潮研究》,法律出版社1996年版,第373～374页。

有裁量。"[1]这里公职人员权力的实际界限，就是指有法律约束的明确界限，而不是随意行使的。而反观"二元论"者，他们坚持把裁量问题与法律问题作为相互独立的部分来理解，认为裁量行为仅是裁量者个人依据内心确信和理性作出的选择判断。然而，基于实用主义路径构建起来的裁量一元论的观点——"统一裁量观"则显得更合理，"统一裁量观"明确了裁量应该是在合法性前提下的裁量，这也正契合了"法治"的题中应有之义，顺应了当前我国大力建设法治国家的潮流趋势。因此，结合我国当下司法实际应当选择"统一裁量观"的理论来构建我国的司法裁量基准。

（二）"一元论"下的情节细化技术

司法实践中，在"一元论"即"统一裁量观"的指导下，我国裁量基准的技术构造呈现出"情节细化"的特点。所谓"情节"，是指事物存在与变化的情形与环节。[2] 司法裁量基准语境下的"情节"，是指那些对法官适用司法裁量基准审理案件有直接影响、除法定构成事实以外的其他各种主客观事实情况。法院制定裁量基准的技术，应该主要是对这些裁量的事实情节作出明确规定，从而才能便于法官在审理案件时对裁量基准的准确适用，实现个案正义。对情节细化技术进行科学合理的构造，有利于约束法官在参照裁量基准行使裁量权审理案件的恣意。对于审理案件的法官来说，应当禁止其考虑与案件审理不相关的因素，以保证司法正义。

此外，情节细化技术需要遵守两项原则。一是法律保留原则。无论裁量基准作为一种特殊的"规则之治"，还是作为对法律漏洞之补充，裁量基准的情节细化在整体上应该遵守"法律保留原则"。我国《立法法》第 8 条规定的法律保留条款，为裁量基准的情节细化设定了基本的适用界限。[3] 根据该规定，上述事项专属于全国人民代表大会及其常务委员会制定为"法律"的内容，因而该条普遍被认为就是法律保留原则的制度设计。因此，从目前来看，并不属于法律范畴的司法裁量基准，《立法法》第 8 条所列

---

〔1〕［美］肯尼斯·卡尔普·戴维斯：《裁量正义》，毕洪海译，商务印书馆 2009 年版，第 2 页。

〔2〕胡学相：《量刑的基本理论研究》，武汉大学出版社 1998 年版，第 160 页。

〔3〕《立法法》第 8 条规定："下列事项只能制定法律：（一）国家主权事项；（二）各级人民代表大会、人民政府、人民法院和人民检察院的产生、组织和职权；（三）民族区域自治制度、特别行政区制度、基层群众自治制度；（四）犯罪和刑罚；（五）对公民政治权利的剥夺、限制人身自由的强制措施和处罚；（六）对非国有财产的征收；（七）民事基本制度；（八）基本经济制度以及财政、税收、海关、金融和外贸的基本制度；（九）诉讼和仲裁制度；（十）必须由全国人民代表大会及其常务委员会制定法律的其他事项。"

事项决定了司法裁量基准的情节细化技术最为基本的适用限度。二是遵循必要性原则。司法裁量基准的制定并不是随心所欲的,司法裁量基准与其他规范性文件规定较为模糊之处所要保护的法益应该是同一的。在司法实践中需要注意的是,一方面,启动裁量基准情节的创设权并不是任意的,其必须是以规范法官合理行使自由裁量权为前提;另一方面,司法裁量基准与授权规范所要保护的法益应当一致,越权的裁量基准与残缺的裁量基准不仅不符合必要性原则,同时也是对法律保留原则的违背。

(三)情节细化技术的具体运用

总体来说,裁量情节大体可以分为三类:一是以裁量情节是否具有明确、具体的规定为标准,可以划分为制定情节和酌定情节;二是以法官适用裁量基准情节的必要性为标准,又可分为应当情节和可以情节;三是以裁量情节在司法裁量中所发挥功能的相同或相反为标准,又可分为相同情节和相反情节。

1. 制定情节和酌定情节的选择适用

所谓"制定情节",是指法院在制定裁量基准时已明文规定好的、法官在审理案件时,可以直接予以适用的情形与环节。所谓"酌定情节",是指司法裁量基准没有明确规定,需要法官在审理案件时结合具体案件情况以及司法裁量基准的精神原则作出判断的情形。在遵循法律保留原则的前提下,当法官在审理案件时面临需要在制定情节和酌定情节之间加以选择时,司法裁量基准的制定者即法院出于对案件审理的合理性的考量,一般认为制定情节优于酌定情节。原因在于"制定情节"是法院事先已经制定好的,是已固定化的、可以为法官审理案件所适用的"素材"。当然,这种将制定情节和酌定情节加以区别对待的做法,也需要视具体案件情况而定。在具体个案中,不能主观地认为酌定情节就没有制定情节重要,这不利于实现裁量正义,进而也就无法实现个案正义。因此,制定情节与酌定情节的适用并无固定不变的顺序,在适用于具体个案时,对二者的判断应该是灵活的。

2. 应当情节与可以情节的选择适用

法官在适用裁量基准审理案件时,"应当情节"与"可以情节"应当分辨清楚,二者对法官适用裁量基准审理案件的影响是不同的。总体而言,应当情节优于可以情节而予以适用。应当情节是法院在制定裁量基准时的硬性规定,具有适用上的明确性和裁判上的确定性,法官在审理案件适用裁量基准时应当尽量选择适用“应当情节”,以此确保案件的正当性和合理性。而反观“可以情节”,它对于适用的案件无论是从作用力上还是从适用效果上都不如“应当情节”,因为它本身的不确定性可能给了法官“二次裁量”的机会,这也就减损了裁量基准之于法官审案的意义。总之,可以情节具有适用上的选择性,法官在审理案件时应该侧重于应当情节的适用。

3. 相同情节和相反情节的适用规则

在司法实践中,法官在审理案件时可能会遇到多种情节竞合的情况,其中既包括相同情节的竞合,也包括相反情节的竞合。相同类型情节的竞合,比如在一个案件中只存在从重情节的竞合、只存在从轻情节的竞合、只存在减轻情节的竞合或者只存在免除情节的竞合。而“相反情节”的竞合是指同一案件中存在数个不同类型的情节,如在一个案件中可能并存“从重情节”和“从轻情节”,从而导致情节之间相互冲突,进而影响案件的审理。有鉴于此,法院在裁量基准的制定过程中应该明确以下适用规则。

一是对于相同情节竞合的处理规则。对于从重情节的竞合适用,一般认为,司法裁量基准应该具体规定一定的幅度,在这个确定的幅度内,从重情节的竞合适用不能超过规定幅度的上限;从轻情节是指在司法裁量基准规定的幅度内,结合具体案件情况,应当选择对于案件具体情形规定较为宽松的情形;减轻情节的竞合适用只要最终不免除即可;遇有适用免除情节的情况,最终必须适用,只是适用一个即可。

二是对于相反情节竞合的处理。结合具体案件情形,应当注意以下规则。其一,遇到“免除情节”与其他情节发生竞合时,一般的处理规则是免除情节吸收其他情节而单独适用。其二,当发生“从重情节”和“从轻情节”竞合的情形时,一般处理规则是应当先考虑从重情节,从轻情节次之。采用“先重后轻”的好处在于,先从重可以在裁量基准范围内确定上限,使法官能够知道当事人需要承担多大程度的法律责任;再从轻可以使从轻情节得到充分的体现。相反,如果是“先轻后重”,则可能产生上浮过限的问题,从而也就体现不出从轻情节的作用。当然,如果从重情节已经使裁量达到了极限,则可不予考虑适用从轻情节,因为在这种情况下从轻情节实际上没有起到应有的作用。其三,遇到“从重情节”与“减轻情节”竞合的情形时,一般应先适用减轻情节,在裁量基准规定的裁量空间内予以考虑,然后在此基础上再适用从重情节。如果采用相反的方式,那么从重情节的作用就无法在裁量基准中得以体现。

四、司法裁量基准的适用困境及规范路径

(一)适用困境

新生事物的产生和发展从来就不是一帆风顺、一蹴而就的,司法裁量基准也是一样。作为一种对法官自由裁量权控制的新型模式,当我们在肯定司法裁量基准对控制法官自由裁量权失范的重要作用时,也同样面临其适用的困境。如果我们将司法裁量基准作为控制法官自由裁量权的一种有效手段,合理控制法官自由裁量权行使是为目的,那么可以说从制定司法裁量基准之初,就存在"手段"与"目的"之间的紧张关系,这种紧张关系也因此成为司法裁量基准这一新型控权模式的适用困境。

这种紧张关系表现为两种情形:一种是"过于",另一种是"不及"。所谓"过于",是指假如司法裁量基准这种规则体系制定得足够明细,也的确可以解决和防止法官在审理案件中运用自由裁量权可能失范的问题。但从另一方面看,司法裁量基准制定得过细可能导致裁量缺乏灵活性,损害自由裁量的功能。现代司法的内涵之一就是,在特殊情况下法官针对具体疑难案件可行使自由裁量权。在某种意义上讲没有裁量就没有司法,但裁量基准制定得过于细致,又会导致司法裁量正常功能的丧失,损害现代司法的效率与个案正义的功能,会导致司法裁量的僵化。因此,在最终意义上,司法裁量基准就有违背自由裁量存在的意义、目的和价值之嫌。因此,从某种意义上说,司法裁量基准在作为一种解决问题的办法的同时,本身存在的合理性又成为一个新的问题。所谓"不及",是指如果司法裁量基准规定得较宽泛,则会给法官行使自由裁量权留有过大的空间,那么制定者的目的可能会落空——因为在这种情况下,司法裁量基准对法官自由裁量权实际上没有任何影响,裁量基准的制定仍然只是一种可能性,而非必然结果,因为在这种情况下,法官个体的主观判断才是影响案件审理结果的一个重要因素。

综上所述,即使法院努力探索通过制定细致的裁量基准来确保控权目的的实现也是存在一定困难的。一是即使通过细致的裁量基准穷尽现实多样性,从根本上讲,其实还是受制于裁量基准的制定主体——法院所拥有的知识及实践经验的有限性,从而也就导致了制定出的裁量基准并不是"万能"的,此为"不及"。二是司法裁量基准规定得过细,法官自由裁量的空间就会大大压缩。此时,司法裁量基准可能会完全取代法官的自由裁量,而不

是约束或控制自由裁量,这也导致了“手段”对“目的”的取代。进一步说,如果作为逻辑前提的自由裁量被彻底“消灭”,那么又何来的裁量基准呢?此为“过于”。

司法裁量基准与法官自由裁量之间这种“手段”与“目的”之间的紧张关系,表现出的“过于”与“不及”两种情形,原因在于自由裁量的自身特点。在现代司法中,个案的特殊性和现实生活的多样性需要法官享有自由裁量权。当然,如果法官自由裁量权过大,则有悖于法治原则。因为法治的核心在于控权,在这里具体就是控制法官的自由裁量权。严格规则主义强调通过事先制定严格的规则来对权力进行控制,而司法裁量基准的制定正好契合了这一点。

由此可见,司法裁量基准作为控制法官自由裁量权的一种规则模式,是控制自由裁量权的一种可贵尝试,这取得了一定的成效,同时也存在一定的问题。规则控制模式的理论基础是严格规则主义,然而现实社会生活总是在不断地发展变化,既定的规则就显得相对滞后与不完善,任何规则都无法穷尽社会生活的方方面面,这也正是自由裁量存在的必要性与社会基础。

(二)规范路径

1. 明确司法裁量基准的制定主体

司法裁量基准制定的目的,在于规范法官合理行使自由裁量权,防止法官滥用自由裁量权,损害法律尊严和司法公信力。司法裁量基准源于法官一线实际审判实践的需要,是对一线裁判案件经验的总结、提炼。要切实解决问题,应对司法裁量基准制定主体进行合理构建,确定制定主体的制定权限。根据我国的司法实践及相关经验总结,笔者认为,司法裁量基准的制定主体主要包括三级法院,即高级人民法院、中级人民法院和基层人民法院,即主要是地方人民法院。三级地方人民法院不仅包括普通地方法院,也包括海事法院等专门人民法院。在实践中,如广东省高级人民法院于2009年颁布的《关于规范民商事审判自由裁量权的意见》以及江苏省泰州市姜堰区人民法院在2003年率先开展的刑事司法领域量刑均衡操作方法就是很好的例证。而最高人民法院作为统领全国的最高级别的司法机关,其可以通过制定原则性的规范来指导全国各地法院的裁量基准制定工作,但无法苛求其制定一部具有全国一致适用性的裁量基准,这既没有必要也不具有现实可能性及实际可操作性。此外,实践中作为分担最高人民法院工作和便利地方诉讼的巡回法庭,其主要精力和工作重心也并非在制定司法裁量基准上。因此,基于我国司法实际情况,司法裁量基准的制定主体主要是三级地方法院。高级人民法院制定裁量基准在所在辖区的法院系统具有自上而下的贯彻作用,因此,在制定裁量基准时可适当着重于原则指导;中级人民法院和基层人民法院作为直接面向一线司法审判实际和接受案件量最大的法院系统,则应当着重于制定更细致而灵活的标准。根据司法实践经验来看,鉴于基层人民法院和中级人民法院的法官是最经常、最大量的自由裁量权行使主体,因此,应当由基层人民法院和中级人民法院来主要制定灵活性、社会适应性和精确性更高的司法裁量基准。这样,既保证了司法裁量基准在适用上的原则性与灵活性的统一,又使基层和中级人民法院法官在适用司法裁量基准审理个案上有了必要的针对性和具体性。此外,基层人民法院的"先例判决"模式就是对基层人民法院作为司法裁量基准制定主体的有益探索之一。"先例判决"模式是指法院首先将不同类型的案件予以分类,然后通过案例研讨制定出一定的裁量标准。法官在审理案件时遇到某一类型的案件无法可依或者复杂疑难时,在其运用自由裁量权解决问题时,就可以依据有关于这一类型案件的裁量基准从而合理地行使自由裁量权审理案件。这也正体现了"先例判决"这种裁量基准的功能与作用。此外,"先例判决"模式有些类似于英美法上的"遵循先例"制度,但与其有本质上的区别。这里的"先例判决"模式其实就是指自由裁量基准,而且我国司法实践中法官审理案件的法律依据中并没有判例,判例并非我国法律的正式渊源。法院通过这种模式制定出这一裁量基准,将审判实践中较难把握或认识的有争议的问题,通过参照裁量基准,从而可以较好地合理行使自由裁量权,尽量做到"同案同判",有利于实现个案正义和法律的实质正义,从而更好地实现法律效果和社会效果的统一。总之,通过对自由裁量基准制定主体的合理界定,区分不同层级法院裁量基准的制定权限,充分实现了制定司法裁量基准的价值目标和初衷。

此外,司法裁量基准作为一种介于"自律"与"他律"之间的规则控制模式,是可以较好地控制法官自由裁量权的运行的。有人提出疑问,司法裁量基准的制定主体是法院,而裁量基准的适用对象是法官,制定目的是控权,那么法院自己制定的规则来规范法官,是否有不合理之处?然而,这正是体现司法裁量基准作为"自律"与"他律"双重属性之处。所谓"自律",是指法院作为司法机关相对立法机关而言的,立法机关制定的规范性文件不可能事无巨细地规定社会生活的方方面面,其中也包括法官行使自由裁量权审理案件这一社会现象。于是,法院通过自主制定司法裁量基准这一“自律”方式规范法官自由裁量权的行使,一方面是由司法裁量基准源于司法实践的属性所决定,另一方面也符合法治控权的核心要义。所谓“他律”,众所周知,我国法院内设多个职能部门,不同的职能部门履行不同的职责。除了一线办案法官所在的民事庭、刑事庭、行政庭之外,法院一般还内设其他多个职能部门。司法裁量基准的制定是法院内部所有工作人员的集体智慧,最终出台制定裁量基准的制定部门一定不是办理案件的内设法庭,而是与内设办案法庭职能相分离的其他职能部门,最终会以整个法院的名义出台司法裁量基准,以此约束和制约整个法院内法官的自由裁量权的行使。因此,从这个意义来说司法裁量基准又具有“他律”属性,因而根本无须担心司法裁量基准适用的合理性或是正当性问题。

2. 扩展司法裁量基准的适用范围

(1)公法与私法的统一适用。公法和私法的划分是大陆法系国家对法律的基本分类,最早是由古罗马法学家乌尔比安(Domitius Ulpianus)提出来的。[1] 公法主要包括刑法、行政法、经济法、诉讼法等法律部门,私法主要是指民商事法律。在司法实践中,法官行使裁量权往往集中于公法领域,而私法领域则较少触及法官自由裁量权的运用。例如,在刑事案件中,法官量刑的自由裁量权的行使,行政法领域更不必待言,当前蓬勃发展的行政裁量基准制度正好说明了这一点。有基于此,当各级法院在制定裁量基准控制法官自由裁量权的行使时,则会主要集中于公法领域。这种重视公法裁量基准、轻视私法裁量基准制定的情形不利于法律协调统一的发展及司法实践的良性发展。基于这种情况,各级法院在制定裁量基准时更应该侧重民商事领域对于法官自由裁量权的约束,保持公法与私法两大领域的均衡发展。

(2)实体法与程序法的统一适用。根据法律的内容和功能的不同可将法律划分为实体法和程序法。司法实践中法官行使自由裁量权侧重在实体法领域的运用,而较轻视在程序法领域的适用。一般认为程序法规定过于严格,几乎所有法律程序都有法律的细致规定,因此,法官在该领域较少运

---

〔1〕“如果一项义务产生于他人的命令,那么这项义务原则上就属于公法;而私法上的义务原则上产生于义务人的自我服从。”参见[德]拉德布鲁赫:《法学导论》,米健译,商务印书馆2013年版,第86页。

用自由裁量权,这也就意味着法院在制定裁量基准时会对程序法领域的裁量基准给予重视不足。虽然长期以来,我国无论是在理论还是实践中都有着“重实体,轻程序”的不良现象和传统,但这种现象已经在悄然改变。众所周知,程序优先于实体,程序正义才能保证实体正义,才能保证最终的个案正义、才能实现法律公正的价值和精神。因此,为程序法领域进行裁量基准的制定同样十分重要。

(3)法律发展的新兴领域的适用。法律发展到今天出现了许多新兴领域,如网络、生物技术等领域的发展都成为法律的关注对象。这些新兴领域的出现伴随一系列社会问题的发生,也成为法律予以调整的对象。法官在审理这些新类型案件时是否也需要运用自由裁量权呢?答案是肯定的。正因如此,对这些法律发展的新兴领域制定自由裁量基准也是十分现实和必要的。

3.建立严格的裁量基准脱逸制度

所谓“脱逸”也称“逸脱”,在此,“脱”等于“逸”,“逸”等于“脱”,其含义皆为“脱离、逃跑”,意指脱离规矩、逃脱束缚。刑法学中有所谓“脱逸社会相当性”理论,用来作为判断某种行为是否构成犯罪的依据。这里的“社会相当性”是指特定历史时期大多数社会成员的共同价值观和社会秩序,“轻微脱逸”的法益侵害性在社会价值和社会秩序可容忍的范围内,不构成犯罪,而“严重脱逸”则可能构成犯罪。在司法裁量基准语境下,“脱逸”是指法官自由裁量权的行使不受裁量基准的控制与规范。

司法裁量基准的普适性与法律规定的局限性与滞后性决定了任何规则的制定只能限于一般情形。中国也处于一个社会舆论对公平正义强烈呼唤的时代,尽管司法的目标在于实现公平正义,但面对形形色色复杂多样的案件,对实现个案正义还有很长的路要走。法律授予法官以司法审判权就是为了更好地坚守正义,从某种意义上可以说法官行使自由裁量权的灵魂就在于实现个案正义。有人认为,法官裁量权控制得过于细化有可能导致法官行使裁量权的僵化;反之,如果裁量的范围过大,则裁量基准又无法起到良好的监督作用。裁量基准的存在并不能免除法官在个案中对案件事实的全面考察和对裁量效果有效评估的义务。法官在审理案件时考虑案件相关因素的要求下,假如适用的裁量基准没有罗列出影响该案件的重要因素,法官则有义务予以考量,这也正是法官行使自由裁量权权责一致的体现。

对于符合裁量基准情形的常见案件、典型案件,法官可以直接适用裁量基准,此时裁量基准涵盖了案件的有关因素,可以直接作为个案裁量的理由。但对于特殊案件,如果法官有更强理由或其他特殊理由不宜适用裁量基准,从而背离裁量基准行使自由裁量权,此所谓裁量基准的"脱逸"。针对此情形,制度上规定对复杂疑难案件可以不参照裁量基准审理从而得出判决结果,这种司法裁量合理化的规定就是"裁量基准脱逸"制度。"脱逸"是必须严格予以适用的,否则裁量基准就形同虚设。"脱逸"的更强理由包括法官集体讨论决定的方式以及更强理由说明的方式等。法官集体讨论决定的方式和更强理由说明的方式的设置赋予了法官行使裁量权审理案件的灵活性,强化了司法裁量基准效力的正当性,提升了案件当事人的配合度,从而也间接地节约了司法资源和成本。

4. 建立司法裁量基准的"相对公开"制度

在对待司法裁量基准的公开性问题上,有观点认为,应该坚持"必须公开"的理念。其理由在于,司法裁量基准作为一种制定规则,其不仅规范法官的自由裁量权,同时也间接地影响到了案件当事人的权利义务。作为一种类似于法律规则的规则体系,比照法律的公开性那么司法裁量基准也应该是必须对外公开的,以此才能保证裁量基准适用的公平公正性。然而,笔者认为,司法裁量基准是一个不同于传统控权模式的规则体系,严格的公开性与裁量基准的本质属性并不相符。从裁量基准作为一种内部约束或是自律机制来看,"必须公开"的观念有明显不妥之处。司法裁量基准作为一种约束法官自由裁量的自律机制,如果以他律模式中的"绝对公开"理念加以建构,则破坏了其既有的理论逻辑,与既有理论的基本逻辑背离。因此,司法裁量基准作为一种自律机制,我们无法实现对其"必须公开",这种观念过于严苛和绝对,且与司法实践多有不符。法院作为裁量基准的制定主体,其制定裁量基准的初衷是为了约束司法机关内部法官审理案件的自由裁量权,法院本身并不负有必须对外公开裁量基准的义务和职责。鉴于此,换个角度倘若构建一种"相对公开"的理念,或许更加能够与裁量基准的控权原理相契合。从"必须公开"到"相对公开"更多意义上是一种观念的转变。司法裁量基准作为一种自律的控权技术,作为制定主体的法院并不负有必须公开的义务,我们也很难在宪法或组织法上找到文本支持。

司法裁量基准作为一种特殊的行为规范,与一般规范相比其特征是仅具有间接适用的效力。司法裁量基准是法官审理案件的"裁量性"规则,从形式上看,裁量基准并非直接源于法律,而是各级法院基于司法实践中的问题、为了进行自我规制而制定的特殊规范。与“法律”不同的是,司法裁量基准并非规范层面上正式立法的产物,而是法律适用过程中的产物。司法裁量基准作为法院系统内部制定的规范,是法官审理案件的一种间接依据,因此,制定机关即各级法院应该履行一定的信息公开的义务。传统司法观念认为,立法机关的立法工作因征集意见、听证等因素而与司法机关的司法行为相比更能代表民意,更具民主精神。然而,从司法裁量基准的制定看,裁量基准的制定则更具有弹性化的特征,但相较立法机关的立法在严谨性上有所缺失。因此,一项制度要获得正当性支持除要求权力来源合法和控权逻辑合理外,还需民主因素参与方可满足其正当性角色要求,故而民众的利益诉求即公开表达机制可称为司法裁量基准中民主形式的体现。从司法裁量基准实施角度看,公众参与有两种方式,即听证和意见反馈。此外,未来在关于裁量基准的指导性条款中,不仅应明确规定各级法院有相对公开裁量基准的义务,还应当规定公开公布的时间、公布的方式等内容,如借助网络公开等公布方式。

“相对公开”的理论预设,对消解司法裁量基准的“自律”与“他律”之间的矛盾以及对法院司法权的基本尊重,具有重要的引导价值。现实中令法院感到疑惑的是,既然司法裁量基准作为控制法官自由裁量权行使的内部规范,为何还要将之公布于众呢?这让法院在技术设计上难以平衡裁量基准的自律属性与他律属性的矛盾。鉴于此,涉及裁量基准技术延伸的各种制度,都应该保持对其“自律”属性的基本尊重。

5. 建立司法审查制度对裁量基准进行相应评估

司法审查是现代法治的基本标志之一,法院在制定司法裁量基准后还要对裁量基准的实施情况进行相应的评估。具体实施路径是可在各级法院内部设置“司法裁量基准实施评估机构”,这个机构可以采取定期或不定期的方式对本院裁量基准的实施情况予以检查监督,并建立相应的违反规定的处罚与责任追究制。事后评估模式的建立可以有效衡量和检验司法裁量基准的实际运行及实施情况,对发现的新问题及时予以纠正解决,并修改相应的裁量基准规范从而适应司法实践中实际发生的新情况。可以说,这种事后评估模式对裁量基准的实际适应性和实现其实质价值都有非常重要的意义。

结 语

司法裁量基准的提出与制定,在目的期待方面具有不可否认的现实意义,对司法实践中法官自由裁量权的不合理行使具有一定的约束作用。然而,司法裁量基准作为控制法官自由裁量权失范的一种新模式,其有效实施还要依赖于理论的阐述、适用的保障、救济的渠道、事后的评估等环节的有机配合。缺乏任何一个环节的支撑都会失去制定这项规则体系的初衷和本意,不仅无益于对法官自由裁量权的监督与控制,反而可能导致法官自由裁量权行使的僵化。

司法裁量基准这种规则型控制模式能否达成应然与实然的契合,最终取决于其实际效果的实现与否,而实际效果的产生依赖于该规范在制度层面的推广及运用。这些制度包括司法裁量基准"脱逸"制度、违反规范的担责制度、裁量信息相对公开制度及事后评估制度。就"让人民群众在每一个司法案件中都感受到公平正义"而言,法院的事后评估模式是裁量基准能否真正经得起实际检验的关键所在,在司法治理的源头上对司法裁量基准进行倒逼能够有效改善裁量基准的实际运用情况,从而形成良性循环,使司法裁量基准今后可以真正被纳入我国的法制建设体系中去,这也正是我国司法改革和努力建设法治国家、法治社会的题中应有之义。

能否通过对规则体系的理性构建从而推动法治的进步与发展,能否通过对现实司法审判实践经验的总结去发现暗藏于其中的规则从而实现能动司法,这是司法裁量基准肩负的两项使命。法院制定司法裁量基准,正好给予其一个机遇去规范并推进法官合理行使裁量权的发展。需要注意的是,随着法官整体素质的普遍提高,随着法院能动司法、便利当事人行使诉权的服务意识以满足人民群众遇事找法的个体需求的发展趋势,实现个案正义不仅需要有法可依,还要给予法官一定的自由裁量空间,促使法官发挥主观能动性、创新审理案件的方式从而营造良好的社会效果,但这一切都并不是制定一部规范性文件所能够解决的。因此,司法裁量基准还有很长的路要走。新事物的产生和发展本就不是一帆风顺、一蹴而就的。不可否认,司法裁量基准的提出与构想不失为一种可贵的探索与尝试。随着我国社会主义法律体系的全面建立和法治国家、法治社会的建设与发展,我们有理由相信这种新型控权模式一定会在我国法学理论与司法实践中生根、开花、结果,终究会为我国的法治建设贡献出它的一份绵薄之力。

◎实 证 研 究

功能叠加与功能失灵

——基于洪山镇司法所为样本的考察

◇任唯微*

引论

创新社会治理是适应社会转型、优化社会结构、转变中国共产党执政理念、提高党的执政能力的必然要求。党的十八届三中全会首次将“治理”概念与社会发展结合起来进行表述,并明确提出要“创新社会治理体制”“改进社会治理方式”“创新有效预防和化解社会矛盾体制”,这标志着我国社会治理进入了新时代。社会治理作为一个重大问题,与经济社会的发展息息相关,同时也是党和政府治国理政的重要组成部分。面对当前我国基层社会结构复杂变化、利益格局深刻调整、社会矛盾日益凸显,而基层治理遭遇危机与挑战的紧迫现实,从基层治理实践中开创出国家治理新局面乃形势所需。我国是农业大国,乡村是我国基层社会最重要的组成部分,农民是我国人口最多、分布最广的基层群体。可以说,作为我国最大生活群体的基层社区,乡村社会治理是国家治理体系的重要组成部分,乡村社会治理水平是国家治理水平的重要衡量指标。缺乏乡村治理的支撑,中国将无法真正提升国家治理水平,也无法真正完成国家治理现代化的进程。尤其是在当下乡村社会转型,乡村社会关系日益复杂、乡村社会利益诉求日益多元的现实背景下,乡村社会治理显得尤为重要。

改革开放以来,随着经济体制改革的深入和城镇化的加速推进,农村经济社会面临深刻转型。法律的影响亦开始向农村渗透。转型过程中原有的社会结构逐渐瓦解,新的社会结构尚未形成,传统的农耕文化与现代市场经济理念在乡土社会中相互交织,村民的价值观念和利益诉求日益多元化,各

---

* 湖北省随县人民法院法官助理。

种矛盾纠纷不期而至,乡村社会治理面临诸多新的问题与挑战。要治理好快速转型的乡村社会、推进城镇化背景下的乡村社会协调发展,就需要乡村社会治理模式的创新与重构。而在乡村社会治理模式的创新与重构中,乡镇政府治理能力的提升则尤为重要。

乡镇基层政府作为联系上级政府和人民群众之间关系的桥梁,其治理能力的高低不仅直接关系乡村治理的成效,而且直接影响到"乡村振兴"战略的实施和"全面建成小康社会"目标的实现。由此可见,提升乡镇基层政府的治理能力十分关键。而化解矛盾纠纷、维护社会稳定是体现乡村治理能力的重要构成要素。司法所作为我国司法行政系统的最基层组织,承担着包括纠纷调解、普法宣传、社区矫正、参与社会综合治理等在内的多项司法行政任务。司法所根植基层,贴近实际,直接面对群众,参与了国家许多法律和政策在基层的组织实施,解决了乡村社会中的大多数纠纷,在维护社会和谐稳定方面发挥着不可替代的功能。作为代表政府主导解决乡村纠纷的重要力量,司法所同时处于国家司法行政和乡村社会的场域中,具有政府与乡村的双重烙印,它对当前创新乡村社会治理、改进社会治理方式、提高社会治理等问题,具有不可或缺的作用。然而,在现实中司法所的生存状态如何,功能发挥效果怎样,又如何在创新社会治理体制、实施"乡村振兴"的大背景下明晰其功能定位,并探寻其功能发挥的路径,这些问题将是本文所论述和思考的重点。

一、功能设定:司法所角色定位

(一)乡村社会变革中传统治理模式的失灵

在社会治理体系中,基层是社会的单元细胞,是感知社会需求最敏感的触角,同时也是许多社会矛盾的源头。基层治理是现代社会多层治理结构中的重要组成部分,是治理思想在基层公共事务管理中的应用,在国家治理体系中扮演着重要角色。我国是农业大国,乡村是我国基层社会最重要的组成部分,农民是我国人口最多、分布最广的基层群体。因此,可以说,乡村治理是社会治理的基石,也是国家治理体系中最基础的部分。随着市场经济在农村的深入发展,席卷乡村社会的市场化浪潮改变了农民的基本生存状态,村庄共同关系、合作与互助体系趋于瓦解,乡村社会治理面临严峻挑战。具体表现如下。

1. 城乡流动性加剧使农村共同体建构受到严峻挑战。巨大的城乡和地区差距使大量的农村人口在比较收益的驱动下开始向城市和发达地区流动,从而对整个农村地区的人口结构带来变化,进而改变了"人户统一"的人口格局。据数据显示,2016年我国农民工总量达到28,171万人,比上年增加424万人,增长1.5%,增速比上年加快0.2%。[1] 乡村精英通过升学、外出打工或经营渠道流入城市,且流出人口多为青壮年,乡村社会当前主要由留守妇女、儿童和老年人等弱势群体构成,日益呈现"空心化"现象。劳动力及人口大量向外流动,导致农村地区的人力资源严重不足,从而增加了社会治理的难度。

乡村人才外流现象导致乡村治理人才短缺和治理主体的明显弱化,这成为乡村治理的"瓶颈"。由此,乡村社会将陷入一种内生发展乏力的困境。[2]

2. 后乡土中国背景下传统与现代之间的冲突加剧。近年来,随着新型城镇化和工业化的加速推进,乡村社会原有的生产和生活方式受到猛烈冲击,传统乡村社会正在由"同质性"向"异质性"发展,村民的价值观念和行为习惯也随之改变。当前,市场经济冲击和渗透下的农村社会已经不再是传统意义上的乡土中国,乡村转型过程中传统文化与现代理念之间的冲突也在所难免。通过对农村现实生活的考察,我们看到:一方面,国家和法律的力量已经渗透乡村社会的基层,并对乡村秩序的构建起到显性作用;另一方面,传统社会中的礼俗和习惯的力量在乡村社会秩序中仍然发挥着潜移默化的作用。因此,后乡土中国的法礼秩序如何弥合传统与现代的冲突,成为新形势下乡村社会治理的一个难题。

3. 滞后的乡村治理理念与日益变革的社会现实严重脱节。随着城乡人口流动加剧,村庄社区已不再是人们的生活边界。现代交通、传媒和信息技术的快速发展,使村民的视野由封闭走向开放,从而也促使乡村社会内部出现了阶层分化和价值观念的多样化,进而也使乡村社会在公共事务治理方面要达成共识或一致目标的难度加大。而乡村基层政府的治理能力和水平明显滞后,治理观念陈旧,远远跟不上经济社会发展的需求,更有碍于乡村

---

〔1〕 参见国家统计局:《2016年农民工监测调查报告》,载国家统计局官方网站统计数据库:http://www.stats.gov.cn/tjsj/zxfb/201704/t20170428_1489334.html,最后访问日期:2019年4月28日。

〔2〕 参见陆益龙:《乡村社会治理创新:现实基础、主要问题与实现路径》,载《中共中央党校学报》2015年第5期。

社会治理机制的创新与完善。

4. 乡镇治理能力难以胜任新形势下日益繁重的治理职责。基于建设服务型政府的需要,大量公共事务如土地管理、义务教育、卫生医疗以及环境保护等转移到了基层,这造成了基层政府财权与事权的失衡、治理任务过重等一系列问题。在“压力型体制”[1]之下,上级政府的考核压力对乡镇政府职能的履行具有直接影响,乡镇政府作为最基层的一级政府,常常需要花费大量的时间和精力去应对上级的各种指标考核和检查评比。[2] “晋升锦标赛”[3]对政府官员激励的偏差,使乡村基层政府倾向于只关注可测度的经济绩效考核,而忽视了基本公共服务供给和其他一些治理职责。面对新形势下日益繁重的治理职责,乡镇政府的治理能力却没有得到应有的提升;同时,乡村基层部门往往工作人员过少,或是一个部门承担多种职能。比如,司法所常常是与综治办、信访办合署办公。在这种情形下,基层部门针对上级下达的各项政策难以进行有效、全面的落实,这种传统的“倒三角”型的机构设置严重阻碍了现阶段乡村治理工作的进行。

5. “维稳”压力下矛盾纠纷不易化解。随着我国进入社会转型期,新的利益群体和阶层不断产生,各种新的利益诉求不断涌现,如婚姻家庭、邻里矛盾、房屋宅基地纷争、损害赔偿、山林土地纠纷等利益纠纷不断增多,且难以在短时间内轻易化解。社会关系的复杂性和利益诉求的多样性增加了社会冲突的风险,增加了乡村社会治理的难度。[4]

乡镇是国家的基本行政单元,乡村是我国数量最多的社会共同体,乡村是国家政策、路线的最终落脚点,是国家治理的末端环节。可以说,国家治理最终是要通过社区以及乡村社会治理来实现的。乡镇基层政府作为联系上级政府和人民群众之间关系的桥梁,其治理能力的高低不仅直接关系到

---

〔1〕 所谓压力型体制,是指在中国政治体系中,地方党政机关为了加快本地社会经济发展,完成上级下达的各项命令任务而构建的一套把行政命令与物质刺激结合起来的机制组合。参见荣敬本等:《从压力型体制向民主合作体制的转变:县乡两级政治体制改革》,中央编译出版社1998年版,第28~57页。

〔2〕 参见杨建华:《传统基层社会治理文化的现代转型》,载《中国特色社会主义研究》2015年第5期。

〔3〕 政治“晋升锦标赛”作为一种行政治理的模式是由周黎安教授提出的,是指上级政府对多个下级政府部门的行政长官设计的一种晋升竞赛,竞赛优胜者将获得晋升,而竞赛标准由上级政府决定,它可以是GDP增长率,也可以是其他可度量的指标。参见周黎安:《中国地方官员的晋升锦标赛模式研究》,载《经济研究》2007年第7期。

〔4〕 参见杨述明主编:《中国乡村社会治理》,湖北人民出版社2016年版,第37~38页。

乡村治理的成效,而且直接影响到"乡村振兴"战略的实施和"全面建成小康社会"目标的实现。由此可见,提升乡镇基层政府的治理能力十分重要。而司法行政机关作为政府主管司法行政事务的职能部门,在提高乡村社会治理能力方面具有独特的职能优势。司法所是中国司法行政系统的基层单位,是基层政法组织的重要组成部分,担负着落实司法行政各项业务工作的重要职能。司法所根植基层,贴近实际,直接面对群众,参与了国家多数法律、政策在基层的实施,解决了乡村社会中的绝大多数纠纷。因此,可以说开展乡村社会治理和全面推进依法治国方略都离不开司法所。

(二)司法所的优势:乡土资源

当前中国乡土社会虽然正在经历着急剧的市场化转型,法治理念正在进入乡土社会,却面临着农村社会中的乡土文化与民间习惯力量的挑战。而司法所作为能够解决这种冲突的机构便应运而生。司法所在乡村社会中以具体情境为基础,为了适应当地的社会现状可能会适当地变通某些法律原则,但这并不影响国家政策法律的有效实施。中国农村正处在一个以地缘和血缘为纽带的传统社会向契约性社会变革的转型时期,考虑到中国农村社会生活实际,这种变革将会漫长而复杂。

费孝通先生在《乡土中国》一文中指出中国传统社会是一个"差序格局"的社会,[1]即一个在某种程度上不是人们主动选择,而是血缘关系强加于每个人的关系社会。在农村实行经济体制改革后,随着中国农村传统文化的逐渐淡化,原本以血缘关系为核心的人际关系也在发生变化,利益逐渐成为衡量社会关系的重要因素。尽管当前中国的农村社会变化巨大,不再是费孝通笔下的那个相对封闭、孤立的乡土社会,但不可否认的事实是,人情关系在中国农村社会现代化进程中仍然起重要作用,中国农村社会并没有达到所谓的契约性社会,在中国的广大农村地区,仍然是广泛存在的"熟人社会"或"半熟人社会"。

建立于契约精神上的诉讼纠纷解决机制,忽视了中国农村社会自身的经验与特点,当然难以适应乡土文化的生存逻辑。因为诉讼依赖于法律规范,而规则之治是解决陌生人社会中的纠纷,而对于熟人社会、半熟人社会中的纠纷则不大适宜。可以说,在农村社会,国家所提供的规则之治有时是一种不对路的法律产品,公力救济在乡村社会的适应性不足,需求不大,而

---

〔1〕 参见费孝通:《乡土中国·生育制度》,北京大学出版社1998年版,第24~30页。

司法所主持下的纠纷解决机制有利于实现农民自身利益的最大化。公力救济手段在广大农村具有一定的局限性,以诉讼为例,法院的审判或者调解都在逐渐专业化和格式化,其程式化特征难以被普通农民所接受和运用,农民对它极其陌生。在这种情形下,由司法所运用当地的民间法作为调整当地农民行为的规范,则显得更接地气,也更容易被接受。由此来看,司法所的乡土资源包含了深厚的乡土规范基础。[1]

主观上来看,司法所主导下的纠纷解决机制相对于诉讼来说更贴近农民的私人生活领域。司法所的工作人员大多是土生土长的当地人,即使不是当地人,但长期的生活环境也会对司法所工作人员所采取的评判标准与工作策略产生潜移默化的影响,使其不自觉地向民间法靠拢,进而不自觉地利用这些乡土资源。他们中有些人虽然没有受过专业性的法律教育,但都受到一定程度的文化教育,且他们在农村长期生活,对当地的社会知识有一定的了解。这些工作人员经过适当的法律培训后,再通过具体和多样化案件的积累,可以逐渐培养出一种能够综合运用法律和道德、人情等因素处理复杂纠纷的能力。司法所作为推动乡村地区法治化的代表性机构,在运用一些强制性法律规范的同时,恰当地引入相应的民间乡土资源,这样则更容易被农民所接受,更有助于纠纷的顺利解决。

另外,从组织建设方面来看,2014年我国共有司法所40,801个,其中乡镇司法所32,554个,占全国乡镇建制数的98.97%;2015年全国共有司法所40,746个,其中乡镇所32,346个,占司法所总数的79.38%;截至2016年年底,全国共有司法所40,371个,按设置区域划分,其中乡镇所31,733个,占司法所总数的78.61%,占全国乡镇建制数[2]的99.37%,基本覆盖全国乡镇。[3] 由此可以看出,乡镇司法所扎根乡土之间,具有得天独厚的乡土资源。

从主客观条件的双重作用以及组织建设情况可以看出,司法所所具备

---

〔1〕 参见张嘉夫:《司法所在群体性纠纷解决中功能定位研究》,西南财经大学法学系2013年硕士学位论文,第17~18页。

〔2〕 截至2016年年底,全国乡镇建制数为31,934个,由民政部公布的"2016年4季度全国社会服务统计季报"乡镇数31,755个,以及新疆生产建设兵团司法局提供的乡镇数179个,相加得出。

〔3〕 参见司法部基层工作指导司司法所工作指导处:《2016年度司法所工作发展报告》,2017年5月3日。

的乡土资源[1]使其在乡村生活中的纠纷解决方面更具优势。在此过程中，司法所也成为一种有效的乡村社会治理工具，这不仅有利于弥合现代法律与乡村社会民间习惯的冲突，而且也有助于解决整个乡村社会所面临的冲突。

（三）司法所的特质："相对柔性"

在很大程度上，相对党政机关等单位的权威来说，司法所因其尊重当事人的合意因而具有"柔性"，尤其是在纠纷解决方式方面。如前所述，当前大部分中国农村地区还属于"熟人或半熟人社会"，村民之间彼此熟识，相互之间交往频繁，有些彼此之间甚至还存在错综复杂的血缘关系或亲缘关系。基于此，在面临纠纷时，村民们通常会选择比较柔和的解决手段，尽量避免损害村社成员之间的社会关系，以避免可能带来日后的孤立和麻烦。因此，由乡镇干部主持进行调解仍然是大多数农民解决纠纷的首选方式。

在当前农村社会中，村民在遇到麻烦时通常期望法律救济能够具体、细致和具备可执行性。然而在很多情况下，国家的正式法律规范与农村社会生活的实际并不一致，因此难以满足当事人的要求。在正式制度理念缺乏相应文化土壤的情况下，农村社会成员往往会排斥甚至是抵制这些与本地传统不相容的制度规范，加上农民需要国家法律救济时却没有足够的支付能力，因此，他们一般不会把司法救济作为解决纠纷的首选。在我国的纠纷解决机制中，司法所既具有一定的官方背景与权威性，能够有效督促当事人履行义务，能以平和放松的方式解决争议问题，并且还提供低成本甚至是免费的法律服务，因此较之于公安机关等传统意义上的强力机构更易于被广大群众接受。[2] 这便是司法所的"柔性"之所在。

当然，司法所的"柔性"是相对的，前面已经提到司法所具备的权威性，因为其本身是司法行政机关的派出机构，具备国家公权力的权威供给。单

---

〔1〕 费孝通认为，乡土社会是靠礼治秩序来维持的，如果有官司非打不可，那必然被人们认为破坏了传统的规矩。在乡土社会中生活的各方面，人与人之间的关系都有着一定的规则。行为者对这些规则从小就熟悉，不问理由而认为是当然的。理想的礼治是每个人都自动地守规矩，不必有外在的监督，但如果当事人之间发生了冲突，打官司成了可羞之事，则被认为是教化不够。参见费孝通：《乡土中国·生育制度》，北京大学出版社1998年版，第54～58页。

〔2〕 参见左卫民、马静华：《论派出所解决纠纷的机制——以一个城市派出所为例的研究》，载《法学》2004年第9期。

纯的人民调解工作处理纠纷的范围有限,通常难以处理大额、复杂案件和争议比较大的案件,而且人民调解组织权威性较弱,鉴于此,普通调解的作用就更有限。所以可以看出,司法所处理纠纷时所具有的权威性介于国家强力机构和民间调解之间,其所体现出的"相对柔性",便是其在纠纷解决中的独特优势。[1]

(四)司法所的功能设定

改革开放以来,国家颁布的法律法规逐步在农村社会普及实施。在农村社会发展和法治建设的过程中,"送法下乡"和依法行政成为法律向乡村社会渗透的重要途径。在此过程中,司法所发挥着不可替代的作用。

基层司法所在起源上带有国家背景下的法治化色彩,在其功能上也不可避免地为法治化服务,从司法所的职能上可以看出国家对司法所的角色定位和功能期待。司法部出台的《关于创建规范化司法所工作的意见》(司发通〔2004〕27号)《关于进一步加强乡镇司法所建设的意见》(司发〔2009〕7号)《关于加强司法所规范化建设的意见》(司发〔2009〕19号)等文件明确规定了司法所的九项职能,[2]从职能(1)(7)(8)(9)可以看出国家赋予司法所疏导、防范的职责,并通过法律服务、法律保障职能参与社会治安综合治理,通过法律来维护乡土社会秩序;职能(2)(3)(5)反映了国家希望司法所通过法律援助实现对贫弱群体的法律救济,通过对违法犯罪者进行安置帮教使他们回归社会、以实现与社会的重新融合,通过对违法犯罪分子进行社区矫正、以纠正其错误意识和行为恶习等;职能(4)(6)反映出司法所承担着指导和监督对基层政府依法行政,对乡民进行普法宣传,提升乡村法治观念,营造法律文化氛围的任务。简言之,司法所肩负着"送法下乡"、推动农村法治化、将乡土社会纳入国家法治体系的政治任务。

在当前社会转型时期,在面对传统文化与现代理念之间的冲突等重要问题时,农村矛盾纠纷解决机制的构建则显得尤为重要。矛盾纠纷的化解

---

〔1〕 参见张嘉夫:《司法所在群体性纠纷解决中功能定位研究》,西南财经大学法学系2013年硕士学位论文,第19页。

〔2〕 司法部文件赋予司法所的9项职能为:(1)指导管理人民调解工作,参与调解疑难、复杂民间纠纷;(2)承担社区矫正工作;(3)指导基层法律服务工作,组织开展法律援助工作;(4)组织开展法制宣传教育工作;(5)协调对刑释解教人员的安置和教育工作;(6)对人民政府依法行政发挥着指导和监管作用;(7)协助基层政府处理社会矛盾纠纷;(8)参与社会治安综合治理工作;(9)完成上级司法行政机关和乡镇党委政府交办的维稳工作。

是乡村治理工作的重点和难点,也是维护社会稳定、保持社会和谐的前提,而调解无疑是乡村基层矛盾得以化解的重要方式与有效途径。司法所作为基层司法行政机关,立足于基层社会,游走在国家与社会之间,在解决纠纷、化解矛盾方面具有无可比拟的优势。

司法所参与纠纷调解工作是对司法制度的有力补充。一方面,司法所在法院受理之前分流了部分纠纷案件,可以极大地减轻法院面临的诉讼压力;另一方面,司法所根植基层,对矛盾了解得更清楚,其纠纷处置方式更灵活有效,能够将矛盾尽快有效化解,而不至于产生更大的社会风险。相较于法院调解、行政调解、仲裁调解而言,司法所调解合意性最强,无论在实体方面还是程序方面,无论在启动上还是结果上,都需要双方当事人的合意。[1]由于司法制度具有局限性,必须通过合意来弥补法律程序正当化机制的漏洞。而且,司法所在调解的过程中,更加注重结合案件实际,只要当事人达成合意且不违反法律的强制性规定,解决方案可以由当事人任意选择。由此可见,通过加强司法所的纠纷化解功能,可以有效弥补诉讼过程中所存在的一些局限,有利于社会矛盾的化解。司法所在调解纠纷时,没有强制执行力,与此相伴的是没有繁杂的程序,这意味着当事人若选择司法所进行调解,不仅成本低廉,而且可以方便快速地解决矛盾纠纷。比如,司法所在一些小额、简单的纠纷或者涉及家庭、邻里等关系情感型纠纷中为当事人提供了低成本的选择空间。而且在以血缘、亲缘和地缘为纽带的乡土社会中,群众更倾向于选择此类纠纷解决机制。[2] 在乡村治理现代化和国家法治化建设的进程中,司法所成为政府与民众沟通的机构平台。民众可以通过司法所向政府表达诉求,政府也可以通过司法所对民众进行法律和政策宣传

---

〔1〕 棚濑孝雄为审判外调解过程提供了“二重获得合意”的理论框架,即合意不仅是解决纠纷的终点问题,也是处理纠纷的起点问题。合意可以被划分为实体性合意与程序性合意。由此,季卫东认为,在调解方式的启动和纠纷处理的结果这两个方面都要取得当事人的一致同意,否则就失去了调解的价值。参见季卫东:《当事人在法院内外的地位和作用》,载[日]棚濑孝雄:《纠纷的解决和审判制度》,王亚新译,中国政法大学出版社2004年版,代译序部分。另外,谷口安平也提出,调解在一方当事人不情愿的情况下不可能达到解决纠纷的效果,而诉讼的成立则不需要当事人的同意或以他们的合意为前提。参见[日]谷口安平:《程序的正义与诉讼》,王亚新、刘荣军译,中国政法大学出版社2002年版,第44页。

〔2〕 参见顾培东:《社会冲突和诉讼机制》(修订版),法律出版社2004年版,第35~39页。

来传达自身的态度。[1] 这样一个纠纷解决机制所创造出来的历史价值对维持稳定的社会关系和社会秩序、减少两者的对抗、减少纠纷的风险是非常宝贵的,并且司法所对当事人和社会所起到的作用也并非是短期的,而是具有长期效用的。

城乡流动性加剧使得村落共同体建构受到严峻挑战,后乡土中国背景下"礼治秩序"走向解体、乡村治理理念滞后、基层治理能力低下、"压力型体制"下村民公共需求遭到忽视、农村矛盾纠纷日益增多等一系列问题,都反映出当前乡村治理机制与快速发展的农村社会现实日益脱节,乡村治理模式亟待重构。在此情形下,作为乡村社会纠纷解决第一道防线的司法所,其职能也未得以良好运行。人力资源的短缺、物质资源的匮乏使司法所没有能力完成纠纷调解、社区矫正、法律服务等本职工作,进而导致司法所的众多职能形同虚设。现如今,唯有立足于快速发展的农村社会现实,对以往关于司法所的相关制度和政策予以重新审视,认真对待乡村社会治理以及司法所自身功能,方能实现党的十九大报告提出的"乡村振兴战略",也才能尽快形成城乡一体的现代社会治理体制。

二、功能运行:司法所功能发挥的现实运作

(一)乡镇司法所所处的社会场域

布迪厄指出,"场域是以各种社会关系为基础连接起来的社会领域或场合……其本质是这些社会构成要素之间的互动关系"。[2] 乡镇司法所与其所处的社会场域紧密联系,司法所在推动其所在的社会场域发生某种改变的同时,这一社会场域也必然会深刻影响司法所自身的运行逻辑。在乡村社会治理中,司法所在乡土社会各种关系中如何运行自身职能,与乡土社会各要素之间如何互动,构成司法所所处的社会场域。文章接下来将以洪山镇司法所为例,分析其在职能运行过程中与乡镇党政机关、其他纠纷解决机构等机构之间的关系互动。

1. 司法所与乡镇党政机关的关系

乡镇司法所作为司法行政系统中的最基层组织,直接隶属于其所在县

[1] 参见张嘉夫:《司法所在群体性纠纷解决中功能定位研究》,西南财经大学法学系2013年硕士学位论文,第20页。

[2] [法]布迪厄、[美]华康德:《实践与反思——反思社会学导引》,李猛、李康译,中央编译出版社1998年版,第21页。

(区)的司法局,是基层政法组织的重要组成部分;同时,司法所受当地党委政府的领导。这种双重领导体制塑造了乡镇司法所工作人员的两种不同角色——司法人员与乡镇政府行政人员,由此也决定了司法所必须处理好其自身与司法局和当地政府两者之间的关系,必须学会在"夹缝"中求生存。从洪山镇司法所的实践运行来看,由于上级司法行政机关没有给予司法所足够经费支持,司法所只得向镇政府靠拢以寻求资金支持,因此,其职能运行也主要是围绕乡镇党委政府的维稳工作而展开。比如,司法所要定期向镇政府汇报工作情况,并接受政府所分配的工作任务,在纠纷解决中,司法所的工作目标要与镇政府的社会综合治理、维稳等工作导向保持一致。从基础设施与队伍方面来看,洪山镇司法所与镇政府综合治理办公室、镇信访办公室共用一个办公场所,司法所所长由镇综治办、信访办主任同时兼任,司法所的工作人员同时也是综治办、信访办的成员,即"三块牌子、一套人马"。因此,在实践中司法所并不能完全依据其自身职能独立自主地开展工作,而往往成为基层政府履行职能和责任转移的重要工具。[1] 由于人事、财务的不独立,乡镇司法所在履行职能的过程中,不得不依赖和听命于乡镇党政机关。在司法实践中,信访数量一直居高不下,相对于庞大的信访数量来说,信访成功的案例也仅是其中极小的一部分。[2] 而此时,乡镇司法所,无论在职能运作、资源配置还是纠纷解决等方面都具备乡镇综治、信访职能,又具备成为未来解决民事纠纷机构的可能性。

2. 司法所与其他纠纷调解机构的关系

范愉认为基层法院及其派出法庭、司法所、法律服务所、人民调解组织一起构成了整体的乡村司法系统。[3] 而这些纠纷解决机构之间又有所区别。一是司法所与法律服务所的关系。从收入和财务上来看,根据司法部下发的《基层法律服务机构脱钩改制实施意见》(司发通〔2000〕134 号)以及《基层法律服务所管理办法》(2000 年 3 月 31 日司法部令第 59 号颁布,2017 年 12 月 25 日司法部令第 137 号修订)的相关规定,法律服务所应逐步转变成为自收自支的法律服务中介组织,按照事业法人体制进行运作,并独

---

〔1〕 参见牟军、牛文欢:《乡镇司法所纠纷解决的实践与机制建构》,载《思想战线》2015 年第 6 期。

〔2〕 参见陈柏峰:《调解、实践与经验研究——对调解研究的一个述评》,载《清华法律评论》(第 2 卷第 1 辑),清华大学出版社 2007 年版,第 138 ~ 152 页。

〔3〕 参见范愉:《纠纷解决的理论与实践》,清华大学出版社 2007 年版,第 389 页。

立承担民事责任。从人事关系上来看,(洪山镇)法律服务所共有4人,都是与司法所签订合同的法律服务者,非司法所人员,与司法所无人事关系。从业务关系来看,司法所对法律服务所是一种指导、管理、监督的关系。基层法律服务所在乡村司法中发挥着不可替代的作用,主要为居民、经济组织提供代理诉讼、法律咨询以及调解纠纷、代书和解协议书等法律文书等服务。比如,洪山镇法律服务所2016年的法律服务业务主要包括邻里纠纷、林地承包、交通事故赔偿、医疗纠纷赔偿等,洪山镇法律服务所为保证其调解协议书等文书具有信服力,每一份文书都盖有司法所的印章。如此,可以说乡镇司法所与法律服务所之间存在"一种共生现象",一方面,乡镇司法所依赖于法律服务所和基层法律服务工作者为其提供帮助和服务;另一方面,基层法律服务工作者和法律服务所也从司法所中得到了某种回报。比如这些基层法律服务工作者略带一定官方色彩的身份使他们在乡村社会中具有了一定的权威,至少提高了当地村民的某种认同感;同时这种身份对他们的案源增加和执业竞争力提高也大有裨益。[1] 二是司法所与人民调解委员会的关系。洪山镇司法所与镇人民调解委员会实际上是"两块牌子、一套人马"。在洪山镇司法所中,所长同时兼任洪山镇人民调解委员会主任,是由镇政府中年龄较长的行政干部担任,具有多年工作经验,对纠纷的焦点把握准确,能妥善处理矛盾,又在民众心目之中具有威信,能取得双方当事人的信任。

3. 司法所与派出所、派出人民法庭的关系

乡镇司法所与乡镇派出所同时作为乡村基层政法组织的重要组成部分,二者之间有密切的关系,它们在工作职能和工作方式上存在一定的交叉、重叠。然而,在当前转型期的乡村社会,社会关系的复杂性和利益诉求的不断变化导致矛盾纠纷的内容和形式也日益复杂多样,法律规范的不完备、派出所执法的"刚性"以及民警的专业知识有限等因素使派出所主持下的纠纷化解的难度不断加大。与司法所相比,派出人民法庭在纠纷解决上过于程式化,法官在案件处理中居于主导地位,控制着案件处理的过程。再加上诉讼过程的期间较长,花费人力、财力较多,且派出人民法庭在解决纠纷时,采用的主要规范是民众生疏的专业法律,民众即使在法官主持下调解

---

〔1〕 参见王亚新、邓轶:《农村法律服务实证研究》(续),载《清华法学》2009年第1期。

成功,如果没有从内心服从,也有上访闹访的可能。[1] 相较派出所和派出人民法庭,司法所呈现"相对柔性"。[2]

(二)司法所功能发挥的实际运作过程

司法所从诞生到发展壮大的过程是国家权力以法治为载体渗透乡村社会的过程。[3] 与乡镇派出所和派出法庭一样,乡镇司法所亦是维护乡村社会稳定的重要力量,通常被誉为"社会稳定的第一道防线"。[4] 司法所的设置实质上是我国国家权力在乡土社会中的制度安排,它不仅运用法律专业技术定分止争,而且还运用日常生活的权利技术,架构起现代法治的理性与乡村生活的感性之间的桥梁。并且,司法所所承担的纠纷调解、法治宣传、社区矫正、参与社会治安综合治理等任务量逐年增加,在乡村社会治理中发挥着不可替代的作用。

1. 功能运作之一:纠纷化解

随着经济社会的加剧转型,近年来,农村的矛盾纠纷日益增多,各类新老矛盾交织重叠,逐渐呈现多样化、复杂化的特征。以笔者所调研的洪山镇为例,纠纷类型已由过去传统的婚姻家庭纠纷、邻里纠纷扩展到村民的日常生产、生活、经营交易等各个层面(见图1),并且多种类型的矛盾纠纷纷繁交错,解决起来尤为困难。因此,随着城镇化进程的不断推进,传统的矛盾解决方式已经不足以满足乡村社会秩序整合的新需求,但通过发挥乡镇司法所在纠纷解决中的优势,如整合与指导乡村各种纠纷调解组织(见表1),将其纠纷化解功能发挥至最大,这不失为一种应对乡村社会生活秩序结构发生变化的现实选择。[5]

---

〔1〕 参见顾培东:《社会冲突和诉讼机制》(修订版),法律出版社2004年版,第35~39页。

〔2〕 参见刘福元:《政府柔性执法的制度规范建构》,法律出版社2012年版,第121页。

〔3〕 关于国家权力向农村社会渗透的思想可参见杜赞奇:《文化、权力与国家:1900~1942年的华北农村》,王福明译,江苏人民出版社1994年版。同时,宋明认为国家权力融入基层社会是通过纠纷化解组织进入社会,并利用其发挥其国家治理的作用。参见宋明:《人民调解纠纷解决机制的法社会学研究》,中国政法大学出版社2013年版,第107页。

〔4〕 杨瑞:《乡镇司法所调解程序诉讼化之反思——以湖北省若干乡镇司法所为样本的分析》,载《法学评论》2014年第5期。

〔5〕 参见张勤:《当代中国基层调解研究——以潮汕地区为例》,中国政法大学出版社2012年版,第92页。

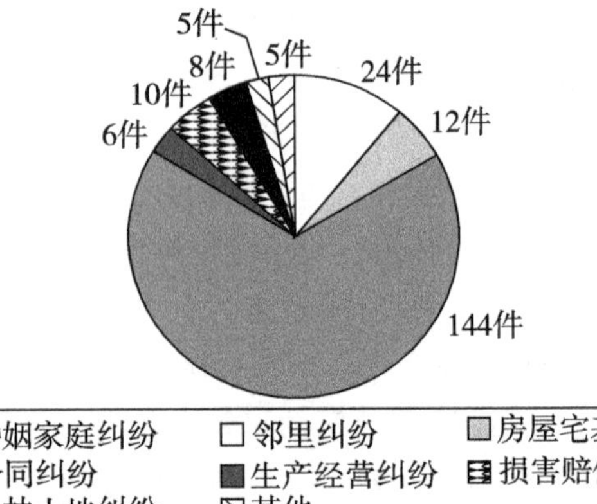

图 1　2016 年洪山镇司法所纠纷调解涵盖领域

表 1　洪山镇司法所管理和指导下的人民调解组织设立情况　　单位:个

分布	调委会总数	村调委会数	居调委会数	乡镇调委会数	街道调委会数	交通事故调解组织数	医疗纠纷调解组织数	设在法院调解组织数	设在检察机关调解组织数	设在公安派出所调解组织数	设在信访部门调解组织数
数量	40	31	3	1	0	1	1	1	0	1	1

在国家法律与民间规范之间仍然存在距离感的情况下,人民群众的诉求数量和种类与日俱增,所需要的纠纷化解机构也越来越多。将增加的调解组织置于司法所的管理和指导之下,是一个良好的选择。首先,司法所将法治与乡土资源相结合,契合了被调解对象的内心需求,更容易促成调解的达成。其次,司法所调解的数量,呈现逐年递增的趋势(见图 2),也可以证明司法所在参与乡村治理,尤其是在化解乡村社会纠纷中,具有不可替代的优势。

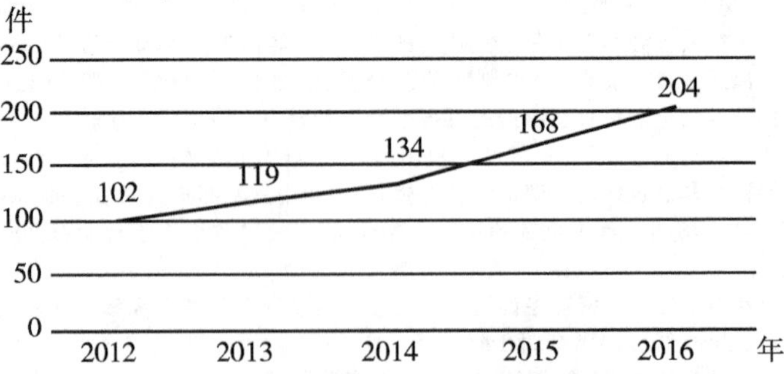

图 2　2012～2016 年洪山镇司法所纠纷调解数量情况

从2012年至2016年,洪山镇司法所受理调解的民事纠纷案件数量逐年增加,调解数量高达727件,大部分最终都能解决。通过查看洪山镇司法所的案卷材料得知,该所在调解纠纷时,通常会联合综治办及包村行政干部,在周所长的主持下,共同处理,具有较高的权威性和说服力。具体过程如下:首先,调解前要求双方当事人能心平气和地坐下来解决问题,并具体阐述纠纷事实,包括行为、原因、利益焦点等。其次,在调解时询问双方能够接受的心理价位,对于无法准确表达的请求,周所长会运用自己的经验将其明晰化。据调研发现,在调解的过程中,最重要的是需要纠纷当事人对调解者抱以充分的信任。基于此,洪山镇司法所一般安排年长的工作人员担任调解员,因为"这些年长者饱经沧桑,对人生和社会有较多的和较深的理解,因此能很好利用他们的经验和知识来解决社会纠纷"。〔1〕比如,在一起邻里纠纷案中,张某与黄某因邻里矛盾致使双方发生冲突,导致黄某死亡,双方申请司法所进行调解,但在前两次调解中因赔偿金额一直未能达成一致意见,致使调解久拖不决。司法所周所长带着调解人员和包村干部去了双方家里了解情况,鉴于黄某家里既有年迈的老人需要赡养,还有小孩在上学,周所长和包村干部采用当事人容易接受的语言、词汇进行调解,极力地向张某家里说明黄某的情况,同时也向黄某的亲属说明张某的情况。最终,在司法所的主持下,双方自愿达成调解协议。在这次司法所的调解中,周所长得到了双方当事人的信任,并鼓励当事方"做出不同程度的反省、认同其被压抑的情感,使当事人关注于对方的感受,促进调解的达成"。〔2〕

笔者通过查阅洪山镇司法所的调解记录,不仅了解到洪山镇主要的纠纷调解类型,调解工作的进程,还认识到法治化对于司法所的影响。首先,在形式上,无论是当事人主动寻求司法所帮助还是司法所上门调解,周所长

---

〔1〕 苏力:《法治及其本土资源》,北京大学出版社2015年版,第141页。

〔2〕 The thirdphase of the mediation sees the two mediators attempting to define the common ground... The mediator probes for very specific kinds of information... At regular intervals, the mediator sums up discussions with phrases... After a great deal of negotiation, the mediator offers this summary... This sets the stage for further confrontations, which the mediator eventually halts by saying that the "main" issue at hand is different perceptions of "time"... Now the mediator feels he is able to clarify the dispute, suggesting that the "common understanding"... reach an "agreement." G. Pavlich, "The Power of Community Mediation: Government and Formation of Self-Identity", *Law and Society Review*, Vol. 30, No. 4, 1996, pp. 718 – 721.

都会在笔记本上按照“时间、地点、记录人—当事人基本信息—基本事实、理由—请求”的格式记录下接访信息,类似于法院诉讼申请的登记备案;司法所在进行调解时,将调解过程通过书面形式加以固定,详细记录了调解的次序、参与人员、双方举出的事实以及列举的证据、每次调解认定的事实证据以及是否达成调解方案等,由此形成的调解笔录由双方当事人签字并加盖手印,并在调解完成之后整理归档,以防止当事人反悔及以备上级主管机关查看、考核。这是符合法治“格式化”特征的。其次,在调解实质内容上,司法所将法律劝解与道德话语相连接,将国家权威和地方性知识结合使用。一方面,司法所是国家权威在乡土社会的代言人,具有威信,其纠纷处理结果具有约束力。另一方面,司法所在调解纠纷时,联合综治干部和村干部,同时周所长本人又是包村干部。如此,司法所在调解中既象征国家权威,又代表乡土权威,对当事人的纠纷较为熟悉,在调解的过程中运用具有地方特色的语言、[1]技术、手段、[2]知识及协议,司法所调解充分体谅了“乡土人”的“乡土性”,满足了在熟人社会中乡民对实体正义的需求。这种纠纷处理方式虽然与国家法律话语体系之间存在差异,但其无论在纠纷化解的效果上,还是在改善当事人的关系上都具有独特的优势,这在一定程度上缓解了“案了事不了”的局面。

2. 功能运作之二:社区矫正

刑罚的目的是将社会人格不完善、不能正常进行社会生活的犯罪人再社会化,这已成为现代社会的共识。通过社区矫正的方式对轻微犯罪人进行惩教,不会使其与社会隔离,也不会削弱其与社会的联系,更不会使其产生对社会的不适应,相反,这对其再社会化具有十分重要的意义。在社区矫正工作中,司法所作为执行机关,肩负着对矫正对象进行感化教育并使之重新融入社会的重任。犯罪人被置于社区中,并未与社会脱离,所以改造完成时与社会难以融入的问题大大减少。同时,司法所所从事的社区矫正工作有助于教育和感化被矫正人员,发挥法律的教化功能,有助于矫正对象提高

---

〔1〕 民间语言习惯作为根植于农村土壤之上,在农村社会生活中产生,成为农民的值观念和行为规范,“有着确立的行为预期,维护个体间合作,捍卫群体价值和信念等重要功能。”参见[美]昂格尔:《现代社会中的法律》,吴玉章等译,中国政法大学出版社1994年版,第224页。

〔2〕 如在下乡调解中,司法所工作人员会让村干部陪同,寻求网络帮助,避免因“孤军深入”而可能引起的新的纷争。

法律意识、有效避免再次犯罪,从而维护社会稳定,促进乡村社会的良性发展。以笔者所在的洪山镇为例,自2012年《社区矫正实施办法》施行以来,洪山镇司法所成为该镇社区矫正工作的执行机关。在社区矫正工作中,该所对社区服刑人员进行日常管理、培训教育、心理矫正等,在矫正期间,取得无一人脱管、无一人漏管、再犯率为零的良好成效(见表2)。

表2 2012~2016年洪山镇社区司法所矫正再犯罪情况[1] 单位:人

年份	2012年	2013年	2014年	2015年	2016年
社区矫正在册人数	30	32	35	34	36
再犯罪率	0	0	0	0	0

另外,据洪山镇司法所的社区矫正档案显示,自2012年以来,该所对社区矫正对象建立了个人档案,基本做到了一人一档。这些档案采用标准格式记录,比如,矫正对象每周到司法所报到并进行身份识别以及提交手写思想报告情况,矫正对象每月参加8小时社区公益劳动的情况。矫正期间,离开规定范围是否依规请假、销假的情况,矫正对象参与集中学习的情况等都要进行记录。此外,洪山镇司法所还对矫正对象开展各种形式的教育(见表3),如不定期了解矫正对象的心理状态,结合其犯罪原因对其进行谈话教育,必要时允许其监护人或其近亲属参与。司法所通过这些方式敦促矫正对象学习法律知识、增强法律意识,培养他们为他人服务、为社会服务的意识,以试图真正达到教育改造之目的。

表3 2016年洪山镇司法所社区矫正工作开展情况

	季度	第一季度	第二季度	第三季度	第四季度
分项目	组织集中教育(人次)	47	40	48	55
	进行社区服务(人次)	50	57	59	65
	个别谈话教育(人次)	40	33	34	41
	进行走访教育(人次)	9	3	3	4
	进行心理辅导(人次)	7	2	3	8
	进行风险评估(人次)	3	0	1	1

〔1〕 该组数据根据湖北省随州市洪山镇司法所档案材料整理而得。

续表

	季度	第一季度	第二季度	第三季度	第四季度
累计项目	累计警告数	2			
	累计治安处罚数	0			
	累计再犯罪数	0			
	累计接受社区矫正人员数	36			
	累计解除社区矫正人员数	11			

3.功能运作之三:法治宣传

党的十八届四中全会提出要"全面依法治国,建设社会主义法治国家",但中国法治建设的重点、难点在农村。基于此,为了使法治化的目标在农村实现,必须通过法治宣传的方式来提高村民的法治意识,进而实现依法办事、依法维权,逐渐改变村民"权本位""官本位"的落后思想。在农村进行法治宣传教育离不开乡镇司法所的参与,离不开其乡土化的治理能力。作为参与乡村治理的重要主体之一,司法所肩负宣扬法律和法治文化的重任,这对乡村社会中农民的法治理念、法治思维和法治精神的培育具有重大意义。

据洪山镇司法所关于法治宣传工作的资料显示,该所为加强农村法治宣传教育,联合镇政府各部门开展法治进乡村活动。首先向村支书、村主任等工作人员进行法治宣传,使他们将熟悉的乡土生活知识与法律知识结合起来,提高处理纠纷矛盾的能力;使他们能够从村民的生活实际出发,选择有利于处理问题的语言、氛围、场合和方式,让法律在解决每一个个案过程中深入民心。唯有如此,村民才会从心底相信法律是公正的、可靠的,接着由村干部在村里普法,随后在村干部的帮助下,再由司法所到各村进行法治宣传,比如在每个村设置法治宣传栏。洪山镇司法所联合镇普法办每季度召开一次普法宣传广播会,利用"12·4"法制宣传日、"3·15"消费者权益保护日以及其他重大活动日,组织土管、村建、计生、农业、民政、环保、公安、司法、综治等部门,设立法律服务咨询台,在街道中心、人口聚集区张贴悬挂横幅标语,印发各类法律法规宣传材料,广泛进行宣传,而镇属各部门则向农民赠送普法资料,并结合实际向农村群众普及法律知识。在普法过程中,司法所工作人员通过选取典型案件,组织村民旁听,并结合案件向村民宣传法律知识,采用理性教育与感性教育相结合、法治启蒙与行为教育相结合的方式来实施普法宣传,力图使法律逐渐内化于村民的言行中。洪山镇司法所进行法治宣传时,突出对在校青少年学生和农民工的法治教育,充分利用宣传栏、黑板报、广播、观看视频等方式向学生宣传与之相关的法律法规。此外,洪山镇司法所还通过编制农家普法教育手册,并突出重点时段(如在每年春节前后),以案释法、用身边发生之事来教育农民工。5 年来,洪山镇先后设立法制宣传咨询台 15 场次,印发各类宣传资料 3 万余份,在一定程度上促进了法律及法治文化在农村的传播。然而,由于司法所人员编制有限、资金匮乏,工作人员的专业化程度较低、了解法律知识有限,因此,司法所所承担的法治宣传工作极为有限,这使乡村社会距离法治社会建设的目标还相当遥远。

4. 功能运作之四:法律服务

随着市场经济对农村社会的冲击,乡村传统的社会结构与生活方式逐渐被改变,人们的价值观念、行为方式等都发生了巨大变化,尤其表现为村民的权利观念增强、敢于表达自身的利益诉求,这就需要提供及时、有效的法律服务。司法所的法律服务功能在于,对农村社会出现的各种纠纷提供法律咨询和法律援助。据洪山镇司法所法律服务工作的档案资料显示,洪山镇司法所联合法律服务所开展“法律援助进乡村”活动,为广大村民提供及时有效的法律援助和咨询,为需要寻求法律服务而又无力支付诉讼费用的村民免费提供法律援助。这在某种程度上保护了村民的合法权益,同时也起到了法治宣传的效果。虽然司法部要求司法所与基层法律服务所相分离,但司法所对法律服务所具有管理、监督和业务指导的职能,同时法律服务所也承担着司法所分配下来的法律援助工作,以及司法所也经常通过各种方式直接参与一些法律服务。而且当前在很多地区,乡镇司法所与法律服务所仍然是“合二为一”的,实行“两块牌子,一套人马”。基于此,司法所所承担的法律服务功能,对维护农民合法权益、减少和解决各种矛盾纠纷、维护社会稳定、营造稳定的社会环境发挥着不可或缺的作用。不过,在实际工作中,由于资金有限,加上司法所和法律服务所的工作人员缺乏系统的法学教育,事实上,二者在法律服务方面的工作能力和水准都有待进一步提高。

5. 功能运作之五:社会治安综合治理

社会治安综合治理作为国家治理体系和治理能力现代化在社会领域的

重要投射,其治理能力的扎实提升及治理体系、制度规范、机制建设、路径探索的现代化、法治化,是维护社会稳定,增强公众安全感、幸福感的有效途径。[1] 党的十八届三中全会明确提出"推进国家治理体系和治理能力现代化"的目标,执政党把国家治理体系和治理能力与现代化目标联系起来,揭示了现代化与国家治理之间的内在联系。现代化离不开国家治理,而乡村治理作为现代社会多层治理结构中的重要一环,在国家治理体系中扮演重要角色。在现行体制下,乡村治理更多的是以社会治安综合治理的形式呈现。司法所肩负着社会治安综合治理的重任,在综合治理的大背景下,是参与乡村治理的重要力量。

首先,司法所在乡村社会实施法治宣传,是法治化进程的重要一环,对提高村民的权利意识及形成依法办事的观念具有重要影响,为乡村治理奠定了社会基础。其次,司法所负有指导和监督乡镇政府依法行政的职责。司法所的工作人员可以充当乡镇党委政府的法律顾问,对其日常工作进行合法性审查,协助基层政府处理矛盾纠纷,从而促进乡村社会的法治化建设。再次,司法所积极参与乡党委政府的维稳工作,为村民提供法律帮助,减少闹访、上访事件,从而为党委政府分忧。尤其是在重要的节假日或党代会、"两会"召开等重大政治活动期间,协助党委政府"维稳"就成为司法所的头等政治任务。2017年党的十九大召开期间,洪山镇成立了以镇党委书记任组长,党委副书记、司法所所长任副组长,综治、信访及各村书记为成员的去市赴省进京上访劝返处置工作领导小组,制定完善了去市赴省进京上访劝返处置工作预案及处置突发性事件工作预案,严格值班制度,明确责任到人,保障信息畅通,确保会议期间维稳工作顺利开展。在此期间,司法所(镇综治办)牵头建立了稳控专班,化解信访积案,严防死守越级上访事件。司法所所长在村(居)委会基层干部的陪同下,带领综治办和司法所工作人员对各村(居)纠纷隐患进行排查,村(居)委会与重点人员"一天三见面",镇信访办(司法所)每日报送维稳信息。包村干部和包保责任人采用电话、见面等多种形式了解包保对象思想动态等,做到针对重点人员设立的稳控专班和应急专班随时待命。由此可见,司法所在现实的"生存压力"下,为了寻求维持自身生存与发展所需的资源,不得不依赖于以"维稳"为显著特征的社会综合治理工作,并在其中以争当先锋的角色来扩展自己的活动空

[1] 参见肖金明:《社会治安综合治理法治化研究》,山东大学出版社2015年版,第19页。

间和影响力，进而表现出其自身存在的必要性。

三、功能叠加与失灵：司法所功能发挥中的现实困境

任何一种权利都应当从微观层面和权利运作的末梢进行考察。考察国家权力应当看到权力的末梢，即基层社会中村民与国家权力的代表如何相处以及国家权力的代表如何对待乡土村民，而非仅停留于纸上文字。而司法所就是一个独到的视角。作为中国司法行政系统在乡镇机关的权力末梢，作为国家法治实践的权力末梢，司法所处于法治在乡土社会实施的最前沿，处于法律与民间传统冲突的最前沿，同时面临法治要求的格式化与乡土生活的非格式化压力。随着依法治国方略的贯彻执行，法治观念逐步深入人心，大量工作在以乡村为主的地区展开，只有在这里，我们才能真正了解权力是如何运行的。

（一）制度的形式化

应当看到，当下中国法律实践中存在一个尴尬而又无奈的事实：制度的表达与实践相互分离，从而造成了制度的“虚无化”现象。[1] 这在现实中主要体现为一些法律制度虽然已经出台，但在实践中却往往流于形式。以司法行政领域为例，在一系列与司法所相关的规范性文件[2]出台后，司法所职能已经实现了制度化，具有了正式的法律地位和法律所规定的形式化外观。然而，具备了法律所规定的外观，并不意味着已经践行了法律文本的实质性内涵，司法所职能的实际运行状态与制度设计状态之间仍然存在偏离，即司法所在某种程度上是徒有其名而不具其实。[3] 虽然司法所在制度设计上是司法局在基层的代表，但是前者并没有获得后者相应的支持。在业务方面，上级司法机关并未对司法所进行相关的业务培训，以及实质性监督与管理，日常管理只是流于形式。司法局没有认识到司法所工作的重要性，只是依照相关规定，在乡镇一级设置司法所，而不管司法所是否实际发

---

〔1〕 参见刘世定、孙立平：《作为制度运作和制度变迁方式的变通》，载《中国社会科学季刊》（冬季卷）1997年版。

〔2〕 如《关于创建规范化司法所工作的意见》（司发通〔2004〕27号）、《司法部关于加强司法行政基层建设的意见》（司发〔2005〕11号）、《关于进一步加强司法所建设的意见》（司发〔2006〕10号）、《司法部关于进一步加强乡镇司法所建设的意见》（司发〔2009〕7号）、《关于加强司法所规范化建设的意见》（司发〔2009〕19号）、《关于进一步加强乡镇司法所建设的意见》（司发通〔2014〕71号）。

〔3〕 参见李婷婷：《社会治理视域下的人民调解》，人民出版社2014年版，第137页。

挥了应有的作用。在物力、财力方面,司法局也并未给予支持,导致司法所的工作重心不得不与乡镇政府领导的重视程度紧密挂钩,结果是司法所自身固有的工作无法开展,失去了独立性。在人员编制方面,司法局为减轻自身负担,要求各乡镇司法所自己解决人员编制问题,导致司法所的工作人员大多由乡镇政府的行政人员兼任。在此情形下,司法所工作人员不仅要完成司法所的本职工作,同时还要承担乡镇政府的工作职责,使司法所承担的任务叠加在一起。乡镇党政机关的权力覆盖基层司法行政机关的部分权力,使司法所部分权力流失,导致法治进入乡村社会治理遭遇阻碍。

司法所在履行职能的过程中,虽然有一系列规范性文件作为支撑,但司法所为了求得生存或者说为了能够顺利完成职能任务,不得不依赖于乡镇党委政府,造成自身职能边界的模糊与含混。另外,由乡镇党政干部兼任的司法所工作人员,他们更熟悉行政事务,加上利益、行政导向,通常会优先处理乡镇政府的事务,而忽视了司法所的职能履行。以洪山镇为例,司法所与镇政府综治办、信访办联合办公,司法所所长是由综治办、信访办主任兼任,在应当由司法所身份出现的场合,周所长考虑在先的仍然是避免越级上访等乡镇事务,而非考虑司法所的法律服务功能。这造成司法所在职能履行中的缺位、越位、错位现象严重。

司法所在职能履行中与其他部门的衔接与配合不到位,尤其体现在社区矫正工作方面。由于人、财、物的匮乏,司法所无力独自承担社区矫正工作,而又未能与法院、公安机关做到有效衔接与配合,从而导致社区矫正制度的落实流于形式。司法所对社区矫正对象进行矫正时常常出现内容雷同、方法单一的现象,忽略了矫正对象受教育程度、经济水平以及犯罪原因的差异问题,使矫正活动流于表面化、形式化。这不仅没有在实质上对矫正对象进行惩教与改造,也没有起到预防犯罪和维护社会秩序的作用,同时也降低了社区矫正制度实际功效的发挥。

最后,制度的实施总是需要考核机制予以监督的,然而司法行政部门对基层司法所的考核评估机制滞后且流于形式化,造成了有制度规定却无制度监督的尴尬现象。对于司法所的日常管理,司法局只靠定期或不定期下乡查看以及以一些书面材料为依据的考核来进行,这使司法所工作人员不得不把精力放在书面材料的编写和整理上,从而导致其日常工作滞后。通过洪山镇司法所的档案材料可以看出,洪山镇司法所每年的量化评比名次比较靠前,考核表显示该所每年都完成了很多工作,但从历年档案材料的对比中,可以发现该所每年的书面评比材料大同小异,每年完成的工作也大致相同,而且将综治和信访方面的业绩也都填写到司法行政机关的考核评比材料中。可见,司法所并没有分清其与政府综治、信访部门的工作职责,无论是上访的还是寻求司法所救济的,都被强加到司法所的职能范围内。由此可见,当前在司法行政系统中虽然对基层单位的绩效管理实现了量化,但由于执行和督导机制的不完善,考核结果并没有得到很好的运用,年终考核名次也并没有起到奖勤罚懒的作用。基层司法所考核评估制度的滞后与形式化,使基层司法行政的总体效能无法得到充分发挥。

(二)职能"失范"

1. 纠纷调解低迷

随着市场经济体制的确立和法治的逐步完善,传统调解所依托的社会条件正在发生变化,正是在这种背景下,司法所主导下的纠纷化解机制出现了明显的功能弱化。根据司法部基层工作指导司司法所工作指导处所公布的信息,从 2012 年至 2016 年,司法所每年参与民间纠纷调解人均案件数为 4 件至 5 件,洪山镇司法所也未能避免这种"低迷"状态,人均调解数为 3 件至 5 件。经过实地调研考察发现,司法所主导下的纠纷调解机制在实践运行中存在诸多障碍。

首先,从调解的依据上来看,国家法与民间知识规范之间仍然存在距离感。乡土社会有自己的运行逻辑,法律即使有国家权力的支持,但作为乡土规范之外的外来力量要进入陌生社区也有风险,更何况国家法律在制定时,并没有充分考虑到乡土的特殊性,也并没有在乡土社会面前很好地表明其存在的理由。如果不了解乡土成员的喜怒哀乐,也不考虑乡土社会的生活习惯,只从现代法治的原则、概念出发,[1]当然会使法律与乡土社会现有秩序之间产生隔阂。在依据乡土规则足以进行乡村治理,并且内生性权威足以有效地整合生活秩序的情形下,违反法律规定的情况当然会时有发生。司法所为了尽快调解纠纷,可以尊重乡土规则的适用,但不能为了调解率、维稳,直接排除法律制度的适用,迫使当事人在非完全自愿的情况下达成和解。这种调解方式使群众对调解结果产生质疑,甚至产生不服从调解的情况。例如,洪山镇司法所接到村民蔡某与林某关于林地承包权界限纠纷的

〔1〕 参见苏力:《送法下乡——中国基层司法制度研究》,北京大学出版社 2011 年版,第 6 页。

调解申请,林地界限到底如何,承包经营证书上的文字描述比较模糊,而当时的林地划分人已不在人世,故只得实地查证,根据山体顶端水流汇集线来划分。村支书、村主任负责接待周所长、林业站裴站长等一行人,之后与双方当事人一起到争议地点查证,即使正值雨天,也并不能分清水流汇集处。中午和晚上都由村里请客吃饭,下午村干部陪同打麻将,在吃饭打麻将之余,周所长向村干部大致传达了和平相处的处理意见,希望村干部继续做工作,做到小事不出村、大事不出镇。司法所依据地方性知识的载体——村干部,来拖延纠纷、维持双方表面和平,为了维稳故意压制村民的诉求,不顾当事人意愿极力促使双方和解,并声称“如果谁不同意调解,就不再理他的事”,或者采取拖延策略,让村民自动低头。在这种情形下,即使调解成功,村民恐怕也会丧失对司法所的信任。而且,司法所运用其在纠纷解决中处于主导地位的优势,在纠纷解决过程中倾向于与镇政府和上级司法行政机关对此类纠纷的处理意见保持一致,这种做法严重损害了司法所自身的独立性和权威性。很多时候,熟人间的纠纷更倾向于私了,即使想寻求帮助,也不会再找司法所。另外,司法所往往与乡镇综合办、信访办合署办公,很多人根本不知道有司法所的存在,更不了解其工作程序。村民好不容易找到司法所调解纠纷,司法所采取拖延政策,看双方能不能先自己和解,看村干部如何解决,最后才会自己出面解决。司法所这种解决纠纷的逻辑,短期内确实解决了矛盾,但长此以往,只会积累矛盾与激化矛盾,并丧失其在村民心中的权威与威信。

其次,从调解策略和技巧来看,当前的调解采用的是说服式调解策略。无论是人民调解还是司法所调解都缺乏对调解策略的说明,一直使用的都是以说服教育为主的调解策略。另外,司法行政部门并没有重视对调解员进行调解策略的培训,只得由调解人员自己领悟调解技巧。基层司法行政部门日常培训的重点是强调态度良好,以情说理,不能激化矛盾,对于相关法律制度,只是简单的照本宣科,需要调解员自己对法律制度进行理解。培训有时采取会议的形式,而更多的是通过 QQ 以及微信群传达。并且,调解技巧需要大量的生活经验与阅历积累,而非简单的文字学习和短期的技巧培训可以达到的。而且,司法所对调解的要求受到上访闹访事件的影响,为了阻止上访闹访事件的发生,司法所在调解的过程中也会说一些狠话来吓唬当事人,如上文所说的“如果谁不和解就再也不管他的事”,很多时候当事人由于害怕被权威所遗弃,只好心有不甘地接受和解。可见,如此一来调解的主要任务不是为彻底解决矛盾纠纷,而是为维持工作业绩。这在一定程度上也可能会导致对调解专业技能的漠视,不利于对调解员纠纷解决能力的培养,在客观上也可能会阻碍司法所纠纷调解功能的发挥,从而影响司法所参与乡村治理的效果。

最后,从调解的过程来说,司法所的调解呈现类似法庭裁判的诉讼化特征。其主要表现在如下几点。一是调解程序的启动诉讼化。洪山镇司法所仿效人民法院“不告不理”的工作原则,如由于周所长是包村干部,所以在工作中他往往仅主动处理自己所负责的村的纠纷,对其余村的纠纷并不主动过问,这表明,司法所更重视乡镇维稳事务,而对其自身应当担负的纠纷化解功能并不那么重视。二是调解过程诉讼化。与人民法庭一样,司法所在纠纷调解中需要核实当事人的身份以及本人是否到达,需要认定双方所列举的事实和证据,允许双方辩论。虽然这种程序有助于查清案件事实以及保证调解的权威性,但是调解的程序化倾向会使其失去作为乡土纠纷解决方式所具有的灵活性与亲和性的优势,可能导致村民今后不愿再以此作为纠纷解决的选择。三是调解笔录管理诉讼化。司法所的调解笔录由调解人员和当事人签名或捺手印,以免当事人日后后悔。这样使司法所主持下的调解与诉讼程序中的调解一样一调终局,这违背了司法所纠纷调解功能的初衷,也会丧失村民对司法所的功能期待。而留存调解笔录主要是以备上级主管机关查看和考核管理。为应对上级的各种考核检查,留存调解笔录这项原本只作为日后当事人义务履行依据的工作却受到格外重视,以至于司法所工作人员将大量的时间精力花费在应对上级形式化的检查上,从而导致真正投入纠纷调解、问题解决上的精力大大减少。乡镇司法所调解程序诉讼化的表象看似规范化,但并非村民真正所需,而实为程序倚重主义和背离纠纷解决之目的的“表面文章”,这也使司法所在纠纷调解中的权威渐趋式微。

2. 社区矫正工作滞后

我国在借鉴西方国家创设社区矫正制度时,根本目标是使矫正对象回归社会并且顺利实现与社会的重新融合。然而,由于我国缺乏从监禁刑向非监禁刑的过渡,致使社区矫正制度在实践运行中出现诸多不足。比如,社区矫正参与机制的设置难以适应现代社区矫正工作的整体需求,各部门的工作参与和协作机制不畅通,人、财、物等配套设施不足,导致社区矫正工作内容空泛,流于形式。各种因素的制约,使社区矫正工作难以顺利开展,社区矫正制度的理念难以彰显,实际功效无法得到充分发挥。

首先,社区矫正内容雷同、方法单一。司法所在对社区矫正对象进行矫正的过程中,忽视了矫正对象受教育程度、经济水平以及犯罪原因的差异,而采用统一的矫正方法和教育内容,看似一视同仁,实则使矫正活动流于表面化、形式化。比如,在矫正活动中,矫正对象只要按时报到、提交思想报告即可,没有根据其个体差异进行细化区分;公益劳动流于形式化,不区分矫正对象的年龄和身体状况,都一律在政府大院内拔草,且公益劳动的时间也达不到规定的8小时要求,而对于无故缺席的矫正对象也多无良策;在心理矫正教育方面,司法所没有工作人员具备心理学教育背景,基本没有对社区矫正对象进行过正规的心理辅导,这使社区矫正的效果大打折扣。据洪山镇司法所社区矫正的数据资料显示,洪山镇司法所的社区矫正工作如走访教育、心理辅导、风险评估、低保落实、技能培训等都停留在形式层面,而实质性的工作却严重缺位(见表4)。基层政府和司法局缺乏足够的财政资金去支持建立统一管理平台,导致基层司法所也是有心无力,工作水平无法有效提升。专业化人才缺乏也是社区矫正工作无法有效开展的重要原因之一。这种流于形式化和表面化的矫正工作,并没有真正使矫正对象实现再社会化,这将使矫正对象在各个领域都遭到社会的排斥,甚至导致社区矫正制度的原初目标无法充分实现。

表4　2016年洪山镇司法所社区矫正工作实际具体落实情况

项目	第一季度	第二季度	第三季度	第四季度
进行走访教育(人次)	9	3	3	4
进行心理辅导(人次)	7	2	3	8
进行风险评估(人次)	3	0	1	1
低保落实(人次)	0	0	0	0
技能培训(人次)	0	0	0	3
指导就业或就学(人次)	0	0	0	0

其次,社区矫正工作的完成,需要司法机关与社会的大力配合,否则会造成罪犯实际脱管现象的出现。法院应当对拟接受社区矫正人员进行审前社会调查;法院、公安机关、监狱机关应当履行入矫告知义务,同时责令罪犯作出书面保证;公安派出所要对司法所履行通知义务,并对矫正对象进行矫正前的训诫教育;检察机关应当定期对矫正对象进行考核等。然而在交接

的过程中,法院只是将拟接受社区矫正人员告知司法所,要求司法所审查接收,司法所要亲自进行社会调查以及对其进行矫正前的训诫教育和要求其作出书面保证。可见,司法所为了保证矫正对象档案材料的完整性,不得不承担其他部门的一些工作。社区矫正工作的信息交换滞后,很容易造成罪犯的脱管。社区矫正工作执行的衔接不当,使社区矫正对罪犯的控制不足,不仅会造成矫正对象逃避对被害人的赔偿义务,长此以往也会造成矫正制度流于形式。另外,由于缺乏相应的保障措施,社会成员对矫正工作的参与度不足,这使司法所难以利用社会资源,也使矫正对象感受不到来自社会的接受和认同,使其重新融入社会的难度加大。

最后,工作人员少,专业化程度差。社区矫正工作需要各种专业化的人才,如具备法律知识、教育学知识、心理学知识等方面的专业人才。而且还要求他们能够熟练掌握矫正方法与技巧,能够切实帮助矫正对象。但实际情况是,洪山镇司法所只有一个年老的兼职所长,且只有中专学历、无任何专业知识和相关法律知识背景。由于司法所缺乏管理人员,周所长就被镇政府任命为兼职所长,而其参与镇政府的日常工作并没有改变,只是多了一个头衔,因此,也就没有时间和精力真正投入社区矫正工作中。在矫正活动中,只要矫正对象每周过来报到、提交思想汇报即可,只有在为应付上级检查时才开展一些诸如思想教育、义务劳动等活动,并进行拍照。各行政村的村支书和村主任平时忙于应付政府分配的行政任务,无暇理会司法所,只有在党的十九大前后,村干部迫于镇政府分配的维稳任务,才向司法所汇报社区矫正人员的动态。而各村对于司法所的这些工作帮助也纯属顺便,实际上也是在完成镇政府分配的行政任务,避免矫正对象出现上访闹访情形。此外,司法所工作人员受到人身伤害的现象时有发生,却既没有政法岗位补贴,又无职业薪酬,仅有国家规定的数额较低的补贴,还时常因各种原因而无法落实到位。由此可以看出,乡镇司法所工作队伍的缺乏以及专项资金的不足,严重制约了其工作的专业化、规范化进程。

3. 普法存在实际困难

在普法方面,司法所的工作力量薄弱,普法工作的开展受到主客观条件的限制。具体体现在以下几个方面。

第一,普法效果受到普法工作人员文化水平的限制。在乡土社会,司法所工作人员出自本地,长期经受乡土文化的熏陶,他们更了解村民的所需所求,在进行法治宣传时能以村民的实际需求为基准,能结合村民的理解能力,进而采用通俗易懂的语言和方式。这就需要普法宣传人员自身对法律制度具有清晰的认知,但是司法所的工作人员对法律制度和法治精神的理解并不深入,加之自身文化程度的限制,无法做到真正意义上的普法宣传。比如,洪山镇司法所聘任的普法人员大部分只有初中文化水平,对法治内涵并不了解,进行法治宣传时自然也就无法准确传达法治的精神。

第二,组织普法对象存在困难。普法宣传工作的重点在于乡村,而在乡村进行法治宣传主要存在三个方面的困难。一是集中村民学习难,村民没有认识到法律知识的重要性,他们认为有乡规民约或风俗习惯来调整农村社会关系即可,因此,倾向于将时间花在提高经济收入以及休息娱乐上。比如,借口学不会而直接拒绝学习,更有人怀疑法律的实用性,质疑法律的权威。二是统一普法教育的时间难以安排,由于乡土社会村民生活习惯的差异性,导致普法时间很难统一安排,因此,很难将村民集中到一起。三是村民自身文化水平普遍偏低,难以理解法律条文的内容与精神,加上普法宣传人员很难举出恰当的生活实例进行讲解,不能为枯燥的法律条文增添乐趣,致使村民没有学习兴趣。在生活中,村民一般不会主动认真学习法律制度,只有当事到临头时,才会想起了解相关法律制度。这些因素都导致普法宣传工作难以为继。

第三,由于资金不足、人员匮乏,普法宣传工作在农村很难落实。根据实证调研发现,普法宣传工作无法以公开宣讲的方式进行,而是借助乡村干部所管理的QQ、微信群进行宣传,但效果并不太理想。法治学习的信息很快会被新的行政事务信息所取代,村干部只会认真对待政府布置的任务,对于法律宣传的文件则很少问津,很多村干部从内心深处是信权不信法的。即使有少数村干部认真学习了相关法律,也仅限于自己知道,并不会花费时间和精力去认真地向村民宣传法律。只有当乡镇政府进行法治宣传时,司法所作为承办部门才有资金支持开展普法宣传,而这也仅仅限于少数几次宣传活动,例如,“12·4”普法宣传日、“3·15”消费者权益保护日、“六进法制下乡活动”等。

(三)管理的表格化

司法行政机关对司法所的管理在物质资源配置、资金投入和评估考核方面都呈现表格化的现象和趋势。

首先,从基础设施来看,司法所的物质资源匮乏、基础设施薄弱,但其制作的表格却反映出物资配置较充足。这是因为司法所缺乏经费来源,为了应对检查，只有在表格中填写虚假数字。据统计，全国范围内21.8%的司法所完全没有自己独立的办公场所，在剩余78.20%的司法所中，也很多是采用“一套人马，N套牌子”的方式，拥有名义上的独立办公室。以笔者实习调研的洪山镇司法所为例，在其制作的工作表格中，司法所拥有100平方米的专属办公室，有专用电脑，有工作用车。在调解方面，专职调解人数高达102人，调解组织高达40余个，95%以上都是主动调解，且所有案件都获得调解成功并主动履行等。在年度工作报告中，也会出现司法所开展的一系列法治宣传活动等。在社区矫正方面，社区矫正统计表中记录着矫正小组12个，社会志愿者14人等，然而实际情况却并非如此（见表5）。该所没有独立的办公地点，与镇政府综治办、信访办共用一间办公室，所长是综治办主任和信访办副主任，与综治办、信访办人员共用一间办公室，同时，接待、调解和信访工作也都在这里。在办公配置方面，没有电脑、打印机、复印机、电话机等，一般借用综治办的办公用品。司法所的纸质工作台账和电子工作台账，数据并不是十分准确，周所长说由于情况比较固定，而且只有他一个人，工作太忙，每月统计太浪费时间，就自己估计着填写数据。因此，工作档案存放混乱并且缺失严重。在办公出行方面，洪山镇司法所没有自己的代步工具，一般出行办公，都是所长骑着自己的摩托车或者搭政府的顺风车。在社区矫正中，基本没有志愿者，矫正小组也只是徒有其名，社区矫正工作还是落在所长一个人身上。总体来看，乡镇司法所配套设施较薄弱。

表5　洪山镇司法所基础设施配置情况

办公业务用房		设施装备				经费		专职在编人数（人）	文化程度	社区矫正
拥有独立办公业务用房的所数（个）	本年度资金投入（万元）	设施配置			本年度资金投入（万元）	纳入县区财政预算的所数（个）	享受中央政法专项转移支付资金的司法所数（个）			社区志愿者（人）
		汽车（台）	摩托车（辆）	电脑（台）						
0	0.00	0	0	0	0.00	0	0	1	中专	0

其次，从资金投入来看，虽然基层司法行政机关承担了大量社会职能，但在实际工作中却无法得到相应的资金支持。然而，在司法所基础保障的相关表格中，每年资金投入填写的是0.5万元，但实际情况是司法所并没有得到相应的资金配置。司法所承担的职能越来越多，所需的经费也必然增多，而司法局又没有给予乡镇司法所以物力、财力支持，再加上与法律服务所的脱离，司法所的创收来源也被切断，所以洪山镇司法所面临严重的资金

压力。

最后,从对司法所的考核评估机制来看,司法行政机关对司法所的管理也呈现出表格化倾向。司法所分布在各个乡镇,司法局无暇顾及,以至于对基层司法所的考核仅以书面考核为主。这种形式化的考核机制,不仅花费了司法所大部分的精力,而且司法所编写和整理的书面材料对其职能的运行没有起到实际作用。因为上级司法局只要求上交材料,而这些材料却没有得到充分的运用,如未针对考核结果设置奖惩机制来形成对司法所的激励。同时,这些材料也没有得到认真的审查,如司法所整理的材料混合着很多综治、信访的工作内容,但司法局并未予以甄别。由此可以看出,司法局并未对司法所的职能履行情况进行真正考察。另外,从形式上来看,虽然每年上交的材料的内容大致相同,但是材料的整理与收集也是一个巨大的工程。尤其是在洪山镇司法所只有一名兼职工作人员的情况下,司法所对一些非考核事项内的工作更是无暇顾及。为获得生存,司法所只得把有限的时间、精力投向行政事务,以换取乡镇政府领导的支持。由于司法局对司法所的考核一般以书面材料为主要依据,缺乏实际的管理和监督,因此,考核时很难发现司法所在职能运行中存在的问题。即使司法局明知司法所职能存在越位和缺位的现象,短时间内也无法扭转这种局面。

(四)人力资源供需失衡

制度运行的过程总是存在“人格化”与“体制化”互不可缺的两个方面,从人的角色出发来考察司法所是否能够实现其作为权力末梢的职能作用,对研究司法所的功能有着重要的意义。在乡镇基层,司法所承担着纠纷调解、社区矫正、普法宣传、法律服务、社会综合治理等大量职能工作,相对于其繁重复杂的工作任务来说,人员编制与物质资源的供给却严重不足,从而造成了人力资源供给与需求的失衡。

其一,编制受限。在实际工作中,由于受到司法行政机关编制缺口的影响,基层司法所无法获得更多的正规编制岗位,[1]加上新晋毕业的大学生、研究生等对司法所工作不了解,不愿意投身基层司法,因此,基层司法所普遍面临着专业人才短缺的问题。[2] 洪山镇司法所以履行乡镇政府内设机

---

〔1〕 参见左卫民:《变革时代的纠纷解决:法学与社会学的初步考察》,北京大学出版社2007年版,第231页。

〔2〕 参见张坚:《关于加强司法所建设的若干思考》,载《中国司法》2004年第9期。

构职能的方式来推动司法所的建设,借助乡镇编制岗位来解决司法所人员编制的问题,把基层司法行政工作与乡镇党政工作相融合,通过承担乡镇党政具体工作来换取乡镇对司法所工作的支持。司法所作为司法行政机关,所代表的是法治程序,然而,司法所工作人员实际上属于乡镇编制,且工作方法很多时候采用乡土手段,这与大力推进法治建设的目标有所出入。

其二,待遇不高。权威是司法所工作取得成功的重要因素,而专业化人才则是提高权威的关键,但基层司法所待遇不高,难以吸收法律专业人才,从而也影响了司法所权威的树立。洪山镇司法所曾通过公务员考试的形式招录到一位法学专业毕业的本科生,但没过多久,他就参加公务员系统内的遴选考试,离开了司法所。其原因是,司法所工作繁杂且多是协助基层处理党政事务,在处理纠纷时更多的是运用村民熟悉的"地方知识",以至于专业法律知识反而很难派上用场。而且司法所的工资待遇较低,因此,具备较高专业素养的人才,在择业时更倾向于公、检、法等政法机关单位。这反映出很多受过系统法学教育的青年学子不愿意到乡镇司法所工作。另外,在调解纠纷时往往需要一位年长的具备卡里斯玛型权威的人物主持,村民才会对其信服。然而,在司法所权威失落的情况下,新引进的专业人才怎能在如此短的时间内让一群互不了解的人对其予以信服呢?如果是比较年轻的法律人,这就更显得难上加难。

其三,专业性不足。司法所工作人员为提高专业素养,也应积极参加法律知识讲座,如 2017 年我国《民法总则》出台后,周所长参加了司法局举办的培训。不过,据周所长所说,司法局邀请的并不是法学学者,而是派往中国法学会听完讲座的司法局工作人员,而该工作人员主要是以他自己听讲座的内容为蓝本照本宣科,很多专业术语没有人明白,也没有多少人提问。由此可见,司法局每年针对基层司法所举办的一些培训往往是形式胜于内容,这严重制约了乡镇司法所工作人员专业化水平的提高。

四、功能协调与整合:司法所功能完善的路径

无论是从学者研究的焦点出发,还是从实践中对乡村治理的现状来看,我们都可以发现,在对乡土社会进行治理的过程中,人们通常会把更多关注的目光投向乡镇政府、派出人民法庭和派出所,而极少注意到司法所在化解基层矛盾纠纷、促进乡村治理方面的功用。这在一定程度上也限制了司法所的生存和发展空间。然而值得欣慰的是,在新一轮的司法行政体制改革

中,国家更加重视司法所在乡土社会控制中的地位,并将加大对司法所建设的支持力度。因此,将对司法所的研究置于乡村治理的语境下,明晰司法所在乡村社会治理中的功能定位、重塑司法所在乡村治理中的权威、完善司法所管理体制、强化配套设施供给、健全司法行政的考核评估体系等措施对完善司法所在乡村社会治理中的功能发挥具有重要意义。

(一)明晰司法所在乡村治理中的功能定位

司法所在乡村治理中的功能大致可以概括为以下几个方面:第一,司法补充功能,即司法所对乡村社会给予法律服务,对纠纷加以积极调整,是对司法制度的有力补强;第二,送法下乡功能,即司法所在国家“送法下乡”视域下进行的普法宣传;第三,道德教化功能,即司法所对犯罪人员予以社区矫正,从而教育他人,发挥事后预防作用;第四,社会整合功能,即司法所通过参与社会治安综合治理,积极化解社会冲突,平衡不同利益群体诉求,增进相互理解,进而起到增进社会认同、维护社会稳定的作用。

1. 司法补充功能

随着社会转型与现代化进程的加快,乡村社会的价值共识正在弱化,利益冲突的加剧与纠纷的非对抗性并存,形成多元混合秩序。乡村社会不可能依然存活于原来的规则体系中,“现代性”的知识——法律,逐渐扎根于乡间并维持其秩序,而司法所就是国家法治化、格式化改造乡村社会的代言人。由于国家的政策与法律规范受到民间法、习惯法的影响,在乡村社会中形成一种相对柔性的纠纷解决模式将是未来发展的必然趋势。司法所管理和指导下的人民调解作为一种社会性的纠纷化解机制,毫无疑问具有相对柔性。在多元化纠纷解决机制中,调解,特别是人民调解处于基础性的地位。它符合我国国情,具有悠久的历史传统、深厚的文化基础和广泛的社会基础。在实践中,各种民间调解组织和调解员数量庞大、遍布城乡广大地区,每年化解纠纷上千万件,是化解社会矛盾纠纷的“第一道防线”。[1] 不过,也应当注意调解过度扩张所可能产生的重大风险。就大调解而言,信访、行政裁决、法院调解、人民调解都被捆绑进这一体系,这种密切的联系虽然能够提高调解成功率,但如若调解失败,则再没有任何后备机制来解决纠纷。因此,在重视调解的纠纷化解功能的同时,对如何调整和平衡调解与其

---

〔1〕 参见于沛霖、都本有等主编:《转型时期社会纠纷调解机制研究》,法律出版社2015年版,第41页。

他纠纷解决机制的关系也应当给予足够的关注。由于中国乡村治理在人、财、物等资源供给和分配上相对有限,与此同时,乡村治理结构与国家主导、规范运作的体系之间又存在较大的张力,以至于在解决纠纷中时常出现诸多尴尬的现象。例如,司法所和其他机构各自为政,缺乏协调联动,未能形成纠纷解决的合力。因此,乡镇司法所与其他机构的统合与协调不仅是必要的,而且也是可能的。在司法诉讼外,充分利用乡土资源,重塑乡村纠纷解决机制,对发挥司法所的司法补充功能具有重要意义。

综上所述,司法所对乡村社会给予法律服务,积极参与乡村矛盾纠纷化解工作,是对司法制度的有力补强。相较于诉讼、行政裁决等纠纷化解方式,通过司法所管理、指导和直接参与下的调解来处理民间纠纷,无论是从经济成本、社会收益还是公民权利的实质性保护上看都更具有优势。从经济学的成本—收益分析角度来看,当事人选择由司法所主持调解的方式解决纠纷是免费的,且手段灵活、便利,而诉讼方式则需要承担高昂的成本。此外,当事人参与诉讼投入的时间、结果的不确定等因素也会给当事人带来巨大且长久的精神压力。从社会收益的角度来看,司法所在处理上访、请愿、群体性事件等非正常的诉求问题方面具有独特优势。司法所受理的纠纷范围广泛且能够主动出击化解纠纷,在应对纠纷上具有相当明显的及时性和灵活性。反之,诉讼不仅具有被动性而且周期长,判决结果刚性化且现阶段又存在执行难的问题,因此,在及时性和灵活性上不及司法所主持下的纠纷解决机制。此外,从公民权利实质性保护的角度看,司法所主持下的调解作为一种可供当事人自愿参与、自主选择的纠纷化解方式,具有独具特色的优势。它能够为当事人回避一些将纠纷投诸诉讼时所必须面对的不利因素,且能够更好地协调正义与效率之间的关系,有利于当事人权利的更好实现。因此,较之诉讼,司法所主持下的纠纷解决机制在公民权利的实质性保护上更有意义。〔1〕

2. 送法下乡功能

作为参与乡村治理的重要主体之一,司法所通过其主持的纠纷调解和普法活动践行着“送法下乡”的政治使命,发挥促进法律发展的功能。司法所是“送法下乡”的重要力量,被赋予了实现乡土社会法治化的职责,是“国家权力试图在其有效权力的边缘地带以司法方式建立或强化自己的权威,

〔1〕 参见李婷婷:《社会治理视域下的人民调解》,人民出版社 2014 年版,第 89 页。

使国家权力欲求的秩序得以贯彻落实的一种努力”。[1] 司法所处于乡土之中,不仅熟悉法律,也熟稔掌握乡土社会的内在逻辑,面对法治观念薄弱的乡土社会及诸多单纯依照法律难以解决的问题,司法所具有良好的话语转化功能。

尤其是当“这些令乡民感觉陌生的新知识,也未必都是指导他们生活和解决他们问题的有效指南”[2]时,村民对法律就更加表现出怀疑之态。“任何法律制度和司法实践的根本目的都不应当是为了建立一种权威化的思想,而是为了解决实际问题,调整社会关系,使人们比较协调,达到一种制度上的正义”。[3] 如果不顾村民的承受能力,强制推行国家法律,强行建立法治思维,那么最终就有可能造成“法治秩序的好处未得,而破坏礼治秩序的弊病却先已发生了”[4]的现象。法治在乡土社会扎根并不是一蹴而就的,也并非要一概否认乡规民约,需要做的是要在二者之间找到恰当的连结点。而司法所“用习惯作为法律的补充”,[5]恰好可以弥合法治中的规则之治与乡村规约之间的冲突。

因此,在法治宣传的过程中,不仅是宣读严谨精练的法律条文,而且是要善于结合乡土习俗的特点,使村民能够理解、认同法律条文。通过此种方式逐渐培养村民们的法治意识,使之在提出权利要求时,首先考虑到的是法律的规定,而非乡土习惯。另外,将风俗习惯与法律有效地衔接起来,这是法治化发展的应有之义。司法所处于乡土社会之中,了解乡土规范,在习惯规则或风俗已经不能保持其原生状态的情况下,可以通过与国家正式法律规范之间的互动来对其进行重塑。要做到这一点,必须在乡土社会中进行现代法治文化的传播,因为法治观念的形成能够在很大程度上有效预防和避免纠纷的现实发生。否则,村民法律意识淡薄,法律将会沦为治理社会的工具,再好的制度也起不到应有的作用,在此情形下,“送法下乡”也有了现

---

[1] 苏力:《送法下乡——中国基层司法制度研究》,北京大学出版社2011年版,第23页。

[2] 梁治平:《乡土社会中的法律与秩序》,载王铭铭、[英]王斯福主编:《乡土社会的秩序、公正与权威》,中国政法大学出版社1997年版,第430~431页。

[3] 苏力:《法治及其本土资源》,北京大学出版社2015年版,第30页。

[4] 费孝通:《乡土中国·生育制度》,北京大学出版社1998年版,第58页。

[5] [法]勒内·达维德:《当代主要法律体系》,漆竹生译,上海译文出版社1984年版,第112页。

实需求。[1]

首先,司法所送法下乡,应具有针对性。对于乡村社会中的农民来说,其关注的重点仅是与自己的生产、生活密切相关的事情,因此,司法所宣传的法律也应当与农民的生产生活内容相契合。具体而言,就是要结合典型案例、尽量使用通俗易懂的语言,将法律职业共同体内部的专业术语与农民非常熟悉的乡土规范相结合,这样更容易将国家法律和与之相伴的法律文化通过潜移默化的方式传播到乡土社会中。同时,送法下乡应多管齐下,应当充分运用互联网、电视、报纸、短信等手段,运用符合民众心理的语言、氛围和方式,充分尊重地方习惯,善于运用司法所的"柔性"手段推动国家法治建设进程。而且,乡土社会自身具有其独特的乡土资源,如果刚性的国家法律制度这种外生于乡土社会的秩序妄想强行重构乡村秩序,那么这种独特的优势必将阻止其直接进入。要改变这种水土不服的现象,唯有期冀在法治目标与乡土生活之间实现良性互动。村规民约、习惯等是传统乡土社会中纠纷调解的内在逻辑依据,它们是生活中长期博弈的结果,是经过一代代人的反复适用、提炼和沉淀下来的。从这个角度来说,乡土风俗应该被尊重。因为法律的生命源于经验,乡村现实生活中的"无言之知"不能被忽略。

其次,一些与法治不相符的村约习俗应当慢慢被遗弃,而不应当强行改变。另外,相较于城市,广大农村地区文化水平较低。鉴于此,司法所送法下乡、进行法治宣传时,应当采取通俗化的方式,把国家法律中的基本规则和原则与乡村观念中的朴素正义观予以巧妙结合,进而使法律的严谨逻辑与大众的通俗逻辑达到浑然结合的状态,让乡民真切感受到他们长久以来遵循的"德治"与"法治"并非格格不入,而是相辅相成相通的。[2]

3. 道德教化功能

市场经济对农村的涤荡与冲击使人们在生活方式、心理结构和价值观念上发生了巨大变化,传统社会中的道德价值与伦理基石不再牢固,传统文化与现代文化观念相互碰撞,形成了多元价值体系。众所周知,法律的形成以道德和伦理为基础,任何一条法律规则的背后都蕴含丰富而深厚的道德

---

〔1〕 参见董磊明、陈柏峰、聂良波:《结构混乱与迎法下乡——河南宋村法律实践的解读》,载《中国社会科学》2008 年第 5 期。

〔2〕 参见杨瑞:《乡镇司法所调解程序诉讼化之反思——以湖北省若干乡镇司法所为样本的分析》,载《法学评论》2014 年第 5 期。

因素,法律在社会生活中的有效实施也依赖于道德支持。因此,道德原则和道德规范也就成了法律实施的依据,因而也就不可否认司法所在履行纠纷调解、普法宣传、社区矫正等职能的过程中发挥着道德教化的功能。比如,司法所在普法宣传时,将法律元素与蕴含道德元素的风俗相衔接,不仅可以促进村民掌握法律知识,而且使之在维护权益的同时,能够自觉遵守行为的界限。同时,对农民进行法律知识普及,能够让农民群众了解事前立约、事中履约、事后守约的重要作用,树立契约意识。司法所对农民进行普法宣传的工作,会对整个乡村社会群体的价值取向和道德观念造成事实上的冲击和影响。

同时,司法所在实施社区矫正的过程中,应当对矫正对象进行法制宣传教育,提升其法治观念,使其能够自觉深入认识、反思自己的违法犯罪行为并加以改正,使其能够得到真正意义上的改造,并逐渐学会和养成运用法律武器积极维护自身合法权益的习惯。另外,司法所应当为矫正对象提供职业培训的机会,让矫正对象充分认识到依靠自身劳动创造财富的美德与价值,而且这种方式还有助于矫正对象在解除矫正后能够顺利融入社会并找到合适的工作。更为重要的是,司法所对矫正对象进行道德教育,可以防止矫正对象在解除矫正后再次犯罪情况的发生。这样有益于帮助矫正对象重新树立正确的"三观"(人生观、价值观和世界观)。与此同时,对矫正对象进行各种教育时,应当重视每个罪犯的具体情况差异,在此基础上注重技巧与策略,如对不同的矫正对象进行不同内容和方式的教育,尊重矫正对象、用心倾听、认真回复等方法和手段。然而,这些工作都不是一朝一夕可以完成的,需要充足的人、财、物的支撑,需要矫正执行人的工作阅历予以保障,需要社会资源的帮助等。可以说,司法所实施社区矫正的过程,就是对矫正对象进行道德教化的过程。

此外,司法所在解决纠纷的过程中也同样发挥着道德教化的功能。司法所在解决纠纷时充分依据乡土资源,该乡土资源来自乡村,充分蕴含乡土社会的道德、习俗和情理等非正式规范。这实际上体现了中华民族传统的"和合"道德观,在乡村治理中发挥着维持乡村秩序以及社会公德的作用。尤其是运用伦理说服方式进行纠纷化解,更有助于保护村民的面子,以及邻里之间关系的和睦。司法所在调解的过程中使用的道德与情理观念,可以唤起当事人的美善以及愧疚反思之心,促使彼此相互退让,进而促成纠纷的化解。这是诉讼无法比拟的,因为诉讼以法律为准绳,而司法所工作人员主持下的调解却是对纠纷主体进行理性和道德约束的过程，是用道德与情理规范帮助当事人进行深思反省的过程，这有助于促进社会整体道德水平的提高。[1]

司法所工作人员具备相应的法律知识和技能，能够合理运用法律资源，在纠纷处理中力图真正做到明法析理、主持公道，在对纠纷的解决中不仅能够使当事人双方感受到法律的正义，而且能够使其潜移默化地感受到传统社会习俗和传统道德的回归。司法所这种纠纷解决机制在一定程度上起到了“道德重建”的作用，这是其他纠纷解决机制所无法比拟的功能优势。

4. 社会整合功能

从维护乡村社会稳定、参与社会治安综合治理的角度来看，司法所不是独立、唯一的治理主体。各级党委政法委在社会治安综合治理中起主导作用，然而，又由于它们通常和综治委合署办公，因此，从某种意义上又可以说各级综治委在治理和纠纷化解方面起主导作用。[2] 由此可见，在这些综合解纷机制中，司法所的地位主要以一种临时性、附属性的特征体现出来。尽管如此，但作为国家司法行政系统的一线组织，司法所代表着国家司法行政权自上而下向基层的延伸，同时又是各项法律和政策的直接组织实施者和实践者，直接向群众和社会提供法律服务，因此，司法所在缓和矛盾冲突、实现社会整合方面仍然发挥着不可磨灭的作用。具体体现在以下两个方面。

一方面，司法所是社会治安综合治理中的重要力量。就司法所的地位而言，司法所作为司法行政机关服务基层群众的派出机构，作为国家权力延伸到基层乡土社会的不同触角，可以与其他组织共同构成一个覆盖社会各行业、由点及面的庞大而细密的组织网络，为基层党委政府化解冲突和维护稳定提供了基础平台。司法所作为司法行政工作的前沿阵地和基层窗口，其主要职责是直接为基层群众提供法律服务，为基层群众化解矛盾，减少大量潜在纠纷，形成社会治安综合治理的第一道防线。在乡镇一级的基层政法组织体系中，由于公安派出所的职能具有一定的特殊性，法院在乡镇一级的设置也主要以派出法庭的形式存在，而基层日常综治维稳业务大多由司

---

〔1〕 参见宋明：《人民调解纠纷解决机制的法社会学研究》，中国政法大学出版社 2013 年版，第 95 页。

〔2〕 参见喻中：《论“治—综治”取向的中国法治模式》，载《法商研究》2011 年第 3 期。

法所承担,因此,司法所也是基层综治维稳的重要力量。[1]

另一方面,司法所在纠纷解决中的综合作用突出。司法所掌握了多种法律服务手段,既可以管理和指导人民调解,也可以通过亲自参与纠纷调解来化解各类矛盾,对不同群体的利益诉求加以平衡进而增进社会认同、实现社会整合。首先,司法所的纠纷调解能够帮助当事方解决纠纷、增进相互理解,有助于重建个体间的纽带联系。在纠纷调解过程中,通过司法所工作人员的引导,当事各方通过交流、对话来改变相互的观感、形成理解、重建认知,平衡权益并作出理性的让步,这种个体纠纷的协商解决为人际关系的重建提供了良好契机。其次,个体需求的满足有利于增进人们对司法所的信任和乡村共同体内部秩序的建构。而且,在个体私益得以满足、纠纷得以平息的同时,通过调解解决纠纷确立的新的公共规范也维系了更大范围内的公共秩序,从而在更大范围内促进了共同体认同与社会融合。再次,司法所主持的调解,有助于消除社会成员之间的利益冲突和人际关系障碍,促进公平与正义的实现,从而在更大程度上增进个体对社会及国家的认同感。乡村共同体内部的不同利益通过调解、化解纠纷得以整合,也能够促进乡村社区居民个体的社会责任感与公共意识的增强。这些重新构建的乡村公共文化生活、交流互动及公共性行为规范能够塑造现代公共信仰和共同价值,进而提升乡村基层社会的凝聚力和整合力。[2]

(二)重塑司法所在乡村治理中的权威

权威是一种“影响力”,是维系社会生存与发展的根本力量。在纠纷解决过程中,很多时候规则所发挥的影响力远远不及权威,有些时候权威甚至可以创设规则。而关于权威的来源,马克斯·韦伯曾提出三种类型,即传统型权威、卡里斯玛型权威和法理型权威。[3] 在现代法治社会,民众基本只

---

[1] 牛文欢:《桂乡司法所纠纷解决机制的运行与构建》,云南大学法学系2016年博士学位论文,第47~48页。

[2] 参见李婷婷:《社会治理视域下的人民调解》,人民出版社2014年版,第156页。

[3] 三种权威类型分别如下:(1)传统型权威,即“命令权力来源于人的权威,是人而不是物或规则充当神圣性基础。而且,人的权威的根本前提是传统,是对历时性事物的遵从。对权力拥有者的服从是因为他因袭了传统权威身份”,如封建皇位继承制。(2)卡里斯玛型权威,其权威来源是个人的魅力、超凡的个性和过去的英雄历史,这种权威依据既反规范又反传统,表现为一种“领袖性信仰”,如革命领袖的威望。(3)法理型权威,其权威来源于“明确的法律制度,以防止任何非理性的政治性专断”。参见[德]马克斯·韦伯:《经济与历史:支配的类型》,康乐译,广西师范大学出版社2004年版,第303~305页。

遵从普遍性的规则，而不受某一个人权威的束缚，这也是法理型权威的特点。司法所不具备传统神圣权威，并不能同乡族长老一样具有绝对的威信。同时，司法所在乡村社会中并没有具备楷模的样本，因此可以说，司法所在乡土社会中是缺乏相应的权威的。通过"送法下乡"和政府依法行政，法律规范逐渐"植入"乡村社会生活中，法治观念日益深入人心，在此情形下，司法所严格依法履行职能、树立其自身权威就显得尤为重要。以司法所参与的调解为例，调解过程中，要以事实为依据、以法律为准绳，逐步改变司法所纠纷调解的灵活性大于规范性的现象，使司法所对法律和法律程序的价值性的遵循大于工具主义的利用，进而重塑司法所的权威，逐步取信于村民。这对于乡村社会治理以及乡村社会的法治化建设具有重要意义。

首先，保持职能运行的独立性。为了取得党委政府的支持，司法所职能运行过程中主要精力偏向于行政事务，而自身固有工作无法开展，失去了独立性。积极争取地方党委和政府、人民群众的信任和支持固然紧要，但同时应当看到，司法所在参与乡村治理的作用与角色要求。在争取各级党政领导干部重视和支持基层司法行政工作的同时，应当避免围绕乡镇政府中心工作而疏漏自身应尽的本职工作，从而不断提高司法所的地位。其次，注意与其他纠纷解决机制之间的衔接，并应当明确，在乡村社会治理中，无论是人民法庭、派出所、司法所还是人民调解组织，这些主体在纠纷解决方面的路径虽然有所不同，但没有主次差别，其最终目的均是为化解当事人之间的纷争提供平台和场所，让当事人可以通过这个载体自由表达自己的利益诉求。而且，这些纠纷解决机制在运行的过程中具有相互渗透性，不同的纠纷解决方式之间可以相互流动和转换。[1] 最后，加大乡镇政府依法行政的力度。司法部出台的《关于创建规范化司法所工作的意见》(司发通〔2004〕27号)中指出司法所"对人民政府依法行政发挥着指导和监管的作用"，这实际上表明，司法所在一定程度上承担指导和监督政府行为、提高基层政府依法行政水平、强化领导干部法治观念、营造法律文化氛围的任务。在法治观念日益普及的今天，政府必须严格依法行政，以重塑自身的权威。而就司法所而言，依法行政就是要求其在职责和业务上必须规范化。以人民调解为例，司法所在农村纠纷处理中应当注重程序正义与实体正义的双重追求。

---

〔1〕 参见梁平：《多元化纠纷解决机制的制度构建——基于公众选择偏好的实证考察》，载《当代法学》2011年第3期。

在调解程序上,要保证规则的明确性、公开性;在实体上,要以事实为依据,以法律为准绳。但在工作实践中,司法所主持的调解经常是过于注重形式的灵活性,却忽视了调解本身对于规范性的要求,过于依赖于工具理性,而偏废了其价值理性。基于此,加大政府依法行政的力度,逐步取信于村民,对于重塑司法所在乡村治理中的权威以及乡村社会的法治化建设具有重要意义。

(三)完善司法所管理体制、强化配套设施供给

随着自上而下的治理理念的逐步转变,建设一种从源头和基层控制及预防纠纷发生的机制显得尤为重要,而促使这一机制发挥重要作用的坚实载体就是司法所。而要规范司法所职能的运行,提升司法所在乡村治理中的功用,就必须完善司法所的管理体制、组织架构、强化配套设施供给。

1. 完善司法所的管理体制,优化机构设置。以基层司法行政体制改革作为突破口,进一步理顺司法所的管理体制,加强司法所组织建设。把司法所组织建设与乡镇政权建设、基层社会综合治理组织建设相协调,完善与司法所相关的机构设置。首先,按照司法部关于"机构独立、编制单列、职能强化、管理规范"的要求,积极主动争取基层党政和编制等部门的重视和支持。切实推行县(市、区)司法局和乡镇人民政府双重管理、以司法局为主的司法所管理体制。其次,巩固和加强司法所组织机构建设,切实做好乡镇机构改革中的司法所设置调整工作,继续推进老少边穷地区的司法所建设,努力实现司法行政基层工作组织网络全覆盖。司法行政机关应该把工作重心和保障力量适当向基层转移,以便更切实有效地保障司法所高效履行职能。最后,进一步充实司法所的工作力量,切实用好司法部下达的专项编制,继续清理空编和占编行为,将这些编制回收并全部留给司法所使用,同时,通过争取政府向社会购买公益岗位等办法,继续充实司法所的工作力量。[1]

2. 保证经费供给、优化配置。首先,资金充裕是司法行政职能有效运行的物质保障。但是,目前乡镇司法所并未得到上级部门与政府相关部门的资金支持,使司法所为保障职能发挥而过度依赖于乡镇政府,承担综治信访的工作任务,导致自身职能缺位。为此,上级司法局应当对司法所进行财政

---

〔1〕 参见司法部:《关于进一步加强乡镇司法所建设的意见》(司发通〔2014〕71号),2014年7月18日。

支持,政府相关部门应当对司法所进行专项补贴,解决司法所办公的经费来源。并且,在保证经费支持的同时要严格监管控制经费的流向,规范、安全、有效地运用每笔款项,做到每笔款项用到刀刃上,切实履行司法所的职能,维护乡村社会良性发展。其次,业务用房是司法行政机关依法履行职能的重要依托,应当根据司法所的实际工作需要保证办公用房配备。应当加强乡镇司法所业务用房的管理和使用,切实做到一所一房,改变仅书面材料上有房而实际无房的情况,改变办公用房面积不足以满足司法所实际办公需求的情况,尽量做到"意义"大于"形式"。同时,要逐步改善司法所的硬件设施配备,以保障办公需要。另外,要加强对司法所资产的监督和管理,做好相关档案资料和资产账目的保存,以备上级机关的审查监督。应当保障这些装备和资产落实到实处,切实为村民做出实事。[1]

3. 加强队伍建设。要保证乡镇司法所规范、有效履行职能,就必须加大对乡镇司法所的人才支持力度,提高司法所人员队伍专业化程度。具体来说,一是切实优化人员配备,杜绝无人所。根据工作量、难易程度以及人员状况,科学配置人力资源,向联系服务群众较多的一线部门倾斜,最大限度地把人员力量投向乡镇司法所。同时,要关心基层工作人员,在工作和生活中对他们给予帮助,为他们工作提供一个好的外部环境,从而满足群众、服务对象对司法行政工作的需求。二是切实解决司法所人员老化、专业化人才短缺的问题。针对社会转型期所产生的新的矛盾纠纷,知识结构老化的司法所工作人员往往难以解决。这就要求他们更新自己的知识体系,不断优化工作方法和技巧,以更灵活和高效便捷的方法去解决问题。所以,司法行政系统应当针对基层工作人员展开多种层次和形式的培训,经过法律知识和专业技能的培训,提升其业务水平,确保他们在法治思维的引导下能够灵活运用乡土资源解决农村实际问题。三是注重人才引入的本土化。乡镇司法所面对的是乡土社会的"舞台",是生活内容千差万别、千变万化的地方,在此"上演"的不仅有国家法,更多的还有民间法等乡土生活要素。本土人才是乡土社会的一个组成部分,他们的身上承载着大量的"地方性知识",在司法所引入本土化人才,可以有效地增加司法所工作人员与当事人之间的亲和力,降低当事人对司法所人员的抵触,如此,则更加有助于纠纷

---

〔1〕 参见司法部:《关于进一步加强乡镇司法所建设的意见》(司发通〔2014〕71 号),2014 年 7 月 18 日。

的有效解决。四是建立志愿者制度,以法治宣传、法律援助、社区矫正等功能的实施,吸引有一定专业知识、热衷于这些事业的志愿者,并对志愿类工作人员进行统一的上岗前培训,让他们参与司法所的工作。

(四)健全司法行政的考核评估体系

要使司法所的功能得到有效发挥,并不完全取决于科学的机构设置和良好的机构运行,很多时候,考核评估体系也发挥着巨大的作用。然而,由于针对司法所的现有评估体系不够科学、合理,而新的评估体系又未建立起来,使司法所在乡村治理中的功能发挥也受到了很大影响。由此,要实现乡村社会的良性治理,必须健全司法所的考核评估体系。也就是说,以乡村治理的要求为依据对司法所进行评价,考察司法所如何参与乡村治理。司法所在参与乡村治理工作的过程中,不仅应当尊重乡土资源,使所适用的制度与乡土社会的生产与生活方式相适应,而且应当确保参与乡村治理的方式、内容也与乡土社会相衔接。在乡村治理的视域下对司法所的功能发挥进行评价,并不是仅考虑司法所每年解决纠纷的数量、社区矫正的人数以及处理了多少具体行政事务,而是应当充分了解乡村社会的内在运行逻辑和外在发展规律,在实践的基础上构建以符合乡村治理要求为依据的司法所评估考核体系,从而加大司法所在乡村治理中的参与力度;另外,考核评估体系还应充分考虑司法所参与乡村社会治理的方式和整体效果,司法所在治理过程中与其他治理机构的配合程度以及是否符合法治建设的要求等。

在大力推进司法所规范化建设的时代背景下,司法局对司法所考核管理的导向直接决定着司法所年度工作的重心。因此,如何不断完善对司法所的行政考核目标体系,对司法所自身职能的发挥有重要影响。以洪山镇司法所为例,县司法局对该所的考核项目表显示,考核项目主要包括档案管理、纠纷化解、法治宣传、帮教、社区矫正、综合治理、业务培训等。这些具体的考核指标又细化成很多事项,比如,化解纠纷工作要制定规范详细的考核事项,建立定期排查机制,按照"排查得早,发现得早,控制得住,解决得好"的要求每月定期召开基层矛盾排查信息会议,对各类矛盾纠纷进行摸底排查,对排查出的问题,明确专人限时调处,将各类矛盾纠纷解决在基层,建立矛盾化解事后验收机制等,避免因纠纷解决不当而引起上访闹访的情形。应当在已经得到良好效果的情形下,才将调解纠纷的数量作为重要考核标准,而非仅依据最终的数字材料来考核司法所,也非一项分值权重直接决定司法所的分值,更应该将是否有利于乡村社会的良性发展作为考核的指标。

另外,对司法所的考核应该考察其与其他职能部门的衔接度,如进行法治宣传,建立中小学校开展法制教育机制,督促各村、社区采取壁字、专栏、会议、广播等形式定期开展法制教育等,这些内容也应当是司法所在考核制度中的加分项。

但现实情况是,每一具体指标包含的具体事项分值不同,这直接指引着司法所职能的运行。司法局在对洪山镇司法所的考核中,纠纷化解以及社区矫正工作的再犯罪率是考核重点,因此,司法所为规避不利结果的出现,其实践逻辑也就体现出多种策略性。这主要表现在根据考核重点不断调整工作重心,司法所不会花精力去管那些非主要考核职能,导致时常发生职能越位和职能缺位的现象。另外,司法所为了完成考核任务,主抓收效明显的考核事项,对于花费时间长但不属于考核事项内的事务则不予关注,这导致许多工作流于形式。比如,针对社区矫正对象而开展的公益劳动,是司法所为了应付上级考核任务而组织的,而并不是为了使矫正对象从中受益,因此,根本无法达到矫正的目的。司法局对司法所的考核以纸质材料为依据,并不深入实地考核司法所的职能发挥情况,更不会考虑司法所在参与乡村治理中的表现,这就促使司法所将主要精力用于填写书面考核资料,而疏于完成职能的履行。

鉴于此,在设置考核标准时应当充分考虑其针对性、科学性、指导性以及与当地实际相融的程度。司法局在进行考核时,应当深入实地、注重考察司法所各项工作的实际完成情况,考察司法所在乡村治理中的角色与实际表现,而不仅停留于书面材料。要切实做到使考核机制成为司法所发挥职能的激励机制。具体来说,首先,对司法所的考核要立足于其自身的职能。虽然要注重与其他部门的衔接度,但应根据司法所的职能确定考核标准,并根据每一职能的具体特点进行细化,做到项目明确、内容清晰、重点突出,否则就会出现超越职能与职能缺失的情况。比如,对于社区矫正职能的考核,不仅应当注重社区矫正的方式、内容、整体结果的考核,还应当考察司法所在实现矫正职能的同时是否实现了与司法机关的良好配合。其次,完善考核机制。制定的考核标准要科学合理,要具备可操作性、实效性,要符合社会的良性发展和社会效益,而非仅停留于形式,如对于法治宣传职能的考核,应当将其宣传的内容、方式、效果等作为考核标准,将送法下乡的实际效果作为司法所参与乡村治理的一个标准。最后,完善考核监督机制。建立形式多样的社会舆论监督制度,多渠道听取群众意见,让群众来评价司法所的工作,采纳群众的合理建议,将群众的评价纳入考核指标。

结 语

在当今中国的农村,市场经济的深入发展所带来的新思潮、新体制不断冲击着传统的乡土社会,传统的以"熟人社会"为主要特征的乡土社会在新型城镇化、信息化以及工业化的深入推进下逐渐解体。原有的以宗族力量、伦理道德、村规民约以及风俗习惯为主要治理手段的乡村社会治理模式遭到破坏,而新的以法律规则为主要治理手段的乡村治理体系又尚未形成。可以说,当前的农村处在一个传统与现代相互交织的转型时期,它既不同于西方的市民社会,也不同于传统意义上的乡土社会。传统文化的式微和城乡人口的加剧流动,导致了村民价值观的混乱状况,降低了村民对村庄共同体的认可度,影响了村庄的整体凝聚力,削弱甚至瓦解了乡村社会治理的社会基础,进而也增加了乡村治理的整体难度。在当前转型期的农村,社会关系日益复杂化,群众利益诉求日益多样化,农民的法律意识和权利意识日益增强,在此背景下,矛盾纠纷的解决就更依赖于完善的乡村司法体制。

基层司法所践行着国家"送法下乡"的政治任务,是"国家权力试图在其有效权力的边缘地带以司法方式建立或强化自己的权威,使国家权力意求的秩序得以贯彻落实的一种努力"。[1] 乡镇司法所作为"送法下乡"的重要力量,被赋予了乡土法治化的职责。本文通过对新形势下乡镇司法所功能发挥的现实考察发现,作为维护社会稳定第一道防线的乡镇司法所,在乡村社会治理中未能发挥出其应有的优势和功能。乡镇司法所所处的特殊的社会场域、司法所组织设置中的制度缺憾、司法所职能运行的"失范"、物质资源的匮乏、专业化人才引进的困境等因素导致司法所自身职能边界的模糊与含混,进而影响了其职能运作和功能发挥。首先,乡镇司法所在双向压力下的司法行政实践逻辑,反映出其未能很好地解决农村现实矛盾纠纷多样性与法治同一性之间的冲突与对立;其次,司法所在主导农村纠纷调解时,对调解速率和结果的过于关注,造成了对权利的压抑和忽视,进而影响了纠纷解决的实际效果。此外,司法所承担着大量的乡镇党政具体工作,这严重影响了其自身职能的真正发挥,进而影响了乡村治理效果。

乡镇司法所是将中国法治和乡土生活融合起来的交汇场域,是政府推进型法治和乡土生活主导型地方性知识"遭遇"的场合,它沟通着现代国家

---

〔1〕 苏力:《送法下乡——中国基层司法制度研究》,北京大学出版社2011年版,第23页。

法律与传统乡土生活，深刻影响着乡土法治进程。[1] 司法所的功能要想获得充分发挥，就必须实现其自身在组织架构、人员配备、工作路径、思维模式等各方面的突破，只有在提升了客观的条件保障与主观的工作认知后，司法所才能够充分调动起乡土场域内的社群资源，有效做到定分止争，从而助力于乡村社会治理。基于此，文章认为将对司法所的研究置于乡村社会治理的语境下，明晰司法所在乡村社会治理中的功能定位、重塑司法所在乡土社会中的权威、完善司法所的组织架构、强化配套设施供给、健全司法行政的考核评估体系等措施对完善司法所在乡村社会治理中的功能发挥具有重要意义。另外，需要指出的是，从乡村治理的视角去研究基层司法所是一个崭新的课题，基于本人知识结构所限和研究内容的片面，致使本文的理论深度不够。比如，未能深入阐释洪山镇民众的文化传统，未能深入解读当地乡规民约对司法所纠纷解决的影响，在司法所功能发挥的分析方面，未能做到深入、透彻，理论分析略显不足。同时，研究样本的选择，可能也存在值得商榷之处。

---

〔1〕 参见高杰：《夹缝中的表达：乡镇司法所行为研究》，华中师范大学法学系 2007 年硕士学位论文，第 16～17 页。

图书在版编目(CIP)数据

社会中的法理. 第11卷 / 张永和主编. -- 北京 : 法律出版社, 2019
ISBN 978-7-5197-3705-4

Ⅰ. ①社… Ⅱ. ①张… Ⅲ. ①法理学-研究 Ⅳ. ①D90

中国版本图书馆CIP数据核字(2019)第160393号

社会中的法理(第11卷)
SHEHUI ZHONG DE FALI(DI 11 JUAN)

张永和 主编

策划编辑 沈小英
责任编辑 沈小英 单 洁
装帧设计 汪奇峰

出版 法律出版社
总发行 中国法律图书有限公司
经销 新华书店
印刷 北京虎彩文化传播有限公司
责任校对 周合芝
责任印制 吕亚莉

编辑统筹 法治与经济出版分社
开本 710毫米×1000毫米 1/16
印张 17
字数 278千
版本 2019年10月第1版
印次 2019年10月第1次印刷

法律出版社/北京市丰台区莲花池西里7号(100073)
网址/www. lawpress. com. cn
投稿邮箱/info@ lawpress. com. cn
举报维权邮箱/jbwq@ lawpress. com. cn
销售热线/400-660-8393
咨询电话/010-63939796

中国法律图书有限公司/北京市丰台区莲花池西里7号(100073)
全国各地中法图分、子公司销售电话:
统一销售客服/400-660-8393/6393
第一法律书店/010-83938432/8433 西安分公司/029-85330678 重庆分公司/023-67453036
上海分公司/021-62071639/1636 深圳分公司/0755-83072995

书号:ISBN 978-7-5197-3705-4 **定价:**78.00元